# दलित चेतना की कहानियाँ : बदलती परिभाषाएँ

# दलित चेतना की कहानियाँ : बदलती परिभाषाएँ

प्रो. राजमणि शर्मा

वाणी प्रकाशन

**वाणी प्रकाशन**
*4695, 21-ए, दरियागंज, नयी दिल्ली 110 002*

फ़ोन : +91 11 23273167 फ़ैक्स : +91 11 23275710

**शाखाएँ**
*अशोक राजपथ, पटना 800 004, बिहार*

*कॉफ़ी हाउस कैम्पस, महात्मा गांधी मार्ग, इलाहाबाद 211 001, उत्तर प्रदेश*

*महात्मा गांधी अन्तरराष्ट्रीय हिन्दी विश्वविद्यालय, वर्धा 442 001, महाराष्ट्र*

www.vaniprakashan.in
marketing@vaniprakashan.in
sales@vaniprakashan.in

DALIT CHETNA KI KAHANIYAN : BADALATI PARIBHASHAYEN
*by* Prof. Rajmani Sharma

ISBN : 978-81-8143-814-0
Criticism



प्रथम संस्करण 2008
आवृत्ति 2018

मूल्य : ₹ 395



*एम.एस. प्रिंटर्स, दिल्ली-110 095 में मुद्रित*

*वाणी प्रकाशन का लोगो मक़बूल फ़िदा हुसेन की कूची से*

चर्चित कथाकार और अपने अग्रज
प्रो. काशीनाथ सिंह
को सादर

**–राजमणि शर्मा**

# अपनी बात

कविता, कहानी उपन्यास और नाटक मेरी रुचि के विषय रहे हैं। इन विधाओं, विशेषकर कहानी और उपन्यास की स्वातन्त्र्योत्तर रचनाओं ने मुझे मथा। कुछ पसन्द आईं, अधिकांश नापसन्द। फिर भी कुछेक कहानियाँ और उपन्यास अच्छे लगे। कहानी, आज साहित्य की अन्य विधाओं को अपदस्थ करती और नव्यतम विधाओं में घुसपैठ करती नज़र आती है। वैसे तो आज चर्चा के केन्द्र में है–स्त्री और दलित साहित्य। हिन्दी दलित साहित्य में मराठी जैसी दलित संवेदना और सौन्दर्य-बोध का विकास नहीं हो पाया। इनकी कहानियाँ और आत्मकथ्य भी राजनीतिक छल-छद्म मात्र हैं। सच तो यह है कि इनसे श्रेष्ठ दलित रचनाएँ दलितेतर रचनाकारों ने लिखीं। पर अधिकांश तथाकथित दलित कर्णधार इन्हें दलित साहित्य मानने के लिए तैयार नहीं। ठीक यही स्थिति महिला रचनाकारों की है। वस्तुतः उनके अनुभव उनके अपने ही हो सकते हैं, इसमें कोई दो राय नहीं, किंतु अभिव्यक्ति की दिशा दशा 'साहित्य' का अभिप्रेत नहीं। वैसे साहित्य के धरातल पर मैं स्वयं बँटवारे को स्वीकार नहीं करता।

फिलहाल मैंने कहानी और उपन्यास के सन्दर्भ में सोचा और लिखा तो बहुत है, पर यहाँ उनमें से कुछेक अंश ही दिए गए हैं। और मैं इन्हें कितना पहचान पाया हूँ इसके निर्णायक तो पाठक ही हैं। अस्तु...

वाराणसी<br>
गंगा दशहरा, सं. २०६१

–राजमणि शर्मा

# अनुक्रम

# शतक पार करती हिन्दी कहानी

मुझे ऐसा लगता है कि मनुष्य अपने साथ ही कहानी भी लेकर जन्मा। मनुष्य के विकास के साथ-साथ उसकी अपनी कहानी भी विकसित होती रही। प्रारम्भिक अवस्था में बहुत दिनों तक कहने-सुनने वालों के बीच ही यह सुरक्षित रही, ये कहने-सुनने वाले हर खोह, गुफा, जंगल, घर में विद्यमान थे। वस्तुतः 'कहानी' ने मनुष्य को मनुष्य बनाया, वह उसकी उँगली पकड़कर उसे आगे बढ़ाती रही, सभ्यता के पथ पर अग्रसर करती रही। श्रौत्रिक परम्परा से चलकर कहानी लिखित परम्परा में तब आई होगी जब मनुष्य ने लेखन पद्धति खोज निकाली होगी। मनुष्य के बदलाव के साथ-साथ कहानी भी बदली। इसीलिए कहानी मनुष्य की पहचान बनी। वह उसके सबसे निकट की संगिनी है। यदि समस्त वाङ्मय का हम अवलोकन करें तो पाएँगे कि वे कहानी के अतिरिक्त कुछ नहीं हैं। पर आज 'कहानी' एक विधा का रूप ले चुकी है। मैं यह तो नहीं मानता कि यह विधा भी आयातित की गई, पर इतना अवश्य मानता हूँ कि रीतिकाल के अवसान के पश्चात् भारतेन्दु हरिश्चन्द्र एवं महावीरप्रसाद द्विवेदी युग में कहानी अपना पुराना चोला छोड़कर नया चोला जो अपनाती है, उसमें कहीं-न-कहीं बाह्य देशों का शिल्प-कौशल सहायक बनता है। इससे भी अधिक नवजागरण की वह चेतना जो भारत में आई, वह इसके कलेवर को बदलने में सहायक हुई। परी कथा, कभी न चुकने वाली राजा-रानी, राजकुमार-राजकुमारी की अति मानवीय, दैवीय स्थिति से बाहर आकर वह जन-जीवन से, उसके यथार्थ से जुड़ी। यह यथार्थ पालि काल की जातक कथाओं में एक बार आया था। पुराणों, उपनिषदों में भी इसका एक रूप देखा जा सकता है।

मुझे यह कहने में संकोच नहीं कि आज हिन्दी कहानी उपन्यास, नाटक, कविता, निबन्ध को लोकप्रियता के धरातल पर बहुत पीछे छोड़ चुकी है। सैकड़ों पत्र-पत्रिकाओं के माध्यम से हजारों कहानियाँ सालाना सामने आ रही हैं और इनके पाठक भी कई करोड़ हैं। अस्तु, हिन्दी कहानी 21वीं शताब्दी के प्रथम दशक में अपने चरम उत्कर्ष पर है। इसमें विषय की व्यापकता तो है, कलात्मकता की दृष्टि से भी यह संसार की किसी भी विधा के समक्ष चुनौती के रूप में

खड़ी होने में समर्थ है किन्तु इसका प्रारम्भ होता है 1900 ई. में–वह भी एक पत्रिका 'सरस्वती' के माध्यम से। पहली कहानी किसे मानें, यह एक विवादास्पद प्रश्न है। पर मैं मानता रहा हूँ–'एक टोकरी भर मिट्टी' (1901) को। यह कहानी 'सरस्वती' के बदले 'छत्तीसगढ़ मित्र' में छपी। इसके लेखक हैं–माधवराव सप्रे। हिन्दी कहानी के सन्दर्भ में 'सरस्वती' का प्रकाशन एक महत्त्वपूर्ण घटना है। इस समय तक मौलिक हिन्दी कहानियों की रचना के लिए वातावरण तैयार हो चुका था। 'दुलाई वाली' (श्रीमती राजबाला घोष–बंग महिला), 'इन्दुमती' (किशोरीलाल गोस्वामी), 'ग्यारह वर्ष का समय' (रामचन्द्र शुक्ल) [सभी सरस्वती में प्रकाशित] आदि की अपेक्षा इस कहानी में कहानीपन है। एक विधवा के शोषण की दारुण-गाथा है और उसका अपना संघर्ष है। फलस्वरूप इसमें कथारस है, इतिहास बनने की क्षमता है और है–यथार्थ का प्रामाणिक दस्तावेज। मानवता के पुनरागमन की है यह कहानी। गरीब विधवा के संवाद से पराभूत जमींदार विधवा की झोंपड़ी भी लौटाता है और माफी भी माँगता है। निश्चय ही यह एक अद्भुत मौलिक कहानी है। मानवीय क्रूरता, स्वार्थपरता की कहानी है–'प्लेग की चुड़ैल' (भगवानदास), 'ग्यारह वर्ष का समय' (रामचन्द्र शुक्ल) प्रथम पुरुष शैली में लिखित प्रथम कहानी है। पंडित और पंडितानी एक व्यंग्यात्मक कहानी है। 'स्वर्ग की झलक' (आचार्य महावीरप्रसाद द्विवेदी) में बाल-मन का अत्यन्त सूक्ष्म विवेचन है। (सभी 'सरस्वती' में प्रकाशित)। 'लड़की की बहादुरी' (वैश्योपारक 1904 : माधवप्रसाद मिश्र) यथार्थवादी तेवर की कहानी है और इसकी नायिका धापली एक अविस्मरणीय चरित्र है। इनकी और भी कहानियाँ हैं।

इन्दु में 'ग्राम' (1911) के प्रकाशन के माध्यम से **प्रसाद** कहानी क्षेत्र में अवतरित हुए। ऋण के फलस्वरूप उत्पन्न विषमता तथा अमानवीय कष्ट झेल रहे मानव-मन का यथार्थ अंकन है इस कहानी में। इसमें प्रकृति-परिवेश भी है। यह प्रेमचन्द युग की पृष्ठभूमि तैयार करनेवाली कहानी है। इसी बीच 'रक्षाबन्धन' (1913, विश्वम्भरनाथ शर्मा कौशिक), 'कानों में कंगना' ('इन्दु', 1913, राजा राधिका रमण सिंह) और 'विधवा' (ज्वालादत्त शर्मा–1914) छपीं। 'कानों में कंगना' कथा-भाषा की दृष्टि से एक यादगार कहानी है। मनुष्य के विवेक को जागृत करनेवाले सूक्ष्म तन्तुओं को स्पर्श करती वासना और प्रेम के अन्तर को स्पष्ट कर जाती है–यह कहानी। इसमें जहाँ स्त्री की सामाजिक स्थिति का खुलासा है, वहीं पुरुष की प्रवृत्ति पर करारा प्रहार है। 'रक्षाबन्धन' और 'विधवा' पारिवारिक और सामाजिक रिश्तों की पहचान करानेवाली कहानियाँ हैं। चन्द्रधर शर्मा 'गुलेरी' ने बहुत कम कहानियाँ लिखीं, पर उनकी 'उसने कहा था' (1916),

कहानी जगत् की अमर कृति बन गयी। अश्लीलता से बचने के लिए इसके कुछ अंश आज पुस्तकों में उपलब्ध नहीं, पर मेरे सामने जो अंश हैं–वे ही पर्याप्त हैं। यद्यपि इसका विषय भावुकता, प्रेम और कर्तव्य के इर्द-गिर्द ही मँडराता है, पर रचनाकार ने जो परिवेश निर्मित किया, जो वातावरण सामने रखा, वह कहानी को जीवन्त, मार्मिक और यादगार बना गया। इतना ही नहीं, इस कहानी में मन का खुला बेबाक चित्रण हृदय को बेधकर रख देता है। बाल-मन का प्रेमांकुर युवा मन के कोने में पड़ा अवश्य है, किन्तु विकार-रहित। इसका उपयोग कर्तव्य और सुहाग-कोख-रक्षा के लिए किस प्रकार होता है–यह अत्यन्त मार्मिक है। और यही है–मानव जीवन की असली गाथा। प्रसाद की 'गुंडा' और इसमें पर्याप्त समानता है। आचार्य रामचन्द्र शुक्ल ने 'उसने कहा था' की खुले मन से प्रशंसा ही नहीं की, इसके बहाने कहानी-समीक्षा के मानदण्ड भी वे प्रस्तुत कर गए। उन्हीं के शब्दों में–"इसमें पक्के यथार्थवाद के बीच, सुरुचि की चरम मर्यादा के भीतर, भावुकता का चरम उत्कर्ष अत्यन्त निपुणता के साथ सम्पुटित है। घटना इसकी ऐसी है, जैसी बराबर हुआ करती है, पर उसके भीतर से प्रेम का एक स्वर्गीय स्वरूप झाँक रहा है–केवल झाँक रहा है, निर्लज्जता से पुकार या कराह नहीं रहा। कहानी भर में कहीं भी निर्लज्ज, प्रगल्भता, वेदना की वीभत्स विवृत्ति नहीं है। सुरुचि के सुकुमार से सुकुमार स्वरूप पर कहीं आघात नहीं पहुँचता। इसकी घटनाएँ ही बोल रही हैं, पात्रों के बोलने की अपेक्षा नहीं।" ('हिन्दी साहित्य का इतिहास', पृ. 453)

प्रेमचन्द आधुनिक हिन्दी कथा साहित्य के देदीप्यमान नक्षत्र रहे हैं। इन्होंने मानव-मन का हर कोना झाँका, उसकी हर समस्याओं से रू-ब-रू हुए, फलस्वरूप कभी उन्होंने आदर्शवादी रचनाएँ पेश कीं ('पंच परमेश्वर', 'नमक का दरोगा') और कभी सामाजिक विसंगति, अमानवीयता, शोषित-पीड़ित, उपेक्षित मानव-मन की दशा-दिशा का यथार्थपरक रेखांकन किया ('पूस की रात', 'बूढ़ी काकी', 'सद्‌गति', 'ठाकुर का कुआँ', 'मन्दिर', 'दूध का दाम', 'वेश्या', 'सफेद खून', 'घासवाली', 'नशा', 'कफन')। यह माना जाता है कि प्रेमचन्द हिन्दी कहानी जगत् में 'पंच परमेश्वर' के माध्यम से आए किन्तु महेश दर्पण के अनुसार दिसम्बर, 1915 में ही उनकी कहानी 'सौत' सरस्वती में छप चुकी थी। जो भी हो, 'सौत' वह प्रभाव नहीं छोड़ पाती जो 'पंच परमेश्वर' से व्यक्त होता है। 'पंच परमेश्वर' पर आचार्य महावीरप्रसाद द्विवेदी की टिप्पणी प्रस्तुत करने का लोभ मैं संवरण नहीं कर पा रहा हूँ–"यह कहानी मनुष्य जीवन की यथार्थ जटिलताओं के भीतर से निकलकर उसकी यथार्थ सीमाओं को स्पर्श करती है और सत्य को स्वीकार करने की उस महिमामयी क्षमता का परिचय देती है जो

अनेक व्यवधानों के कारण सत्य ही नहीं दिखाई देती।..." वस्तुतः 'पंच परमेश्वर' कल भी प्रासंगिक थी और आज प्रजातन्त्र तथा पंचायती युग में और भी प्रासंगिक हो उठती है। प्रेमचन्द आगे बढ़ते हैं और 'दो बैलों'–हीरा-मोती के सहारे टूट रही, विकृत हो रही मानवीय संवेदना पर चोट कर जाते हैं। आदर्श, आदर्शोन्मुख यथार्थवाद की डगर पार करते-करते अन्ततः प्रेमचन्द पूर्णतया यथार्थवादी रचनाकार के रूप में सामने आते हैं। उनकी 'कफन' आधुनिकता की देहरी पर दस्तक दे रही है। पूँजीवादी सभ्यता, आधुनिकता के प्रभाव में मनुष्य की संवेदनहीनता कहाँ तक पहुँच सकती है इसका उदाहरण है–'कफन'। प्रेमचन्द ने वस्तु का नवीनीकरण ही नहीं किया अपितु कहानी-विधा को एक शिल्प, भाषा का एक नव-रूप भी दिया। खेती नष्ट हो जाने के बाद 'पूस की रात' के हलकू का अपनी पत्नी से कथन उसकी निश्चिन्तता को दर्शा जाता है। उसे न तो कम्बल खरीदने की चिन्ता है, न मरजाद की और न सेठ, साहूकार, मालिक की। मजदूर, दलित, शोषित में यह निश्चिन्तता आना आवश्यक है, तभी वह अपना विकास कर पाएगा। वह रूढ़-जर्जर परम्पराओं के आगोश में फँसकर होरी तो बन सकता है, पर हलकू नहीं। यहाँ सबसे मुक्ति की आकांक्षा है, चाहे वह परम्परा हो, चाहे मरजाद, चाहे कर्ज अथवा अपने जीवन की आवश्यकता–भूख, कपड़ा और मकान। सच तो यह है कि प्रेमचन्द ने उस व्यवस्था के प्रति अपना कड़ा विरोध प्रकट किया है जहाँ अन्याय, शोषण और अत्याचार द्वारा आम आदमी को इतना दयनीय, विवश और उपेक्षित बना दिया जाता है कि वह पशुवत बन जाता है। प्रेमचन्द की कहानियों में गाँव भी है, शहर भी। पुराना गाँव भी है, बदलता हुआ गाँव भी और बदलता हुआ शहर भी। स्पष्ट है कि प्रेमचन्द ने नारी-पुरुष मन के यथार्थ, उसके बाह्य और अन्तस् का बहुत ही बेबाक चित्रण किया है। और बेबाक चित्रण में है–कहानी की पहचान का आधार।

प्रसाद प्रेमचन्द के समकालीन ही हैं। कहानी के क्षेत्र में वे पहले आते हैं। बहुआयामी व्यक्तित्व के धनी प्रसाद कवि भी हैं, नाटककार भी और कथाकार भी। वे इतिहास के नव-निर्माता भी हैं। फलस्वरूप वे राष्ट्रीय उत्थान में अत्यन्त सजग भूमिका निभाते हैं। 'ग्राम' से कहानी-क्षेत्र में पदार्पण करनेवाले प्रसाद भी मनुष्य-मन के सूक्ष्म से सूक्ष्म तारों को खोज निकालते हैं। 'छाया' और 'प्रतिध्वनि' में संकलित प्रसाद की 26 कहानियाँ प्रारम्भिक कोटि में आती हैं। इनमें अधिकांश भावचित्र बनकर रह गई हैं। जहाँ 'जहाँआरा', 'अशोक', 'चित्तौर-उद्धार' तथा 'सिकन्दर की शपथ' में ऐतिहासिक वातावरण का निर्माण है, वहीं 'करुणा की विजय', 'गुदड़ी में लाल' में भाव-प्रवणता है। प्रसाद ने अपनी कहानियों में सशक्त चरित्र निर्मित किए, यही इनकी पहली विशेषता है। पुरुष के अतिरिक्त नारी-पात्रों

के समग्र चित्रण में 'प्रसाद' बेताज बादशाह हैं। वे व्यक्ति-मन तथा उसके जीवन की करुणा का हर पक्ष उजागर करते हैं–'आकाशदीप', 'पुरस्कार', 'दुखिया', 'चन्दा', 'मधुवा', 'बेड़ी', 'ममता', 'चूड़ीवाली', 'आँधी', 'गुंडा', 'घीसू', 'भीख', 'छोटा जादूगर' आदि इसके उदाहरण हैं। 'आँधी', 'चूड़ीवाली', 'दासी', 'प्रतिध्वनि', 'पुरस्कार', 'गुंडा', 'आकाशदीप', 'विसाती', 'बेड़ी', 'मधुवा' के रचनाकार में प्रेम भी है, द्वन्द्व भी; शृंगार भी है, यथार्थ भी। कर्तव्य-बोध भी है और है–राष्ट्र-प्रेम। संस्कृति के उत्थान की लालसा भी है, पर रूढ़-जर्जर परम्पराओं पर चोट भी है। वस्तुतः 'प्रसाद' गहरी मानवीय संवेदना के चितेरे कहानीकार हैं। उनकी कहानियों में हर किस्म का पाठक अपनी भावनाओं को रूपाकार होते हुए पाता है। 'प्रसाद' पहले कथाकार हैं जिन्होंने अपनी कहानियों में पात्रों के मनोवैज्ञानिक पक्ष का सूक्ष्म चित्रण किया।

प्रेमचन्द और प्रसाद ने कहानी की जो राह बनाई; यद्यपि दोनों की राह एक नहीं थी; उसी के समानान्तर चलती राह के पथिक बने रायकृष्ण दास, चण्डीप्रसाद 'हृदयेश', कौशिक, सुदर्शन, पाण्डेय बेचन शर्मा 'उग्र', जैनेन्द्र, यशपाल, इलाचन्द्र जोशी, अज्ञेय आदि। 'उग्र' क्रान्तिदर्शा कहानीकार हैं। उन्होंने अपनी कहानियों में सामाजिक व्यभिचार की पोल खोली। 'दिल्ली का दलाल', 'बलात्कार' ऐसी ही कहानियाँ हैं। 'उसकी माँ' राष्ट्रीय और क्रान्ति की भूमि पर लिखी गई अत्यधिक लोकप्रिय कहानी है। उस काल में 'उग्र' को नहीं पहचाना गया, पर 'उग्र' आज भी उतने ही प्रासंगिक हैं, जितने कल थे। भवदेव पाण्डेय तो इन्हें पहला दलित कहानीकार मानते हैं और इनकी कहानी 'बुधुआ की बेटी' (1927) को पहला दलित उपन्यास। नन्ददुलारे वाजपेयी की मान्यता है कि " 'उग्र' हिन्दी के प्रथम और प्रमुख राजनीतिक कहानी-लेखक हैं।"

जैनेन्द्र का आगमन हिन्दी कहानी की नई दिशा का सूचक है। 'उग्र' द्वारा प्रारम्भ मनोवैज्ञानिक चित्रण की परम्परा यदि पुष्ट होती कहीं दिखाई देती है तो वह जैनेन्द्र, जोशी, यशपाल, राहुल और अज्ञेय में। वस्तुतः प्रेमचन्द और 'प्रसाद' ने भी मनुष्य की मनोवैज्ञानिक स्थिति को खंगाला पर जिस प्रकार जैनेन्द्र उसमें गहरे धँसे, अन्तर्मन को जिस रूप में पहचाना, सूक्ष्म-से-सूक्ष्म मनोभावों का सशक्त चित्रण किया, वैसा उसके पूर्व नहीं मिलता। पात्रों के अन्तर्मन में उत्पन्न संघर्षों की अभिव्यक्ति हिन्दी के लिए एक नई बात थी। यद्यपि प्रेमचन्द जैनेन्द्र को अपना उत्तराधिकारी मानते रहे, पर जैनेन्द्र कुछ दूर तक ही प्रेमचन्द के साथ चले। आगे उन्होंने अपनी नई राह बनाई। यह अलग बात है कि जैनेन्द्र के अन्तर्संघर्ष में संघर्ष की तीव्रता न होकर करुणा, अवसाद और दार्शनिकता का आभास है। इसका कारण भी है–गाँधीवादी दीक्षा। फलस्वरूप इनकी कहानियों

में आत्मपीड़ा, करुणा और सहानुभूति के भाव ही अधिक मुखर हैं। नारी और पुरुष के सम्बन्धों की स्थिति-परिस्थिति भी यहाँ प्रकाशित है। सच तो यह है कि नारी के अन्तर्संघर्ष की कथा जैनेन्द्र से ही प्रारम्भ होती है–'त्यागपत्र', 'परख', 'सुनीता' जैसे उपन्यास की कथा-व्यथा ही कहानियों में भी प्रस्तुत है। यद्यपि इनके यहाँ भी नारी अबला, दयनीय और करुण ही दिखाई देती है, पर उसके आयाम बदले हैं। यहाँ वह नई मानसिकता, पुरुष के साथ नए रिश्तों में, नए अन्तर्द्वन्द्व में उपस्थित है। प्रेमचन्द ने अपने अन्तिम दिनों में कहानी की व्याख्या करते हुए 'मनोवैज्ञानिक' सत्य के आधार को महत्त्व दिया था। जैनेन्द्र के सन्दर्भ में उनकी टिप्पणी थी–"जैनेन्द्र में अन्तःप्रेरणा और दार्शनिक संकोच का संघर्ष है, इतना हृदय को मसोसने वाला, इतना स्वच्छन्द जैसे बन्धनों में जकड़ी हुई आत्मा की पुकार हो।" 'हत्या' (1927) इनकी पहली कहानी है। जैनेन्द्र की प्रमुख कहानियाँ हैं–'जाह्नवी', 'पाजेब', 'मित्र', 'विद्याधर', 'एक रात', 'नीलम देश की राजकन्या'। अन्तिम में दर्शन प्रधान है जबकि शेष मनोवैज्ञानिक विश्लेषण की दृष्टि से विशिष्ट हैं। जैनेन्द्र कहानी की राह तो बदलते हैं पर ऐसा चरित्र नहीं दे पाते जो अन्त तक संघर्ष-पथ पर डटा हो। इनके चरित्र टूटे हुए, परास्त, कुंठित, संत्रस्त नजर आते हैं जो जीवन का सच तो हो सकता है, पर कहानी का लक्ष्य नहीं। नारी-पात्रों में नारीत्व की गरिमा और मर्यादा का अभाव है।

इसके विपरीत 'अज्ञेय', जोशी तथा भगवतीचरण वर्मा ने अपने पात्रों के अन्तर्संघर्ष में प्रतिहिंसा की भावना जागरित की।

'अज्ञेय शुद्ध मनोविश्लेषणवादी कहानीकार हैं।' पर उनमें वैयक्तिकता, विदेशी चिन्तन का प्रभाव प्रधान है। विचारों के उत्तेजन और विश्लेषण तथा छोटी-से-छोटी घटना को लेकर उसकी तीव्र प्रतिक्रिया में से गुजरते हुए मानसिक घात-प्रतिघात एवं अन्तर्द्वन्द्व की अन्विति में उनका कोई सानी नहीं है। शिल्प-कौशल की विविधता, विशिष्टता, परिपक्वता आज भी अनुकरणीय है। 'रोज', 'गैंग्रीन', 'कविप्रिया', 'परम्परा-एक नई कहानी', 'साँप', 'कोठरी की बात', 'पुलिस की सीटी', 'एक घण्टे', 'बसन्त', 'शरणदाता', 'द्रोही' इनकी प्रमुख कहानियाँ हैं जिनमें मन का नंगापन भी है और उपजा आक्रोश भी है। वस्तुतः 'अज्ञेय' स्वयं क्रान्तिकारी रहे हैं, जीवनशैली उनकी परम्परा से भिन्न रही है। विद्रोही व्यक्तित्व के धनी 'अज्ञेय' की कहानियों का प्रधान स्वर क्रान्ति, विद्रोह, आक्रोश ही है।

यशपाल ने हिन्दी को विविध आयामी कहानियाँ देकर हिन्दी कहानी को विकास और विस्तार के नवीन क्षितिज प्रदान किए और उसको समसामयिक चिन्ताओं से जोड़ा। जहाँ इन्होंने सामाजिक क्रान्ति की कहानियाँ दीं, वहीं मनोविश्लेषणात्मक कहानियाँ देने में वे पीछे नहीं रहे। स्त्री-पुरुष सम्बन्धों तथा

नारी मनोविज्ञान का भी उन्होंने गम्भीरता से अनुशीलन किया। इन्होंने कहानी को यथार्थपरक साहित्य-मूल्य से भी समृद्ध किया। 'धर्मयुद्ध', 'तुमने क्यों कहा था कि मैं सुन्दर हूँ' तथा 'उसकी माँ' उनकी श्रेष्ठ वैचारिक कहानियों के संग्रह हैं। 'तीसरी चिता', 'आदमी का बच्चा', और 'शर्त' उत्कृष्ट शिल्प के नमूने हैं। 'धर्मयुद्ध', 'रोटी का मोल', 'कलाकार की आत्महत्या', 'मक्रील', 'दुख', 'उत्तराधिकारी', 'फलित ज्योतिष', 'वैष्णवी', 'सत्य का द्वन्द्व', 'खच्चर और इन्सान', 'साग तथा हिंसा' अत्यन्त प्रसिद्ध कहानियाँ हैं। इनमें व्यक्ति-संघर्ष, वर्ग-चेतना तथा स्त्री-पुरुष सन्दर्भों की नैतिकता की नई परिभाषा, सभ्यता, आस्था, संस्कृति और आर्थिक वैषम्य तथा परम्परा विरोध का जीवन्त चित्रण है।

यशपाल के साथ ही राहुल सांकृत्यायन एवं रांगेय राघव भी कहानी-पटल पर आते हैं। इन दोनों कहानीकारों ने मनुष्य को मनुष्य से जोड़ा ही नहीं मनुष्य को पहचाना भी और थोथी, रूढ़, जर्जर परम्पराओं से उन्हें निजात दिलाई। नारी की मनोदशा, उसके अन्तर्मन को पहचानने की जबरदस्त ताकत है–रांगेय राघव जी में। 'गदल' उनकी ऐसी ही कहानी है।

स्वतन्त्रता के पूर्व की स्थिति-परिस्थिति भिन्न थी, स्वतन्त्रता के पश्चात् की भिन्न। यद्यपि 1935 के आसपास कहानी की नई जमीन तैयार होना प्रारम्भ हो गई थी किन्तु 1950 के पश्चात् कहानी आन्दोलन को एक नई दिशा मिली। भैरवप्रसाद गुप्त के सम्पादन में श्रीपतराय की प्रसिद्ध पत्रिका 'कहानी' के 1956 ई. में प्रकाशित प्रख्यात नव वर्षांक से इस कहानी-आन्दोलन की पूर्ण प्रतिष्ठा मानी जाती है। सम्पादक ने चयन किया, मूल्यांकन किया नामवर जी ने। रचनाएँ–मोहन राकेश, निर्मल वर्मा, कमलेश्वर, राजेन्द्र यादव, भीष्म साहनी आदि अनेक कहानीकारों की और धन श्रीप्रतराय का। सबने मिल-जुलकर नई कहानी को जन्म दिया, इसका पालन-पोषण किया। अन्त में आलोचकों से भिड़ने को छोड़ दिया (इन्द्रनाथ मदान)। किन्तु इसके भी पूर्व इस आन्दोलन को पहचाना महाराष्ट्र राष्ट्रभाषा पुणे ने। इसने 'कहानी–1955' में चौवालिस कहानियाँ चौवालिस रचनाकारों की छापी। कालान्तर में इनमें से सत्रह कहानीकार इस आन्दोलन की पहचान बने (पुष्पपाल सिंह)।

वस्तुतः इस आन्दोलन की शुरुआत 1950-51 से होती है और 1955 तक प्रतिष्ठित हो जाती है। यह भी माना जाता है कि ये कहानियाँ प्रेमचन्द की कथादृष्टि का पूर्ण विकास हैं। कमलेश्वर के मतानुसार कवि दुष्यन्त कुमार ने नई कविता की तर्ज पर यह नाम दिया। फिलहाल जो भी हो, सामाजिक विसंगतियाँ नई कहानी के कथ्य का आधार बनीं। मूलतः यह शहरी परिवेश के निम्न मध्यवर्ग तथा मध्यवर्ग की कथा-गाथा है। उसका यथार्थ चित्रण है। उसकी

ऊपर उठने की महत्त्वाकांक्षा है। पहली बार इस कहानी में मध्यवर्ग अपने नंगे रूप में सामने आया जिसमें वह अपने सारे सम्बन्धों को स्वार्थपरता की चकाचौंध में नकार देता है। 'कुत्ते की मौत' (निर्मल वर्मा), 'जिन्दगी और जोंक', 'दोपहर का भोजन' (अमरकान्त), 'चीफ की दावत' (भीष्म साहनी), 'मलबे का मालिक' (मोहन राकेश), 'रोज' (अज्ञेय), 'कर्मनाशा की हार', 'मुर्दा सराय', 'दादी माँ' (शिवप्रसाद सिंह), 'वापसी' (उषा प्रियंवदा), 'हंसा जाई अकेला', 'हलयोग' (मार्कण्डेय), 'राजा निरबंसिया' (कमलेश्वर), 'वापसी' (रामकुमार), 'रसप्रिया', 'तीसरी कसम', 'लाल पान की बेगम' (फणीश्वरनाथ रेणु), 'गुल की बन्नो' (धर्मवीर भारती) आदि अनेक ऐसी कहानियाँ हैं जहाँ मनुष्य अपने रिश्ते-नाते, जिजीविषा, जय-पराजय, भ्रष्टाचार-बेईमानी, भाई-भतीजावाद, बेरोजगारी, मनुष्य के छल-छद्मों के बीच नंगा खड़ा है। उसका अन्तर्मन भी खुला है और बाह्य रूप भी। कहानीकार स्वयं इसका द्रष्टा और भोक्ता भी है, तटस्थ दर्शक भी। शिल्प भी नया, मनुष्य भी नया। 'जिन्दगी और जोंक' जहाँ रजुआ की अटूट जिजीविषा की गाथा है, वहीं बेरोजगारी की मार सहते, आधे पेट, भूखे रहने के लिए विवश मध्यवर्ग की कथा-गाथा है—'दोपहर का भोजन'। और! बेटे तथा पति परस्पर असन्तुष्ट हैं, पर पत्नी भूखी रहकर भी इन्हें परस्पर बँधती है, झूठी बातें कहकर। एक-दूसरे का इगो पूरा करके। 'चीफ की दावत' में बूढ़ी माँ की त्रासद कथा है, फिर भी वह बेटे की तरक्की के लिए कुछ भी करने को तैयार है। और 'डिप्टी कलेक्टरी' तो स्वप्न में जीने वाले शकलदीप बाबू की त्रासद गाथा है। 'रसप्रिया', 'लाल पान की बेगम' निश्चय ही अलग-अलग संवेदनाओं को उजागर करनेवाली कहानियाँ हैं। 'मलबे का मालिक' हमारे शरीर के घाव को गहरे कुरेदने वाली कहानी है और 'हलयोग' दलित संवेदना को सशक्त वाणी देनेवाली पहली कहानी है। ऐसी ही नई कहानियाँ हैं—'कर्मनाशा की हार', 'मुर्दा सराय', 'दादी माँ'। नई कहानी हमें बहुत कुछ दे जाती है।

इसके पश्चात् सन् साठ के आस-पास से ही साठोत्तर कहानी का दौर प्रारम्भ होता है। सन् साठ के बाद परिस्थितियाँ तेजी से बदलीं। चीन से पराजय होती है, स्वप्नद्रष्टा नेहरू और कर्म को प्रधान मनानेवाले भारत को पहली बार खाद्यान्न के क्षेत्र में आत्मनिर्भर बनानेवाले लालबहादुर शास्त्री भी जाते हैं। इन्दिरा गांधी के हाथों में बागडोर आती है। सत्ता और स्वतन्त्रता से मोहभंग होता है। बेरोजगारी बढ़ती है। सामाजिक चेतना बलवती हो उठती है। कहानी के विभिन्न आन्दोलन भी चल निकलते हैं। किन्तु कुछेक कथाकारों को छोड़कर अन्य की कहानियों में कहानीपन का अभाव है। हाँ! शिल्प की दृष्टि से कुछ नए प्रयोग आते हैं, पर पाठकीय संवेदना से हीन, अर्थात् पाठक से, जन-मन से दूर होती

कहानियाँ हैं–ये।

साठोत्तरी कहानी के प्रमुख हस्ताक्षर ज्ञानरंजन में पूँजीवादी व्यवस्था के भयावह दुश्चक्र को पहचानने और उससे टकराने की कोशिश है। मध्यवर्गीय जिन्दगी के काम चलाऊपन के प्रति गहरी नफरत या वितृष्णा ज्ञानरंजन की कथाभूमि की बुनियादी चेतना है। 'सम्बन्ध', 'हास्यरस', 'दाम्पत्य', 'रचना-प्रक्रिया' जैसी कहानियाँ इसकी उदाहरण हैं। 'घण्टा', 'बहिर्गमन' में यथार्थ का दायरा बढ़ा। इसमें विचारधारात्मक प्रभाव भी लक्ष्य है। 'घण्टा' में भारतीय लोकतन्त्र की विसंगतियाँ रेखांकित हैं। 'बहिर्गमन' मूल भूमि से दूर होने की हास्यास्पद तथा घातक लालसाओं की परिणति है। काशीनाथ सिंह की कहानी 'कविता की नई तारीख' इसी जमीन की कहानी है। काशीनाथ सिंह का कैनवास विस्तृत है, व्यंग्य उनकी अभिव्यक्ति का प्रमुख औजार है। 'कहानी सराय मोहन की' में तथाकथित भद्र वर्ग के अन्तर्विरोध और चालाकी का व्यंग्यात्मक, पर सरस चित्रण है। 'सदी का सबसे बड़ा आदमी' लोककथा की शैली में यथार्थ और अतिरंजना के रेखांकन का प्रयास है। पर समग्रतः इसमें कृत्रिमता झलकती है।

रवीन्द्र कालिया की कहानियों के कथानक विवाह-पूर्व इच्छा, लगाव तथा विवाह की घुटन-ऊब पर आश्रित है। 'सबसे छोटी तस्वीर', 'दो सौ ग्राम प्रेमपत्र' पहले प्रकार की तथा 'पत्नी', 'नौ साल छोटी पत्नी', 'डरी हुई औरत' दूसरे प्रकार की कहानियाँ हैं। 'नौ साल छोटी पत्नी' में एक उत्तेजना-रहित ठण्डा तटस्थ अनुभव रूपायित है। श्रीकान्त, महेन्द्र भल्ला की कहानियाँ जीवन के कोमल, छोटे-छोटे प्रसंगों को मानवीय नियति के गहरे प्रश्नों से जोड़ती नजर आती हैं। ममता कालिया की 'काला रजिस्टर', 'चाल', 'बोगेनवेलिया' संवेदना की भूमि से गहरे जुड़ी कहानियाँ हैं। 'चाल' में पूरी दुनिया है, रोज की दुनिया, ऐसी दुनिया जिसमें मध्यवर्गीय जीवन का बेशुमार संघर्ष है। इसमें रचनाकार की गहरी अन्तर्दृष्टि है। 'काला रजिस्टर' तन्त्र व्यवस्था से टकराव की गाथा है। 'बोगेनवेलिया' में मध्यवर्गीय परिवार की उच्च बनने की आकांक्षा की मौत है–"वह वहीं गमले के पास बैठ गया। सावित्री का चेहरा भी लटक गया था। दोनों बच्चे रो रहे थे और पौधे के चारों ओर ऐसे बैठे थे, जैसे बीच में कोई शव पड़ा हो।" 'गौरैया' में साम्प्रदायिकता पर व्यंग्य है। दूधनाथ सिंह की 'हुण्डार' और 'माई का शोकगीत' इस काल की स्मरणीय कहानियाँ हैं। 'माई का शोकगीत' स्त्री की नियति का मर्म लेख स्वाधीनता संघर्ष की यादों से जुड़कर एक विस्तृत परिप्रेक्ष्य से सम्पन्न हो सका है और नवें दशक में सामने आई 'हुण्डार' में उच्चवर्ग की मानसिकता का खुलासा है। सुरेश काटंक में एक तरह की ताजगी है। विजयकान्त की 'बलैत मानुख भगत' का विन्यास महत्त्वपूर्ण है। इसमें वैयक्तिक

संघर्ष और पीड़ा के बयान में एक पूरे समय का संघर्ष और पीड़ा मौजूद है। शेखर जोशी की 'नौरंगी बीमार है' प्रभाव की दृष्टि से सशक्त रचना है। 'कोसी का घटवार', 'दाज्यू', 'बदबू' इनकी अन्य उल्लेखनीय कहानियाँ हैं, जिनमें गहरी मानवीय संवेदना के साथ-साथ वर्ग का आधार भी है। 'कोसी का घटवार' तो मूलभूत मानवीयता एवं रागात्मकता की अविस्मरणीय गाथा है।

यद्यपि सन पैंसठ तक हिन्दी कहानी में परिवर्तन की प्रक्रिया स्पष्ट हो चुकी थी, किन्तु साठ से 2000 के बीच के दौर में हिन्दी कहानी में अश्लीलता रूपी वृक्ष खूब लहलहाया और श्रेष्ठता के तमगे से वे कहानियाँ विभूषित हुईं, जिनमें यथार्थ और प्रगतिशीलता के नाम पर ऐसे दृश्यों की भरमार थी। या वे कहानियाँ विभूषित हुईं जो हम जैसों की समझ के परे, बौद्धिक शीर्षासन के बाद भी कुछ न खोज पाने की पांठकों की पीड़ा से ग्रस्त थीं। निश्चय ही यह कहानी का ह्रास काल था। न इनमें चरित्र ही आ पा रहे थे, और न ही कथा। न इनमें गहरा वर्तमान है और न ही इतिहास का अंग बनने की शक्ति। ऐसी कहानियों को पढ़कर भूल जाना एक सामान्य-सी बात हो गई। चरित्र भी भूले, घटनाएँ भी भूलीं और भूले रचनाकार। अब समीक्षक चाहें तो हम-जैसे पाठकों को ही दोष दें।

मैं यह मानता हूँ कि सेक्स के खुले चित्रण की बढ़ती प्रवृत्ति में यथार्थ के साथ-साथ, पूँजीवादी विचारधारा की नियति और आधुनिकता बोध की महती भूमिका है। समाज को बाँटना, तोड़ना, छिन्न-भिन्न करना, व्यक्ति को अपनों से, अपने संस्कार और संस्कृति से अलग करना, मानवीय मूल्यों, जीवन-सत्यों, मर्यादाओं और मानदण्डों आदि पर चोट करना और उनकी अप्रासंगिकता सिद्ध करना अपनी विजय-पताका फहराने के लिए पूँजीवादी व्यवस्था की पहली अनिवार्यता है। इसी आयातित विचारधारा और बोध ने भारतीय मानसिकता में विष घोलने का काम किया। यह आधुनिकता, बकौल निर्मल वर्मा, प्रेमचन्द के 'कफन' के उस कथ्य से साहित्य में प्रवेश करती दिखाई देती है, जिसमें घीसू और माधव कफन के पैसों से शराब पी जाते हैं। निर्मल वर्मा की यह मान्यता एक सीमा तक सच है। पर ध्यान देने की बात है कि प्रेमचन्द इसे हम पर लादते नहीं अपितु वे इसकी सम्भावनाओं से हमें सचेत करते हैं कि इस दृश्य द्वारा यह विचारधारा और बोध हमें किस स्तर तक संवेदनहीन बना सकता है। फिलहाल चाहे आधुनिकता बोध हो या यथार्थ का आग्रह मेरी अपनी दृष्टि में इन दोनों के कारण आई नग्नता और स्वेच्छाचारिता का चित्रण कर रचनाकारों ने प्रकारान्तर से इस प्रवृत्ति को बढ़ावा ही दिया और स्त्री-पुरुष के विवेक को कुंठित किया। मनुष्य संवेदनहीन और मूल्यों का हन्ता बना। मात्र तीन रुपये में

पति अपनी पत्नी का सौदा करता है ('कीचड़'–पंकज विष्ट), आर्थिक मजबूरी के कारण पिता अपनी बेटी राधा को धन्धा करते देख भी चुप है ('धन्धा'–सुरेश सेठ) और इसी मजबूरी के कारण घर के लोग कमाऊ बेटी की शादी नहीं करते पर वह तन की भूख मिटाने के लिए एक पुरुष के पास पहुँचती है ('पराया चेहरा'–स्वदेश दीपक)। आधुनिकता की परिणति-स्वरूप अपने पति से तृप्त न हो पाने पर मित्र नकुल को अपना शरीर सौंपती है ('गन्ध'–शशिप्रभा शास्त्री), बेटा पैदा करने में अपने पति को अक्षम मानकर अपने जेठ से सम्बन्ध स्थापित करती है, फिर काम की तृप्ति न हो पाने पर वह दर्जी के साथ भाग खड़ी होती है ('भरतनाट्यम'–शिवमूर्ति) तथा लड़की का तेरहवें लड़के के पास पहुँचना ('अनलकी नम्बर'–मणिका मोहिनी), लगातार दोनों मित्रों से सहवास में सक्रिय साथ निभाना ('जिस रात पाली में प्राण-प्रतिष्ठा हुई'–सतीश जायसवाल), परस्त्रीगामी पति से ठहरे गर्भ को विरोधस्वरूप गिरवाना ('जाने कब तक'–अनिता सभरवाल), बेरोजगार शराबी पति को तलाक ('दरार'–हेमराज निर्मम), पुरुष सत्ता को चुनौती ('बैल बनी औरत'–लवलीन), शिक्षित लेक्चरार पल्लवी द्वारा पति की गलत बातों का विरोध ('फेमनिस्ट'–कृत्यांश), विधवा नारी द्वारा एक साथ बाप-बेटे से रिश्ते को द्रौपदी का उदाहरण देकर जायज ठहराना ('अपने-अपने कुरुक्षेत्र'–कृष्णा अग्निहोत्री), शिष्या के साथ वासनात्मक तृप्ति ('कोरा कैनवस'–आबिद सुरती), स्वार्थसिद्धि हेतु अपने गुरु के साथ विपरीत रति ('शताब्दी प्रवेश'–रमाकान्त श्रीवास्तव) आदि चित्रण और वर्णन से मनुष्य की अमानवीयता, संवेदनहीनता, उसके कुंठित विवेक, मानवीय मूल्यों के प्रति अनास्था आदि का परिचय मिलता है। 'धर्मक्षेत्रे-कुरुक्षेत्रे' (दूधनाथ सिंह) दलित स्त्री चेतना की कहानी है जिसमें स्त्री-शोषण के अछूते यथार्थ की मार्मिक कथा-चेतना है। यह आज के मानव समाज का यथार्थ है, इसे नकारा नहीं जा सकता, किन्तु इसे रोकना होगा पर इसके चित्रण द्वारा नहीं अपितु इसके समानान्तर मानवीयता, मानवीय मूल्यों एवं मानदण्डों की बड़ी रेखा खींचकर और एक स्वस्थ परम्परा के विकास द्वारा।

कहानियों में सेक्स के चित्रण की वृद्धि के अनेक कारण हैं। इनमें आज पति-पत्नी के बीच गहराता द्वन्द्व प्रधान है। इस द्वन्द्व के विकास में वह स्थिति प्रमुख कारक है जिसमें आज स्त्री आर्थिक, वैचारिक, बौद्धिक दृष्टि से स्वतन्त्र और स्वावलम्बी है। इससे पुरुष के अहं पर चोट होगी ही। सूर्यबाला की 'पुल टूटते हुए', इन्दुबाली की 'निर्णय', कान्ति त्रिवेदी की 'फूलों को क्या हो गया', सुनीता जैन की 'अनिर्वच', मालती जोशी की 'मध्यान्तर', 'कुहासे', 'कलंक', नरेन्द्र कोहली की 'यथार्थ', नफीस आफरीदी की 'वापिस होते हुए', 'अजनबी पहचाने',

शशिप्रभा शास्त्री की 'गन्ध', शिवमूर्ति की 'भरतनाट्यम' इस द्वन्द्व को बखूबी रूपायित करती हैं। आर्थिक, वैचारिक, बौद्धिक दृष्टि से स्वतन्त्र बनी नारी, लालसा और कल्पना के लोक में जीने वाली नारी पति से अतृप्त हो उठी। यह अतृप्ति पति और पत्नी, दोनों को स्वभाव और व्यवहार में असामान्य बना देती है। फलस्वरूप पति-पत्नी एक-दूसरे के प्रति समर्पित नहीं रह पाते-"वह यह सब कहाँ चाहती थी, पर जब घर का कुआँ बिलकुल सूख जाए तो आदमी एकदम प्यासा तो मरने से रहा। कितनी बार सोच चुकी हूँ, स्त्रियों के लिए चकले या पुरुष वेश्यालय क्यों नहीं हुए, जहाँ वे भी स्वतन्त्रता से जा सकतीं?" (शशिप्रभा शास्त्री-'गन्ध')। अतृप्ति के अतिरिक्त पति का अविश्वास, आर्थिक तंगी आदि नारी को पति-रूपी संस्था से मुक्ति की सतत् प्रेरणा देते हैं। पर वह मुक्त हो कहाँ पाती है? एक से मुक्त होकर फिर दूसरे पुरुष में पति-रूप देखती है। ('भरतनाट्यम'-शिवमूर्ति) यह देखना उसके मानसिक विद्रोह की परिणति है और यह विद्रोह, इस विद्रोह से जन्मी वेदना, घृणा और अकुलाहट दोनों के रिश्ते में विष-रूपी द्वन्द्व घोल देती हैं। कहीं यह स्वस्थ द्वन्द्व कहानी का केन्द्र बन गया है और शिल्प-संरचना की दृष्टि से कहानी बहुत ऊपर उठ गई है पर कहीं स्थूल द्वन्द्व उसे कहानी नहीं विवरण, ऐसा विवरण जो चटखारे से युक्त हो, बना देता है। सत्य तो यह है कि आज ज्यादातर लेखक तथ्यों का संग्रह या सामान्यीकरण करते हैं और समझते हैं कि उन्होंने वास्तविक जीवन का चित्रण करके एक बड़ा काम कर लिया।

नारी की उपर्युक्त मानसिकता की परिणति-स्वरूप अनेक कहानियों में महिलाएँ ही नग्नता, शोषण, अत्याचारों को बढ़ावा देती नजर आती हैं; इस बढ़ावे के मूल में है उनकी स्वेच्छाचारिता और दमित काम-भावना जो सोता बनकर फूट पड़ा है। इसमें कथा-लेखिकाएँ भी बढ़-चढ़कर हिस्सा लेती हैं। यह प्रवृत्ति पूँजीवादी भावना की पोषक है। फलस्वरूप आत्मा पर पेट, स्वस्थ मानसिकता पर क्षुद्र मनोभाव विजयी होते हैं। और! इस विजय में लेखक की यह भावना कि वह बहुत बोल्ड है, भी सक्रिय भूमिका निभाते हैं।

सेक्स के नग्न चित्रण का एक कारण दहेज की विडम्बना भी है जो विषधर अजगर की नाईं समाज की समूची नैतिकता को निगल जाने के लिए मुँह बाये खड़ा है। दहेज के अभाव में विवाह न हो पाने पर शरीर की भूख मिटाने के लिए ('साथी! मुर्दों का गाँव'-विजय), कहीं पति की बेवफाई का उत्तर देने के लिए ('चौथी पगडंडी'-उर्मिला शिरीष), कहीं विवाह के बाद भी प्रेमी के साथ बह जाने की लालसा के कारण ('नदी होती लड़की'-प्रियंवद), कहीं मर्यादाओं की साँकल में जकड़ी साथी न खोज पाने की विवशता से प्रेरित ('सूनी'-ममता

कालिया), कहीं माँ प्रेरित आर्थिक-समृद्धि और सुखी जीवन बिताने के लिए ('दस्तक'–रतन वर्मा), कहीं पति के परित्याग और समाज द्वारा सामूहिक बलात्कार के लिए विवश ('मालगाड़ी का सफर'–रमेश गुप्त), कहीं पति की शंकालु मनोवृत्ति के कारण ('प्रेम'–राजेन्द्र मिश्र) और कहीं पत्नी की अनुपस्थिति में केवल फैशन के कारण किसी अविवाहिता का दूसरे के घर में स्वेच्छया प्रसन्नतापूर्वक उसकी पत्नी का स्थान ग्रहण करना ('चश्मा'–नवनीत मिश्र) आदि प्रमुख कारण हैं। पुरुष ही नहीं, स्त्री भी बलात्कार करती है। कहीं अपनी स्वार्थपूर्ति के लिए 'शताब्दी प्रवेश' (रमाकान्त श्रीवास्तव)। 'औरत का घोड़ा' (राजेन्द्र चन्द्रकान्त राय) ऐसे गरीब अध्यापक की कथा है जिसमें पत्नी उसे भूखा रखती है। थका-हारा बेचारा सोना चाहता है, उसमें कुछ और के लिए ताकत नहीं पर पत्नी उसे चारपाई पर खींचती है–"अबकी पत्नी ने जरा जोर से ख़िच्चा मारा। वे आधे खिंच गए, बोले–"आज रहन दो ...मारे भूख के हिला नहीं जा रहा है. .." "तो का तुम्हें हिलने हैं...?" निश्चय ही आर्थिक, सामाजिक विसंगतियों, विडम्बनाओं, दैवी आपदाओं और मानसिक विकृतियों के कारण नारी स्वच्छन्द सेक्स की माँग में सहायक होती है पर यहीं साहित्यकार का दायित्व मुँह बाए, उन सबको निगल जाने के लिए खड़ा रहता है। वह सबको निगलकर पचाता है, फिर उससे उस रक्त का निर्माण करता है जो समाज को नव-जीवन दे सके, उसे नई राह दे सके, जो उसके उत्थान में सहायक बन सके।

वस्तुतः इस काल के कहानीकारों ने यथार्थ के नाम पर मर्यादा का अतिक्रमण किया। तथ्य में छिपे सत्य को पूरी व्याप्ति के साथ देखने की कोशिश यथार्थवाद है। यह शिल्प से अधिक विचारधारा है पर तभी जब यह सामाजिक बोध की उपज हो या उससे जुड़ा हो और सामाजिक, आर्थिक, ऐतिहासिक विसंगतियों को मर्यादा में रहकर इंगित किया गया हो। कहानी न भाषण है, न नारा। वह समाज, मानवता को अमर्यादित भाषण और नारों से दिशा नहीं दे सकता। हमारे कहानीकारों ने संस्कृति के नाम पर अपसंस्कृति को प्यार किया। कहानी तो सचेत कलात्मक कृति है, ऐसी कृति जिसमें समूचा वर्तमान इतिहास रूप में प्रस्तुत हो और वह सबका बोध हो, सबकी चेतना हो। पर इस काल की कहानी ने सेक्स, अनादिकाल से चले आते सामाजिक शोषण, कुचक्र तथा उससे संत्रस्त आज के जीवन तथा फलस्वरूप कुरूपता में बदलते जीवन को व्यक्त तो करना चाहा है, पर यह अभिव्यक्ति अश्लीलता की सीमा पर पहुँच गई और ऐसा प्रतीत होता है कि इतनी नग्नता समाज की नहीं बल्कि आधुनिक परिवेश में कुंठित रचनाकारों के अतृप्त विकृत मानस की है, जिसमें देशी नहीं, विदेशी संस्कार अधिक हैं। ('विषकन्या'–जवाहर सिंह)। और वे अपने 'सुख' के लिए ऐसे संसार

की सृष्टि में लगे हैं।

सेक्स का नंगा चित्रण यहीं समाप्त नहीं होता। शताब्दी के अन्त तक यह छाया हुआ और कुछ आगे बढ़कर 'कोरा कैनवस' (आबिद सुरती) 'हंस' में जून, 2000 में प्रकाशित हुई। स्वयं सम्पादक ने अपने सम्पादकीय में इसे बखाना और अपनी कहानी 'हासिल' (राजेन्द्र यादव) से इसकी तुलना की। इतना ही नहीं, पितातुल्य पुरुष बेटी-जैसी उम्र की शिष्या के दैहिक शोषण की परम्परा का जिक्र कर इसे जायज करार दिया। वस्तुतः सुरती ने ऐसी कहानी पहली बार नहीं लिखी, 'सारिका' में आठवें दशक के प्रारम्भ में भी ऐसी ही कहानी 'कैनाल' ('सारिका', जून, 1972), 'सड़क पार' (सारिका, मार्च, 1975) उन्होंने लिखी थीं। प्रगतिशील चेतना के हमदर्दों ने भी उसकी निन्दा की थी, पर इस बार तो सम्पादक ही उसका विज्ञापन कर रहा है। पिता के उम्र का पति, इस कहानी का लेखक शिष्या शीरीन के शरीर का वासना की तरंगों में डूबकर स्वच्छन्द उपभोग करता है और एक बार नहीं, बार-बार, अनेक बार। एक-एक दिन में कई-कई बार। इसे प्रेम तो नहीं कहा जा सकता है; यद्यपि रचनाकार बार-बार अपने प्रेम की दुहाई देता है जबकि शिष्या स्वयं इसे वासना मानती है। अतः यदि कहना ही है तो इसे व्यभिचार की कथा का अत्यन्त कामुक चित्रण कह सकते हैं-"अब तक हम दोनों के बीच वस्त्रों का जो परदा था, हट गया। वह गद्देदार आसनों पर लेट गई। मैंने उसके दोनों पाँवों के बीच स्थान लिया और...वह चीत्कार उठी, कत्ल हो रहे जानवर की तरह यह दर्दनाक दुहाई थी। वह होठ काटकर उसे दबाने की भरसक कोशिश कर रही थी। उसके नाखून चीते के पंजों की तरह मेरी पीठ में गड़ गए थे। मैं उसके शरीर में गहराई तक उतर गया। ...आसन के श्वेत गिलाफ पर लहू के लाल धब्बे उठ आए, उसका चेहरा आँसू और पसीने से भीगा था। वह मेरे नीचे थी और अब भी गहरी साँसें ले रही थी। ...मैंने. ..कहा "सेक्स बियर की तरह होता है। पहली बार कड़वा लगता है।" "और शादी तय होने पर शीरीन नैरेटर से पूछती है कि पति के साथ कैसे वह पहली रात का सामना करेगी। और उत्तर-"पहली रात में तुम्हें कराहना नहीं, चीखना-चिल्लाना है।" वह बोली, "मगर लहू तो नहीं निकलेगा न।" और! वह कुँवारेपन की वापसी के लिए वर्जिनिटी आपरेशन कराना चाहती है। यह एक पक्ष है। दूसरा पक्ष है आबिद रूपी पुरुष का जो पहली बार के बाद दूसरे दिन शिरीन की प्रतीक्षा कर रहा है कि वह मर्दानगी का जलवा दिखा सके। ऐसे प्रेम आबिद कई बार कर चुके हैं और कई लड़कियों का कुआँरापन भंग कर बार-बार भोगा है-"जाने-अनजाने मैं भी यह सिद्ध करना चाहता था कि मैं 'पुरुष' हूँ।" और यह प्रक्रिया चलती है-सालभर।

ठीक ऐसी ही कहानी है रमाकान्त श्रीवास्तव की–'शताब्दी प्रवेश'। कहानी का पूर्वार्द्ध अमला के विकास, उसके सौन्दर्य पर मोहित पुरुषों की गाथा है। रमाकान्तजी को संगीत की अच्छी जानकारी है। लालित्य, लय, छन्द, ताल पर बढ़ती कहानी में अन्ततः परिवर्तन आता है। यहाँ भी यद्यपि भाव-बोध की गहराई है पर है नग्न चित्रण–"सदी की समाप्ति के कुछ क्षणों पहले अमला ने प्रोफेसर का प्रगाढ़ चुम्बन लेते हुए उन्हें अपने नीचे ले लिया और विपरीत रति की मुद्रा पर आरूढ़ हो गई।...अमला नदी में तैरती किश्ती की तरह डोल रही थी। प्रोफेसर के कंठ से चरम आनन्दानुभूति का सीत्कार निकला। विपरीत रति की मुद्रा में मदन द्वार से उन्होंने इक्कीसवीं शताब्दी में प्रवेश किया।" वस्तुतः यहाँ नारी की स्वार्थपरता का नंगा चित्रण है, वह अमेरिका जाना चाहती है, जानती है कि प्रोफेसर ही उसे भिजवा सकते हैं। और "तय रहा, तुम जाओगी" प्रोफेसर के आश्वासन के बाद पहले वह खजुराहो की मूर्ति का नृत्य प्रस्तुत करती है अर्थात् नग्न स्वरूप में सामने आती है–"अमला ने कुर्सी एक तरफ सरकायी और नाइटी कुर्सी पर फेंक दी। अब वह खजुराहो की मूर्ति थी। उसके शरीर पर बस मोतियों का एक हार था।" ('कथादेश', अप्रैल, 2000)। श्योराज सिंह बेचैन की 'शोध-प्रबन्ध' भी ऐसी ही कहानी है जिसकी नायिका रीना प्रोफेसर की धन-सम्पदा पर आकर्षित होकर, अपनी उपलब्धियों के लिए अपना शरीर सौंप देती है पर कालान्तर में वह बलात्, दलित शोषण का नाम देकर उनकी पत्नी बनती है।

हर घर में नाबदान होता है। उसमें कीड़े न पड़ें, उसकी दुर्गन्ध समाज को कष्ट न दे, इसलिए उसकी सफाई आवश्यक है, न कि नए नाबदान, कीड़ों और दुर्गन्ध मुक्त नाबदान के निर्माण की आवश्यकता है। दुर्भाग्य की बात है कि प्रगतिशीलता और जनवाद के नाम पर हमारे कहानीकारों ने कहानी के सौन्दर्य-बोध के मानदण्ड को तोड़ा, छिन्न-भिन्न किया और जिस नए सौन्दर्य-बोध का निर्माण किया उसमें से घिन, बदबू और जुगुप्सा ही रिसती है। फलस्वरूप कहानियाँ तो चटखार बनी पर कथा और चरित्र सहित हमारे मानस से लुप्त हुईं। ऐसी ही कहानी है–'तिरिया चरित्तर'। 'तिरिया-चरित्तर' की विमली माँ-बाप के लिए बेटा है। वह एक बोल्ड महिला है। सामाजिक व्यवस्था को ठेंगा दिखाकर वह भट्ठे पर काम कर स्वावलम्बी बनती है। पर यह स्वावलम्बन पुरुष समाज को भाता कहाँ है। पति की अनुपस्थिति, कोई पता न रहने पर, लौटने की सम्भावना के क्षीण होने पर भी ससुर विमली का गौना करा ले जाता है। और ससुर के प्रयासों का वह पूरी ताकत से विरोध करती है। दुलत्ती मारकर उसे घायल करती है। यहीं कहानी समाप्त हो जाती है। विमली विजयी होती है। पर कथाकार को तो सिनेमायी अन्दाज देना था। अस्तु! पुजारी के षड्यन्त्र

से अफीमयुक्त चरनामृत पिलाकर बेहोश कर ससुर उसका सब कुछ लूट लेता है। ...धोखा, छल। और कोई उसका साथ नहीं देता। केवल एक मनतोरिया की माई सामने आती है। किन्तु उसे भी चुप रह जाना पड़ता है। अन्ततः उसे दगनी कर छोड़ा जाता है। और पिता! वह भी साथ नहीं देता।

युगीन चेतना के परिप्रेक्ष्य में हमें आवश्यकता थी जुझारू नारी चरित्रों की जिसे नवें दशक के कुछ रचनाकारों ने दिया, वे सिनेमाई अन्दाज से दूर रहे। और फिर कहानी की नई शुरुआत हुई। सृंजय की 'बैल बधिया' में शोषण के विरुद्ध मुरली बहू का वह बिगुल बज ही जाता है, जिसे प्रेमचन्द का होरी मरकर भी अनहद-नाद का रूप दे गया था–"जानत हई मालिक अपने बछड़े को साँड़ बनाइएगा अउर हमारे बछड़े का बधिया करवाइएगा। इहे ना इरादा है, मालिक। ससुर के बाद मरद आपके हियाँ बैल बना, अब हमरे बेटे पर भी टकटकी लगाए हो। ई आशा छोड़ दें, मालिक।" (बैल बधिया, 'कामरेड का कोट', पृ. 16) और देखें–"हमरा मालूम बा सरकार। करजा बोल के आपने कब दिया, लेकिन अइसने काज-परोजन, शादी-विवाह के मौके पर मदद देकर आप हमरे मरद से खेत जोतवाते रहे। इसी में उनकी जान निकल गई। अब तो हमरे ऊपर दया करीं मालिक।" (पृ. 15), "वह बिरादरीवालों की गैरत पर लानत भेजते हुए पति की लाश को अकेले उठाने लगी," "हम अकेले इनकी माटी को मसान घाट ले जाइब, बाकिर केहु के मुँह ना जोहब कि किरिया-करम होई कइसन ना।" "बिरादरीवाले एक अकेली औरत की हिम्मत देखकर दंग रह गए।" सृंजय की इस कहानी में न तो अश्लीलता है और न संभोग के चित्र। इसमें यथार्थ है, ऐसा यथार्थ जिससे सृंजय सम्बद्ध हैं। तभी यह एक सशक्त जनवादी कहानी है, जिसमें है–व्यवस्था का विद्रोह, लोक की पीड़ा, शोषण की अनन्त कथा। और है–इन सबकी नींव पर चरित्र की एक भव्य सृष्टि, पूरी कथा का इतिहास और युग की चेतना। नमिता सिंह की 'बन्तो' सास की मनोकामना पूरी नहीं होने देती। अपने देवर को, जिसके साथ पति की मृत्यु के बाद उसे बैठना था, सोना था, उसे वह अपना भाई बनाकर लौटा देती है–"जा वीरन जा। तेरी लुगाई तेरा इन्तजार कर रई ए।" और "उसे लगा कि जैसे नम्बरदार को उसने बिना भैंस खोले वापस दूर तक खदेड़ दिया।" इन्हीं की दूसरी कहानी 'या देवी सर्वभूतेषु' की देवयानी भी एक ऐसी महिला है जो सामाजिक विरूपता और पुरुष-सत्ता को चुनौती देती है। 'अकालदण्ड' (शिवमूर्ति) की सुरजी अपने बचाव का रास्ता जानती है। वह बलात्कार से पूर्व ही बलात्कारी का जननांग काटकर भाग खड़ी होती है। 'शर्त' (रतनकुमार साँभरिया), 'लाजो' (विपिनबिहारी), 'नचनी काकी', 'केलिया' (प्रह्लाद चन्द्र दास) भी दलित महिला के शोषण और प्रतिकार की कहानी है। 'केशर

कस्तूरी' (शिवमूर्ति) की केशर हर अपमान, हर समस्या का समाधान जानती है। 'मर्द' में महाराजकृष्ण काव ने मुनीश और नीलम (पति-पत्नी) के माध्यम से पुरुष और स्त्री की मानसिकता को उजागर किया है। पति मुनीश मुस्टंड साँड़ है, वह हर हरी-भरी खेती देखकर उस पर मुँह मारने का प्रयास करता है। नीलम चिन्तित। इसी बीच एक्सीडेंट में वह बधिया बन जाता है और अस्पताल में अपने बिस्तर के पास बैठी पत्नी को नाखूनों की पालिश करते हुए वह अपना आपा खो देता है-"यह नाखून किसके लिए सँवार रही हो," मुनीश की आवाज में तल्खी थी।" (हंस-जुलाई, 89)। यह भी अश्लील विवरणों से खाली, पर पुरुष की मानसिकता पर चोट करनेवाली कहानी है और यह कहानी उस नारी की भी है जो पुरुष से बदला लेने के लिए उद्यत है, पर दूसरे की अंकशायिनी बनकर नहीं, बल्कि प्रतीक के माध्यम से। 'हंस' के इसी अंक में एक और सशक्त कहानी है-विभारानी की 'सदी का सबसे विचारवान आदमी'। पति को अपने जीवन में जितने काँटे मिले थे, लोगों की जो उपेक्षाएँ मिली थीं, वह सब पत्नी से कहकर निजात पा चुका था, मन हल्का था, भटकते तन-मन को मंजिल मिल गई थी, वह मुस्कुराया। पत्नी का खयाल आया। उसे देखने को मुड़ा-"भय से चीख पड़ा-उसकी पत्नी के चेहरे पर जगह-जगह काँटे चुभे हुए थे और उनसे खून निकल रहा था।" स्त्री क्या है? पुरुष के संवेदना की ही परिणति तो न? और उसमें सब कुछ सहने की शक्ति है, उसे भी जो दूसरों के जीवन के काँटे हैं, जो दूसरों की उपेक्षाएँ हैं और इन सबको भी सहकर वह अजेय है, अबूझ है। आवश्यकता है केवल उसकी शक्ति को जानने और जगाने की।

ऐसी ही एक कहानी है ललित शाह की 'गिद्धा कौल'। फूलमती एक जवान विधवा मजदूरनी है, जिसके यौन-शोषण के प्रति हर पुरुष उतावला है। और जमींदार का बेटा राजिन्दर इन सब पर भारी पड़ता है, उसको सहयोग भी देते हैं। मजदूर वर्ग के ही लोग। बार-बार बच जाने पर अन्ततः वह कुचक्र में फँसकर राजिन्दर का शिकार बन ही जाती है। पर वह इसका बदला भी लेना जानती है। और राजिन्दर की क्षणिक सन्तुष्टि, उसी क्षण, उसकी मृत्यु में बदल जाती है। फूलमती का यह रूप ही आधुनिक नारी-चेतना है, नारी का आदर्श है। इसी तरह की एक नारी है-रामकली। जो पुन्नी सिंह की कहानी 'इस इलाके की सबसे कीमती औरत' के रूप में उभरी है, जो औरतों का व्यापार करनेवाले सामाजिक ठेकेदारों, पुलिस और अधिकारियों से संघर्षरत है। उर्मिला शिरीष की 'चौथी पगडंडी' की नायिका भी इसी कोटि में आती है। और सबसे महत्त्वपूर्ण स्त्री है संजीव की 'तिरबेनी का तड़बन्ना'। तिरबेनी अपनी पत्नी के साहस के कारण ही मृत्यु के मुख से बच निकलता है। और इस्मत चुगताई की-'मोखा'

की नायिका भी अपनी माँ के संत्रास से, जो उससे पेशा कराना चाहती है, मुक्ति के लिए एक गरीब स्वाभिमानी युवक से विवाह करती है। सी. भास्कर राव की 'सावधान सुब्बाराव मुलु...' की बनजा मन्त्री द्वारा बलात्कार के बाद भी संघर्ष के लिए प्रस्तुत है। कुसुम अंसल की 'मेरे आशिक का नाम' में नारी-शोषण के विरोध में खुला स्वर मुखर हुआ है। नायिका उपमा दादा की बेरहमी, पति के व्यंग्य-बाणों का शिकार है, पर वह हारती नहीं। अध्ययन पूरा कर प्रेक्टिस प्रारम्भ करती है। 'खुल जा सिम-सिम' (लता शर्मा), 'दो दूनी चार' (कमल कुमार) आदि ऐसी ही कहानियाँ हैं।

निश्चय ही ये इस काल की कुछ ऐसी कहानियाँ हैं, जिनमें नारी में अपनी नग्नता, शोषण, अत्याचार, कुरूपताओं के विरुद्ध आक्रोश है, संघर्ष का आह्वान है, लम्बी लड़ाई की तैयारी है।

इस काल की कतिपय कहानियों में विचारधाराओं पर होनेवाले आघातों या उनकी असलियत के पर्दाफाश का प्रयास है। इस काल की अनेक कहानियों में गांधीवाद की दुर्दशा, अस्तित्ववाद का आतंक, मार्क्सवाद और जनवाद की गलत व्याख्या भरी पड़ी है। शिवमूर्ति की 'कसाईबाड़ा' गांधीवादी विचारधारा का मखौल है। जनवाद के पिटे-पिटाए ढर्रे, उसके खोखलेपन को उजागर करते हैं—सृंजय। सृंजय की इस कोशिश से जनवादी खेमे में हड़कम्प मच गया। आसमान सिर पर उठा लिया गया। कहानी—'कामरेड का कोट'—कामरेडी सिद्धान्तों की बखिया उधेड़कर रख देती है। यह व्यवस्था पर गहरे चोट और व्यंग्य की कहानी है। कामरेड कमलाकान्त उपाध्याय व्यवस्था और व्यवस्था के अंग रक्तध्वज और रामगोबिन मास्टर की असलियत उजागर कर देता है। तन्त्र और व्यवस्था को जनसामान्य की पीड़ा से क्या लेना-देना। कमलाकान्त इसी आग में दहकता वह अंगार है जो हमारे अन्तस् को हर क्षण आलोकित करता है। उसकी पीड़ा लोक-मानस की पीड़ा है। वह वर्तमान भी है, इतिहास भी। इस कहानी में कथा भी है और चरित्र भी। केवल बिहार की सामन्ती क्रूरता नहीं, अपितु समस्त मानवता की क्रूरता है जो अपने से नीचे को शोषण का पात्र मानता है, जिसे हक की लड़ाई लड़ने और जीने का अधिकार नहीं, जिसकी मौत पर कोई आँसू बहानेवाला नहीं। वस्तुतः यह कथा केवल मार्क्सवादी विचारधारा के खोखलेपन को ही उजागर नहीं करती अपितु हर विचारधारा के उच्च-पदस्थ अधिकारियों को, उनके स्वार्थ, भय, दावों को नग्न कर देती है और यह सिद्ध करती है कि आम व्यक्ति किसी विचारधारा की नींव का पत्थर तो बन सकता है, पर उसे याद करनेवाला कोई नहीं। यह अलग बात है कि इसमें रचनात्मक दोष भी है। कमजोर शिल्प और कमजोर चरित्र। मदनमोहन की 'दलदल' 'कामरेड का कोट'

जैसी कहानी है। इसमें अन्तर्द्वन्द्व के चित्रण और विवेक के कारण एक अलग प्रभाव की सृष्टि हुई है। इन्हीं की 'निशान' अधिक अर्थगर्भित कहानी है। इस दृष्टि से कामतानाथ की 'काम का पहिया' भी पठनीय है। अवधेश प्रीत की कहानी 'खबर' भी किसान आन्दोलनों को तहस-नहस करने में जुटे लोगों की कहानी है। प्रो. उदयन रवीन्द्र गोलियों के शिकार होते हैं—उस साथी के द्वारा, जो आन्दोलन की नीतियों के विरुद्ध डकैती, हत्या, आतंक को अमली जामा पहनाता है। और उसके प्रयासों से मृत प्रोफेसर को पुलिस-मुठभेड़ में मारा गया प्रचारित किया जाता है। प्रोफेसर के साथी राजवंशी के प्रयास के फलस्वरूप प्रभात प्रोफेसर की मृत्यु की सच्चाई जनता तक पहुँचाना चाहता है पर सम्पादक ऊपरी दबाव के कारण छापने से मना कर देता है। परिणाम होता है—किसान आन्दोलन की समाप्ति। पर यह समाप्ति नहीं, प्रोफेसर का संघर्षशील चरित्र आज भी जीता-जागता 'मेरे' सामने, पाठक के सामने खड़ा है, वैसे ही जैसे गांधी का। मरने से भारतीय डरे कब? 'शवयात्रा' (इंडिया टुडे—जुलाई, 1998) ओमप्रकाश बाल्मीकि की ऐसी कहानी है जो दलित संघटन एवं दलित संघर्ष के अन्तर्द्वन्द्व को प्रकाशित करती है। इसमें दलित के बीच जातिवाद, ऊँच-नीच की भावना किस कदर घर कर गई है, इसका खुलासा तथा इससे होनेवाली हानि का संकेत है। जाटव बाल्मीकि से अपने को ऊँचा मानते हैं। जाटवों के हाथ वाल्मीकि वही अपमान, शोषण, संत्रास झेल रहे हैं जो उन्हें सवर्णों द्वारा झेलना पड़ा। उच्चवर्गीय दलित नेताओं ने यह भी आरोप लगाया कि यह कहानी सवर्णों ने लिखवायी। इस कहानी का सच यही है कि दलित आन्दोलन परस्पर जातिवादी भावना, ऊँच-नीच के भेदभाव से बचे। सूरजपाल चौहान ने 'वर्तमान साहित्य' (फरवरी, 2001) में इस समस्या पर 'दलित साहित्यकारों का मनुवाद' शीर्षक से अपना आलेख प्रस्तुत किया जिसमें उन्होंने इस संगठन, आन्दोलन का सच उगला है, वह सच जो स्वयं उच्चवर्गीय मानसिकता के धनी दलितों को न तो भाएगा और न ही इसे वे पचा पाएँगे। उन्हीं के शब्दों में—"मेरी आत्मकथा का एक अंश 'आदर्श गाँव' शीर्षक से 'हंस' पत्रिका के एक अंक में प्रकाशित हुआ था। उसमें मैंने एक कोरी (जुलाहे) से एक बाल्मीकि द्वारा जूठन उठवाने की बात का चित्रण किया जो आज के युग में कतई उचित नहीं है। कई साहित्यकारों (दलित) ने आगे बढ़कर मुबारकबाद दी थी और पीठ थपथपाई थी। लेकिन जब मैंने कल के लिए दलित विशेषांक में अपने आत्मकथा के अंश में जाटवों द्वारा वाल्मीकियों से ऊँच-नीच व छुआछूत का जिक्र भर किया तो इन्हीं साहित्यकारों (जाटवों) ने मुझे लाल आँखों से घूरना शुरू कर दिया।" और संगठन में "दिल्ली के कालेज के लेक्चरर नहीं बल्कि वाल्मीकि (भंगी) नजर आ रहे थे।" वस्तुतः

"जाति के आधार पर एक को उपाध्यक्ष बनाए रखना संगठन की मजबूरी का जिक्र अध्यक्ष डॉ. तेज सिंह की मजबूरी है, जिससे वे दलित असहमत हैं जो जाति को दलित संगठन में पुनः उभरता देखते हैं।"

इसी तरह की कहानी है–'अन्त में प्रार्थना' (उदयप्रकाश)। इसमें विचारधाराओं से पोषित दलों का अच्छा-खासा व्यंग्यात्मक चित्रण प्रस्तुत है।

व्यवस्था के विरोध की सशक्त अभिव्यक्ति 'कहानी सराय मोहन की', 'कविता की नई तारीख' (काशीनाथ सिंह), 'जंगल गाथा', 'मूषक', 'बन्तो', 'साँड़', 'दर्द', 'वारिस', 'या देवी सर्वभूतेषु' (नमिता सिंह), 'धर्मक्षेत्रे कुरुक्षेत्रे' (दूधनाथ सिंह), 'जल प्रान्तर' (अरुण प्रकाश), 'छप्पन तोले का करधन', 'तिरिछ', 'टेपचू', 'पाल गोमरा का स्कूटर' और 'अन्त में प्रार्थना' (उदयप्रकाश), 'तिरिया चरित्तर', 'कसाईबाड़ा', 'भरतनाट्यम', 'अकालदण्ड' (शिवमूर्ति), 'भुट्टे की गन्ध', 'नए मकान की नींव' (विजयमोहन सिंह), 'दुनिया की सबसे हसीन औरत', 'आपरेशन जोनाकी', 'दो बीघा जमीन', 'तिरबेनी का तड़बन्ना' (संजीव), 'हरिहर काका', 'तिरिया जनम', 'जंगल होते शहर' (मिथिलेश्वर), 'कामरेड का कोट', 'लक्ष्मी के पाँव', 'बैल बधिया', 'तख्त-ओ-ताव', 'भगदत्त का हाथी' (सृंजय), 'अजगर' (नारायण सिंह), 'इस इलाके की सबसे कीमती औरत' (पुन्नी सिंह), 'सलाम', 'घुसपैठिए', 'शवयात्रा' (ओमप्रकाश वाल्मीकि), 'कत्ली' (राजाराम सिंह), 'ऊसर' (अखिलेश), 'राष्ट्र का निर्माण चालू है' (चन्द्रमोहन प्रधान), 'शोध-प्रबन्ध', 'रावण' (श्योराज सिंह बेचैन) में भी हुई है। पर अश्लीलता से परे। मेरे भाई! रचनाशीलता में मार्मिक प्रसंगों की पहचान जरूरी होती है। इसी उपेक्षा के कारण तो आचार्य रामचन्द्र शुक्ल, आचार्य केशव को खरी-खोटी सुना चुके हैं, उन्हें खारिज कर चुके हैं।

वस्तुतः 1975 के बाद भारत में तेजी से बदलाव आया। आपातकाल, ब्लू स्टार आपरेशन और उसकी परिणति-स्वरूप इन्दिरा गांधी की हत्या तथा प्रतिक्रिया-स्वरूप हुए दंगों ने हमारे मानस, हमारी मानवता को हिला दिया। भ्रष्टाचार का विकराल रूप, राजनीतिक स्वार्थपरता का खुल्लम-खुल्ला खेल, अयोध्या के विवादित ढाँचे का ढहना, उस पर की गई राजनीति तथा मण्डल की राजनीति ने भारतीय समाज को तोड़ा। मँहगाई का दंश, व्यवस्था की बढ़ती क्रूरता आदि ने हमारे जीवन में कुंठा, भय, सन्त्रास तो पैदा ही किया, साथ ही हमारे जीवन की सार्थकता पर प्रश्नचिह्न लगा दिया। इन सबसे सर्वाधिक प्रभावित हुआ–मध्यवर्ग। उसकी सबसे बड़ी विडम्बना यह है कि वह व्यवस्था के आतंक और भय से आक्रान्त दिखाई पड़ता है। मध्यवर्ग का सबसे बड़ा हिस्सा एक ही तरह की नौकरी-पेशा वालों का वह वर्ग है जो एक तरफ अपने कार्यालयों

में 'बॉस' से जूझता है, दूसरी तरफ अपने आर्थिक एवं पारिवारिक संकटों से जूझता है। उसे पुरस्कार रूप में मिली है—कभी न मिटनेवाली गरीबी, अभाव, असन्तोष और अपमान। इससे अगर वह निजात पाना चाहता है, तो वह चापलूसी, छल-कपट, झूठ-फरेब, भ्रष्टाचार-बेईमानी में लिप्त हो, अन्यथा यही तो आज की व्यवस्था का कटु यथार्थ है और मानव जीवन की नियति 'पुल टूटते हुए' (बदीउज्ज्मा) का नायक घर में भी कार्यालय के आतंक से निजात नहीं पाता। आर्थिक तंगी के चलते मध्यवर्ग बार-बार अपमानित होता है—घर भी, बाहर भी।

जनवादी लेखक संघ से जुड़े, समीक्षकों ने मानक तय किया कि कहानी में विरोधी शक्तियों पर नायक को जीत हासिल ही होनी चाहिए पर अधिसंख्य कहानियों में नायक हारता है, टूटता है या वह नपुंसक अथवा पलायनवादी नजर आता है। परिणाम यह हुआ कि इन कहानियों से पाठकीय संवेदना लुप्त हो गई। अगर कहीं नायक की जीत भी है तो वहाँ भी संवेदनाविहीन। संवेदना की जागृति कहानी की पहली अनिवार्यता है, उसकी ताकत है, इसलिए उसे ऐसे चरित्र की सृष्टि के लिए कमर कसना ही होगा। उसे निन्दा से बचना होगा और "जल्दी उठकर दूसरों की निन्दा करने से तो सोते रहना ही अच्छा है।" (सादी के पिता)। हमारे युग, हमारे देश की माटी की भी तो यही माँग है।

स्वयंप्रकाश के कहानी संग्रह 'अगली किताब' की अधिसंख्य कहानियों में मध्यवर्ग का वह असली चेहरा खुलता है जो कायर है, ऊपर वाले के प्रति चापलूसी से भरा है। संशय-ग्रस्त, असहाय, स्वार्थरहित। मदद के लिए गरीब मजदूर ही साथी सिद्ध होता है। वस्तुतः ये कहानियाँ ढले हुए आदमियों की कहानियाँ हैं, खड़े हो रहे आदमियों की नहीं। ठीक ऐसी ही कहानियाँ हैं—'फटी जेब से एक दिन' (सत्यनारायण) संग्रह की, जिसमें असुरक्षा, शिक्षित युवा पीढ़ी का सन्त्रास, बेरोजगारी की मार, घर-बाहर के ताने आदि चालू मुहावरों द्वारा युवा पीढ़ी को रेखांकित करने का प्रयास है। अगर शेष है कुछ इस पीढ़ी के पास तो केवल ऐशो-आराम चाहती प्रेमिकाओं की बेवफाई की मधुर स्मृतियाँ। गोविन्द मिश्र की 'धुँधलका', से.रा. यात्री की 'एवजी में', बादशाह हुसैनी की 'टूटता हुआ भय', गिरिराज किशोर की 'वल्द रोजी', 'यह देह किसकी', धीरेन्द्र अस्थाना की 'किस्सा एक त्रासद-फंतासी का', मदनमोहन की 'विजेता', नारायण सिंह की 'तीसरा विकल्प', मैत्रेयी पुष्पा की 'सफ़र के बीच', स्वयंप्रकाश की 'रसीद का पायजामा', अरुणप्रकाश की 'कहानी अधूरी है', इन्दिरा राय की 'डरे हुए लोग', अमरकान्त की 'मनोबल', राजेन्द्रकिशोर की 'मेमने की मौत', मोतीलाल जोतवाणी की 'एक अदना ख्वाहिश', सुरेन्द्र अरोड़ा की 'छोटा आकाश', असगर वजाहत की 'केक', पृथ्वीराज मोंगा की 'वह कोई एक', रवीन्द्र वर्मा की 'मृत्यु

पूर्व बयान', मिथिलेश्वर की 'हरिहर काका' ऐसी ही कहानियाँ हैं जिनमें सीधे या व्यंग्य और प्रतीक के माध्यम से मध्यवर्ग की असलियत का खुलासा हुआ है। इसलिए सुधीश पचौरी कहते हैं कि आज की कहानी का नायक या तो मर चुका है या हाशिये पर चला गया है। पर ऐसा नहीं है। इसमें बदलाव आया है। दिनेश पाठक की कहानी 'जारी है' उस ईमानदार व्यक्ति की कहानी है जो घूस नहीं लेता है, पर आर्थिक तंगी को सहर्ष झेलता है। बेटे की शिक्षा अधूरी, बेटियों की शादी बाकी। इसके लिए वी.के. जैसे जिलाधीश उसे पुरस्कृत भी करते हैं। पर ईमानदार अधिकारी भ्रष्टाचार में लिप्त शासन को कब तक सह्य है, वह जिन असामाजिक तत्वों से जूझ रहा है, उन्हीं के कहने पर उसका तबादला सामान्य पद पर कर दिया जाता है। राजनीतिज्ञों को तो सिर्फ अपने हितों की रक्षा का खयाल है। "यहाँ जो कुछ हो रहा है, एक खास वर्ग के लिए आम आदमी के नाम पर अथवा शोषितों-दलितों के प्रश्न पर केवल आँकड़े भर पीटे जा रहे हैं।" और कथानायक सियावर बाबू की लड़ाई घर और बाहर दोनों मोर्चों पर चालू है। 'कामरेड का कोट' के कमलाकान्त उपाध्याय भी इस लड़ाई को जारी रखते हैं, भले ही वे बैठक से उठकर चले गए हों।

मध्यवर्ग की ऊपर उठने की ललक उसे न घर का छोड़ती है, न घाट का। चन्द्रशेखर दूबे की 'उनका दुःख', धीरेन्द्र गुप्त की 'अपंग संज्ञा', इन्दिरा राय की 'डरे हुए लोग' इसी मानसिकता की कहानियाँ हैं। 'डरे हुए लोग' का प्रतिभाशाली नायक पढ़ाई छोड़कर साड़ी की दूकान पर सेल्समैनी के लिए विवश है, उसकी प्रेमिका उसका साथ छोड़ती है और घर की माँ-बहन भी उसका साथ छोड़ते हैं-पेइंग गेस्टों के कारण, जिनकी रुचि उसकी बहन में है। वह कहीं का नहीं रह जाता है-न घर का न ग़ाट का।

नई कहानी ने अलगाव, अकेलेपन तथा व्यर्थता-बोध को रेखांकित किया। विवेच्य काल की कुछ कहानियाँ उससे जुड़ी दिखाई देती हैं, खासकर प्रारम्भिक काल की। पर आज पुरानी पीढ़ी, नयी पीढ़ी को असह्य हो गई। स्वदेश दीपक की 'महामारी', गोविन्द मिश्र की 'कचकौंध', सत्यनारायण की 'हमें अपनी रोटी छीननी होगी', ज्ञानप्रकाश विवेक की 'पिताजी चुप रहते हैं', अब्दुल्ल बिस्मिल्लाह की 'चमगादड़', सुनील कौशिक की 'दूरस्थ', सुभाष पन्त की 'इन्तजार', सुनील श्रीवास्तव की 'पापा', वीर राजा की 'गवाह' इस दृष्टि से उल्लेख्य कहानियाँ हैं।

सम्बन्धों का आधार आर्थिक स्तर हो गया। एक धनी के सामने हम अपने आत्मीय-से-आत्मीय को उपेक्षित करने लगे। हर पारिवारिक रिश्ते इस एक झटके से टूट गए। वस्तुतः यह दौर संवेदनशून्य होते आदमी की कहानी का दौर बन

गया। पिता-माता, भाई-बहन, पति-पत्नी सभी रिश्ते टूटे। मिथिलेश्वर की 'हरिहर काका', से. रा. यात्री की 'रिश्ते', चन्द्रमोहन प्रधान की 'जिस गाँव नहीं जाना', सुभाष पन्त की 'इन्तजार', ज्ञानप्रकाश विवेक की 'पिताजी चुप रहते हैं', शिवमूर्ति की 'सिरी उपना जोग' आदि कहानियाँ इसकी उदाहरण हैं। भाई की असमय मृत्यु के समय उसकी कमाई पर निगाह आज के युवा मानस की अमानवीयता जग़जाहिर करती है—"नकाब उतारकर फेंक क्यों नहीं देते? कहो न साफ-साफ कि तुम वहाँ भाई का किरिया-करम नहीं, उसकी मृत्यु का लाभ उठाने जा रहे हो।" ('स्यापा'—सुरेन्द्र अरोड़ा)। इस धरातल पर सबसे सशक्त हस्ताक्षर हैं—उदयप्रकाश। इनकी कहानी 'छप्पन तोले की करधन' सम्बन्धों की परत-दर-परत उधेड़ती मानव के क्रूरतम पक्ष को उद्घाटित करती है। संवेदना की गहनता इस कहानी की आत्मा है। मध्यवर्गीय यह भाव-बोध, उसकी यह चेतना उसे खाए जा रही है और उसका समाधान अगर कहीं है तो निम्न वर्गीय चेतना में है, गाँव के समाज में है, जहाँ अपनी, अपने परिवार की मान-मर्यादा की रक्षा के लिए, अपनों का सर्वस्व बलिदान के लिए, सब कुछ सहने के लिए नायक-नायिका तत्पर हैं। 'बीजारोपण' (मिथिलेश्वर) का धरीछन गिरधारी सिंह का मातहत होते हुए भी अपनी पत्नी के ऊपर हाथ नहीं फेरने देता।

भ्रष्टाचार, बेईमानी, अलोकतांन्त्रिक शासन-व्यवस्था, पुलिस-तन्त्र का अत्याचार सहता है—निम्न, मध्यम, निम्न-मध्यम असहाय वर्ग, आर्थिक रूप से कमजोर वर्ग या न्याय पर विश्वास करनेवाला वर्ग। पर न्याय कहाँ है? आज इस देश में तो राजनीतिक नेताओं, गुण्डों, बदमाशों की दादागिरी ही है और उसे अमली जामा पहनाने के लिए है—पुलिस। व्यवस्था के कुचक्र, राजनीतिक स्वार्थपरता, न्याय के मखौल, पुलिस के छल-प्रपंच, कार्यपद्धति और अमानवीयता आदि को केन्द्र बनाकर अनेक कहानियाँ लिखी गईं। धीरेन्द्र अस्थाना की 'सूरज लापता है', मधुकर सिंह की 'हरिजन सेवक', संजीव की 'अपराध', मालचन्द तिवारी की 'विरासत', दूधनाथ सिंह की 'हुंडार', राजाराम सिंह की 'कत्ली', शिवमूर्ति की 'कसाईबाड़ा', वीरेन्द्र जैन की 'तब' ऐसी प्रमुख कहानियाँ हैं। 'कत्ली' एक ऐसे गरीब कछरू की कहानी है तो बत्तीस वर्षों से जग्गू के अपराध के बदले उसी के नाम से जेल काटने के लिए विवश है। कई आयोग आते हैं, पर कोई उसके साथ न्याय नहीं कर पाता। कोई सत्य नहीं खोजता और फिर उसका सन्त्रास बढ़ता है। अन्ततः उसे पागल बनाकर पागलखाने भेज दिया जाता है, वहाँ भी वह नहीं है, वहाँ से लौटता भी नहीं। यह है गरीब तबकों के साथ न्याय। जो भारतीय न्याय-व्यवस्था पर गहरी खरोंच खींच देता है और 'तब' का नायक आतंक का साम्राज्य स्थापित करनेवाले दुश्मनों को मार देता है पर उसे न्याय मिलेगा या

सजा-ए-मौत, यह कहना कठिन है। मिथिलेश्वर की 'हरिहर काका' भी ऐसी कहानी है, जिसमें महन्त, भाई-भतीजों-सभी की दृष्टि है-पत्नीविहीन, नि:सन्तान, नि:सहाय हरिहर काका की जमीन पर।

जिस सामाजिक व्यवस्था में ईमानदारी, प्रेम, नैतिकता आदि से जुड़े पुराने मूल्य और मान्यताएँ सभी तहस-नहस हो गए हों, वहाँ मानवीयता कैसे रुकेगी? और रोकने का दायित्व तो है बुद्धिजीवियों का ही न। पर वह या तो बिका है या भयग्रस्त है। हिन्दू-मुस्लिम दंगे तो भारत की नियति ही बन गए हैं-कब, कहाँ, बात-बेबात, समय-असमय उठ खड़े होंगे, कहना कठिन है। पर 1984 में इन दंगों की विभीषिका की लपटों ने सिखों को भी निगल लिया। इन दंगों से पीड़ित मानवता की परत-दर-परत खोलती कई कहानियाँ सामने आईं। अनेक कहानियों में दंगों के बाद बिलखती मानवता रेखांकित है-देवेन्द्र इस्सर की 'मफरूर', गिरीशचन्द्र श्रीवास्तव की 'फैसला', भगवानदास मोरवाल की 'पहली हत्या', कमलकुमार की 'महक', हंसराज रहबर की 'पूरे राष्ट्र की आवाज' (हंस-मार्च, 1991), स्वयंप्रकाश की 'चौथा हादसा' और 'क्या तुमने कभी सरदार भिखारी देखा है', विजयकान्त की 'राह', रमेश उपाध्याय की 'पानी की लकीर' इस दृष्टि से उल्लेखनीय हैं। पर चन्द्रकिरण सौनरेक्सा की 'जाहिल' इसके विपरीत हिन्दू-मुसलमानों की एकता के प्रतीक की कहानी है, जहाँ पुलिस को मुँह की खानी पड़ती है। स्वयंप्रकाश की 'बे-मकान' एक अछूत की कथा-गाथा है, जिसे कोई किराए पर मकान देने के लिए तैयार नहीं।

'दीमक' (श्रवणकुमार) में आज के उच्च-वर्ग की मनोवृत्ति का सही रेखांकन है-"साले बातें करते हैं समाजवाद की, दिल रखते हैं सामन्तों वाला. ..यह कसूर समूची व्यवस्था का है, जब कोई गरीब आदमी अमीर बनता है तो उसका सामन्तीपन अमीरों के सामन्तीपन से भी बढ़कर बोलता है।" शैलेश पंडित की 'गामड़ा' में काँवलिया के कारण बिट्ठल को घर छोड़ना पड़ता है, संजीव की 'तिरबेनी का तड़बन्ना', नरेश पंडित की 'छुनकी', अवधेश प्रीत की 'मुलुक', देवेन्द्र की 'महाकाव्य का आखिरी नायक', सी. भास्कर राव की 'सावधान सुब्बारा मुलु...', मालचन्द तिवारी की 'विरासत', चन्द्रमोहन प्रधान की 'झूठे भारत का सच' आदि कहानियों में उच्चवर्गीय मनोवृत्ति ठेठ रूप में उजागर हुई है। दलित वर्ग के जाटवों में उच्चवर्गीय मानसिकता चित्रित करती है-'घुसपैठिए', 'शवयात्रा' (ओमप्रकाश वाल्मीकि), 'शोध-प्रबन्ध', 'रावण' (श्योराज सिंह बेचैन)। 'ऊसर' (अखिलेश), 'बैल बधिया' (सृंजय), 'पांडे का पयान' (हृषीकेश सुलभ) में युग-सापेक्ष सामाजिक यथार्थ अभिव्यक्त है। जाति-धर्म राजनीति की चक्की में पिसते हुए गाँव तथा बिलकुल उलटा शहर का रूप प्रस्तुत है। इसमें धार्मिक

कट्टरता का भी रेखांकन है। 'तलछट का कोरस' (ललित कार्तिकेय) समय और समाज की नब्ज को पकड़ती और सतह के नीचे की दुनिया को जानने के लिए अँधेरे में दुस्साहसी यात्राएँ करती है।

समकालीन कहानीकारों ने पारम्परिक संस्था की विसंगतियों को रूपायित किया है। युवा मानस के लिए पारिवारिक सम्बन्ध चुनौती बन गए हैं। पढ़ा-लिखा युवक बेरोजगारी की यातना का शिकार हो गया है और रोजी-रोटी की समस्या के समाधान में दफ्तरों, कार्यालयों की खाक छान रहा है। समाज द्वारा निरन्तर अपमान और तिरस्कार को झेलते हुए आरोपित नैतिकता और आदर्शों की भाषा उसे सम्बल प्रदान करने में अक्षम हो गई है, इसलिए उसका तेवर विद्रोही बन गया है। वह पारिवारिक विघटन, टूटन और सड़न को भी झेल रहा है। इस दृष्टि से ज्ञानरंजन की कहानियाँ सबसे पहले ध्यान आकृष्ट करती हैं। इन्होंने शेष होते हुए पारिवारिक सम्बन्धों को अत्यन्त सूक्ष्मता से कहानियों में प्रस्तुत किया है (बहिर्गमन, घंटा)। 'पिता-दर-पिता' (रमेश बक्षी), 'उसका आकाश' (राजी सेठ), 'घेरे' (गोविन्द मिश्र), 'छुटकारा' (राकेश वत्स), 'प्रतीक्षा' (ऋता शुक्ला), 'लौटना और लौटना' (मृदुला गर्ग), 'जिस गाँव नहीं जाना', 'विषय बदल जाते हैं', 'जरूरत' (चन्द्रमोहन प्रधान), 'पिताजी चुप रहते हैं' (ज्ञानप्रकाश विवेक), 'कहानी सराय मोहन की' (काशीनाथ सिंह), 'जंगल गाथा' (नमिता सिंह), 'धर्मक्षेत्रे कुरुक्षेत्रे' (दूधनाथ सिंह), 'हरिहर काका' (मिथिलेश्वर) आदि कहानियाँ इस दृष्टि से उल्लेखनीय हैं।

नेताओं को न प्रजा में आस्था है, न पार्टी में और न देश में। गिरिराज किशोर की 'मन्त्रीपद', 'ततैया', 'नया चश्मा', महीप सिंह की 'एक गुण्डे का समय बोध', अशोक अग्रवाल की 'तन्त्र', नफीस आफरीदी की 'जुलूस', इसराइल की 'रोजनामचा', हिमांशु जोशी की 'जलते हुए डैने', राकेश वत्स की 'अन्तिम प्रजापति', सतीश जमाली की 'चुनौती', 'दुःख-दर्द', 'टूटा हुआ', 'रोजनामचा', सृंजय की 'कामरेड का कोट', संजीव की 'तिरबेनी का तड़बन्ना' उदयप्रकाश की 'अन्त में प्रार्थना' ऐसी ही कहानियाँ हैं।

गिरिराज किशोर की 'लिफाफे', 'ठंडक'; कुलदीप बग्गा की 'फ्रीजर में लगे सम्बन्ध', सतीश जमाली की 'पुल', सिम्मी हर्षिता की 'भूख की बिक्री', ममता कालिया की 'बसन्त सिर्फ एक दिन', सृंजय की 'बैल बधिया', 'कामरेड का कोट', मैत्रेयी पुष्पा की 'सफर के बीच', 'पटाक्षेप' आदि में जहाँ आर्थिक शोषण चित्रित है वहाँ नमिता सिंह की 'काले अँधेरे की मौत', 'एक निर्णय', धीरेन्द्र अस्थाना की 'लोग हासिए पर', जितेन्द्र भाटिया की 'शहादतनामा', स्वदेश दीपक की 'क्या कोई यहाँ है', इब्राहीम शरीफ की 'फैसला', हेमन्त की 'धक्का', शैलेश पंडित

की 'गामड़ा' आदि में व्यवस्था पर तीखा प्रहार है और उसके शोषण को नंगा करने का प्रयास है।

सातवें दशक के बाद का रचनाकार यथार्थ को रेखांकित करते हुए मात्र आक्रोश, झुंझलाहट और आत्मपीड़न के भावबोध को न जगाकर, विकासमान यथार्थ के विभिन्न पक्षों को उजागर करना चाहता है तथा समय की दिशा को पहचानकर दिशा और दृष्टि देने का दावा करता है, जिसमें आम आदमी अपनी नियति से अपनी जीवनेच्छा के बल पर संघर्ष कर रहा है, जो नगर, गाँव, कस्बा, खेतों, कारखानों, दफ्तरों एवं सड़कों तथा जिन्दगी के हर मोड़ पर, मोर्चे पर देखा जा सकता है। वह मोर्चा दोगली भ्रष्ट व्यवस्था के विरुद्ध है। इस लड़ाई में कभी वह हारता है और कभी लड़ने के लिए उद्यत दिखाई देता है। उसमें जीने की लालसा और जिजीविषा है। यह जिजीविषा उसे व्यवस्था के आतंक-रूपी शैतान से जूझने के लिए संजीवनी का काम करती है। फलस्वरूप रचनाशीलता अपने भोंथरे हो गए हथियारों पर व्यंग्य की शान चढ़ाकर प्रत्येक स्तर पर व्याप्त भ्रष्ट व्यवस्था को नंगा कर देती है। उच्च वर्ग और निम्न वर्ग के बीच अमीरी और गरीबी की दीवार व्यंग्य के सहारे से. रा. यात्री 'अँधेरे का सैलाब' में ढहाते नजर आते हैं। स्वदेश भारती 'लाश' के माध्यम से युग-सत्य को व्यंग्यात्मक अभिव्यक्ति देते हैं। राजनीतिज्ञों के खोखले नारे के भ्रमजाल में सामान्य व्यक्ति आर्थिक समस्याओं का दुर्वह भार ढो रहा है। 'मृत्युदण्ड' (माहेश्वर), 'धाँसू' (गोविन्द मिश्र), 'मछलियाँ' (असगर वजाहत), 'मन्त्री पद', 'ततैया' (गिरिराज किशोर), 'उसका खेल' (अशोक अग्रवाल), 'जहर' (श्रवणकुमार), 'प्रथम पुरुष', 'अर्थतन्त्र' (सतीश जमाली), 'एक पैर वाला शेर', 'साँड़' (नमिता सिंह), 'कसाईबाड़ा' (शिवमूर्ति), 'तिरिछ', 'दुक्खम शरणम् गच्छामि' (उदयप्रकाश), 'कामरेड का कोट' (सृंजय) घुसपैठिये (ओमप्रकाश वाल्मीकि) आदि इसकी सटीक व्यंग्यात्मक अभिव्यक्ति हैं।

अपनी जान हथेली पर रखकर अपने अस्तित्व की रक्षा के लिए संघर्ष को मुखर करनेवाले युवकों-युवतियों की कहानियाँ हैं-'चुनौती' (सतीश जमाली), 'आशीर्वाद' तथा 'चक्रव्यूह' (सिम्मी हर्षिता), 'शुरुआत' (माहेश्वर), 'सामना' (सुरेन्द्र तिवारी), 'बैल बधिया' (सृंजय), 'तिरबेनी का तड़बन्ना' (संजीव), सी. भास्कर राव की 'सावधान सुब्बारा मुलु...', मालचन्द्र तिवारी की 'विरासत', वीरेन्द्र जैन की 'तब', श्योराज सिंह बेचैन की 'रावण'।

आज जीने के लिए विद्रोह का चुनाव युवापीढ़ी की विवशता है। यह विवशता रचनाकार की भी है। उसे अपने भीतर के छद्म और अन्तर्विरोध के खिलाफ अपनी मानसिकता को बदलना होगा, उसे दूध को दूध, पानी को पानी

बनाना होगा, यह बिकना केवल धन के लिए नहीं अपितु शोहरत, छपने के लिए, स्वार्थों के लिए भी होता है। इन सबको उसे ठेंगा दिखाना होगा, तभी वह 'उसने कहा था', 'गुण्डा', 'बेड़ी', 'पूस की रात', 'कफन', 'चीफ की दावत', 'दोपहर का भोजन', 'हलयोग', 'जिन्दगी और जोंक', 'क्लाड ईथरली', 'भगदत्त का हाथी', 'तिरिया चरित्तर', 'छप्पन तोले की करधन', 'तिरिछ', 'अकालदण्ड', 'तिरबेनी का तड़बन्ना', 'कामरेड का कोट', 'मर्द', 'बैल बधिया', 'रावण', 'धर्मक्षेत्रे-कुरुक्षेत्रे' लिख सकेगा। आज के धोखेबाजों, भ्रष्टाचार में लिप्त, लोलुप, स्वार्थी, आदमखोर जानवरों को निर्ममता से नग्न करना होगा। उनकी पराजय के लिए मानवीय गुणों से सम्पन्न एक नए चरित्र की सृष्टि करनी होगी, जो वर्तमान में प्रासंगिक हो, वर्तमान की धारा को सुखद की ओर मोड़ सकें और इतिहास का अंग बन सके। इस दिशा में काशीनाथ सिंह, शेखर जोशी ('कोसी का घटवार'), ममता कालिया ('बोगेनवेलिया'), गिरिराज किशोर, मणि मधुकर, सतीश जमाली, इसराइल, दूधनाथ सिंह, ज्ञानरंजन, मिथिलेश्वर, गोविन्द मिश्र, उदयप्रकाश, माहेश्वर, संजीव, स्वयंप्रकाश, सृंजय, सी. भास्कर राव, मालचन्द तिवारी, वीरेन्द्र जैन, नमिता सिंह, हेमन्त, शिवमूर्ति, वीर राजा, अखिलेश आदि अनेक रचनाकारों तथा ओमप्रकाश वाल्मीकि, जयप्रकाश कर्दम, श्योराज सिंह बेचैन, विपिनबिहारी एवं अंजलि काजल आदि जैसे दलित कथाकारों ने सशक्त बनने का प्रयास किया है। इन कहानीकारों में कथ्य की पकड़, कहानी कहने का ढंग, कहानीपन है और है—परिवेश का जीवन्त चित्रण।

यह सत्य है कि आठवें और नवें दशक के कतिपय कहानीकारों ने जीवन को निकट से देखा, उसकी विसंगतियों, विडम्बनाओं, कुरूपताओं को भोगा और सहा, जीवन के विभिन्न रंगों को विभिन्न कोणों से निरखा-परखा। और इन सबकी परिणति-स्वरूप उनमें गहरी संवेदना, वह संवेदना जो पाठकीय संवेदना है, भी जन्म पाई, फलस्वरूप उनकी कहानियाँ व्यापक सरोकारों, विस्तृत जीवनानुभवों से जुड़ीं। पर वे भी यथार्थ और प्रगतिशीलता के मोह को छोड़ नहीं पाए। राजनीति की विरूपताओं, व्यवस्था के कुचक्र, भ्रष्टाचार के चित्रण, आम आदमी के मौन को तोड़ने, शासन-सत्ता और शोषक के विरुद्ध बिगुल बजाने, नव इतिहास-निर्मिति तथा नवीन-चेतना के विकास में वे अपने लक्ष्य से स्खलित हुए। 'जन' को भूलकर विशेष के चित्रण में ही रमे रहे। कहीं अगर 'जन' या 'लोक' आया भी तो केवल विशेष के लिए। प्रगतिशीलता के मोह ने कुछ ऐसे मानवीय मानदण्डों को तोड़ा जो मानवता को पतन के गर्त की ओर धकेलता नजर आता है। धूमिल की तर्ज पर कहानीकारों ने घिसे-पिटे नारों, फार्मूलों को तरजीह दी। ये नारे और फार्मूले आज अपनी प्रासंगिकता खो चुके हैं, अपना आकाश सीमित कर चुके हैं।

आवश्यकता है उस खरोंच की जो हमें केवल तिलमिलाए ही नहीं, अपितु हर क्षण याद रहे और आवश्यकता है उन मानवीय मूल्यों के विकास की, मानवीय बोध से गहरी सम्पृक्ति की जो कहानी को सार्वकालिक, सार्वदेशिक और अविस्मरणीय बनाए।

निश्चय ही आज हमारे रचनाकार पूँजीवादी आधुनिक मानसिकता के कारण इसमें असमर्थ प्रतीत होते हैं। इसका एक कारण यह भी है कि आज के ये रचनाकार अपनी प्रारम्भिक अनुभूति, जो जन के बीच की अनुभूति थी, की पूँजी को भुना रहे हैं। रचना का रूप दे रहे हैं। उन्हें नयी अनुभूति से सम्पृक्त होने का अवकाश नहीं। फलतः आज की कहानियों में वैचारिकता का अभाव अपने सच का अभाव दिखाई देता है। बचपन का देखा गाँव आज बदल गया है, पर है गाँव ही। इस असलियत को भूलने वाला रचनाकार असफल होगा। साथ ही प्रगतिशीलता का तात्पर्य यह नहीं कि सब कुछ गलत उच्च वर्ग में ही है या उच्च वर्ग ही निम्न वर्ग का शोषक है। कल भी इस कहानी का दूसरा पहलू था और आज तो बिलकुल बदल गया है। शोषक की श्रेणी में निम्न वर्ग भी आता है और कर्मचारी भी हैं जो नौकरी मिलने तक अत्यन्त कर्तव्यनिष्ठ, ईमानदार, शालीन बना रहता है, पर नौकरी मिलते ही वह हड़ताल, बेईमानी, कर्तव्य के प्रति लापरवाही, अनुशासनहीन, आक्रामक बनकर समाज को, देश को, देश की प्रगति को पतन के गर्त में पहुँचा देता है, गिरगिट की तरह रंग बदलना उसकी आदत है। आज की कहानी से यह रूप गायब क्यों? और हिन्दी कहानी से मुसलमान समाज एकाएक गायब क्यों? आखिर इन सब दुखती रगों पर, हमारे समाज के कोढ़ पर रचनाकारों की दृष्टि कब जाएगी? भय, संत्रास, कुंठा के चित्रण तथा पुलिस की क्रूरता, व्यवस्था की कुरूपताओं के चित्रण मात्र से कुछ नहीं होना है, यदि कुछ होना है तो यह होगा जुझारू ऐतिहासिक चरित्रों की निर्मिति से, जो व्यवस्था, राजनीतिक नेताओं की स्वार्थलिप्सा, पुलिस के अत्याचार, असामाजिक तत्त्वों से धैर्यपूवक लड़ सकें—जीवित रहकर, मरकर नहीं। और इन सबके लिए नैतिक मानवीय मूल्यों की पुनर्स्थापना में संलग्न होना पड़ेगा, सामाजिक मानदण्डों पर जोर देना होगा, राजनीतिक नेताओं के पीछे दौड़ बन्द करनी होगी; झूठ, फरेब, बेईमानी, तुष्टीकरण की नीति, भ्रष्टाचार से अलग होना होगा; भय, सन्त्रास, कुंठा से, अतृप्ति आदि आधुनिक बोध से मुक्त होना होगा और विकल्प रूप में नई व्यवस्था के सृजन का प्रयास करना होगा, वह व्यवस्था जो ईमानदारों के इर्द-गिर्द मँडराती है, जो मानवीयता और करुणा की चेरी है। इस सबके लिए फिर उसे 'गरीब' के बीच जाना होगा, चाहे वह गाँव में हो या शहर में।

प्रेमचन्द जब यह कहते हैं कि समीक्षा में यथार्थवाद के दिन लद गए, तब उनका उद्देश्य रचनाकारों के यथार्थ के प्रति मोह भंग करना भी है। वे साहित्य को 'राजनीति के आगे चलनेवाली मशाल' मानते हैं। अतः हमें साहित्य की आज की प्रमुख विधा कहानी को राजनीति के आगे ले चलना होगा, पीछे नहीं। प्रगतिशील कहलाने का मोह रखनेवाले रचनाकारों से मेरा एक सवाल है–एकाध जाति और एकाध धर्म की कुरूपताएँ ही क्यों प्रगतिशीलता की जनक हैं? और उस प्रगतिशीलता की, जिसे मार्कण्डेय जैसे कथाकार दिग्भ्रमित बता चुके हैं? क्या अपनी माँ और अपने पिता, अपने भाई-बन्धुओं, अपनी भाषा, अपने स्वाभिमान, अपने समृद्ध अतीत और अपनी परम्परा एवं संस्कृति को नकारना ही प्रगतिशीलता है? नकार और अस्वीकार की नीति समाज और देश को तथा सबसे ऊपर मानवता की नींव को हिलाती है। साहित्यकार का दायित्व तो नींव को और पुख्ता करना है, उसे हिलाना नहीं। अतः प्रेमचन्द की विरासत को ढोने का दावा करनेवाले आज के कहानीकार बन्धुओं से मेरा निवेदन है कि उनकी सीख को भूलिए नहीं–"यहाँ (कहानी में) सरलता पैदा कीजिए, यही कमाल है, कहानी वह ध्रुपद की तान है, जिसमें गायक महफिल शुरू होते ही अपनी सम्पूर्ण प्रतिभा दिखा देता है। एक क्षण में चित्त को इतने माधुर्य से परिपूरित कर देता है जितना रात-रातभर गाना सुनने से भी नहीं हो सकता।" (प्रेमचन्द–साहित्य का उद्देश्य, पृ. 43-44)। यह अलग बात है कि राजेन्द्र यादव आज प्रेमचन्द को नकारते हैं। उनकी दृष्टि में–"प्रेमचन्द का विषय अब हमारा विषय नहीं।" हो सकता है, उनकी बात सच हो, 'बूढ़ी काकी', 'सद्‌गति', 'मन्दिर', 'ठाकुर का कुआँ', 'पूस की रात', 'कफन' की संवेदना, सरलता, ध्रुपद की तान आदि आज की कहानी के विषय न हों, पर यह सच किसी एक ही धरातल पर क्यों? फिर तो पूरा विषय, पूरा परिदृश्य बदल जाना चाहिए, पर किसके लिए, पहले यह तो देखिए कि क्या वे बदले हैं, जिनकी कहानी या जिनके लिए आप कहानी लिख रहे हैं, और यह बदलाव कहीं युगीन ह्रासमान चेतना की परिणति तो नहीं। यदि उनमें बदलाव नहीं है या बदलाव युगीन ह्रासमान चेतना का परिणाम है; वह भी कुछ गिने-चुने का; तो मात्र उसके चित्रांकन से आप वही कार्य कर रहे हैं जो हमारे देश के नेता। खण्ड-खण्ड में बाँटने, एक-दूसरे के प्रति घृणा फैलाने, सबको अलग करने के कार्य, जैसा कि आज का हिन्दी दलित लेखक कर रहा है।

सितम्बर 1987 के 'रविवार' में हिन्दी कथाकारों के सन्दर्भ में की गई टिप्पणी इस क्षण भी मुझे याद आ रही है, जिसमें कहा गया है–"हिन्दी के लेखक को बहादुर कहना कठिन है। उसका जीवन और अनुभव कोई

जोखिम-भरे अप्रत्याशित हादसों से गुजरने का नहीं होता। वह बड़ी जात का लड़का होता है और बड़ी नौकरी का सपना उसे उदास और पराधीन बनाता है। वह कुछ भी छोड़ने की ताकत नहीं रखता और न छोड़ने के सिलसिले में ही 'क्रान्तिकारी' लफ्फाजी करता है। उसकी मनोरचना जाति, कुल और पारिवारिक सम्पन्नता या दरिद्रता के कारण पूर्व निर्धारित होती है।" अतः यह निर्विवाद है कि हिन्दी कहानीकारों की दृष्टि मध्यवर्ग, उच्चवर्ग के इर्द-गिर्द मँडराने का कारण स्वयं उनकी सामन्तीय या उच्चवर्गीय बोध से सम्पृक्त दृष्टि है। पहले इस बोध से उन्हें छुटकारा पाना होगा। उन्हें अपने भीतर के सवर्णवादी, सामन्तवादी, संस्कारों को तोड़ना होगा तभी वह सामाजिक लड़ाई लड़ सकेगा। उसका नेता बन पाएगा। नेता रूप में उसे उस लड़ाई में सक्रिय साझेदारी, आगे रहकर सहभागिता निभानी होगी, तभी वह कहानी दे पाएगा। अनेक ऐसे कहानीकार विवेच्य काल में उभरे हैं, जो अपने कर्म में वस्तुनिष्ठ और धैर्यवान हैं। इनसे सम्भावनाएँ बलवान हैं। इनकी अनेक कहानियों में मानवीय करुणा की नई भूमि की खोज है। चरित्र और घटना है, जो हमारा वर्तमान भी है, हमारा इतिहास भी और औसत पसन्द या माँग के आधार पर कहानी की पठनीयता बनाए रखने के लिए कोई समझौता नहीं है इनमें।

अन्त के पूर्व एक बात और! हमें अब यह भूल जाने की जरूरत है कि कथा साहित्य दूसरी-तीसरी श्रेणी का साहित्य है। आज कथा-साहित्य जीवन-जगत का आख्यान बनकर साहित्य में सर्वोच्च स्थान का अधिकारी है, इसलिए अब कथा-साहित्य केवल अनुभव है जो गहन-संवेदना-संपृक्त है। इसमें अपने समय का गहरा साक्षात्कार है, ऐसे समय का ऐसा साक्षात्कार जो कल भी था, आज भी है, कल भी रहेगा, जो इतिहास बने।

और अन्त में मुझे यह स्वीकार करने में संकोच नहीं कि पचहत्तर के बाद की कुछ कहानियों में व्यवस्था के प्रति आक्रोश को विरोध का स्वरूप मिला, संघर्षशील स्वरूप। संवेदना, गहन संवेदना की अनुभूति तथा उसकी अभिव्यक्ति का प्रयास इस काल की कहानी को जन-सामान्य से सचमुच जोड़ता है और रचनाकार की संवेदना पाठकीय संवेदना, जन-सामान्य की संवेदना, लोक-जीवन की संवेदना बनकर वर्षों बाद उभरती है। इनमें विचार भी है, पर बोझिलता नहीं। पठनीयता भी है और है चरित्र, जो इतिहास का अंग है। वैयक्तिकता, अकेलापन, कुंठा, संत्रास, सेक्स, व्यर्थता-बोध, शोषण, बेरोजगारी, भ्रष्टाचार, व्यवस्था का कुचक्र आदि चालू फार्मूलों से अलग जीवन को नए सिरे से व्याख्यायित करती जीवन्त, लोकजीवन के व्यापक सार्थक सरोकार से समृद्ध हैं ये कहानियाँ। इनमें नैतिकता और मानवीय मूल्यों की पुनर्स्थापना का प्रयास है। जीवन-मूल्य की नई स्थापना,

करुणा-सम्पृक्त स्थापना है। हाँ! अगर कहीं ये फार्मूले आए भी हैं तो नए अर्थ और विस्तृत सरोकार से समृद्ध होकर।

और इस दृष्टि से श्रेष्ठ कहानियों की मेरी अपनी सूची है–

1. उसने कहा था–'गुलेरी'
2. पूस की रात/कफन/बूढ़ी काकी–प्रेमचन्द
3. ग़ुण्डा/पुरस्कार/आकाशदीप–'प्रसाद'
4. रोज–'अज्ञेय'
5. परदा–यशपाल
6. तीसरी कसम/लाल पान की बेगम/रसप्रिया–'रेणु'
7. गदल–रांगेय राघव
8. दोपहर का भोजन/जिन्दगी और जोंक/डिप्टी कलेक्टरी–अमरकान्त
9. मलबे का मालिक–मोहन राकेश
10. क्लाड इथरली–'मुक्तिबोध'
11. चीफ की दावत–भीष्म साहनी
12. हलयोग–मार्कण्डेय
13. कोसी का घटवार–शेखर जोशी
14. कर्मनाशा की हार–शिवप्रसाद सिंह
15. कहानी सराय मोहन की–काशीनाथ सिंह
16. बहिर्गमन–ज्ञानरंजन
17. धर्मक्षेत्रे-कुरुक्षेत्रे–दूधनाथ सिंह
18. हीरालाल का भूत/छप्पन तोले की करधन/पॉल गोमरा का स्कूटर–उदयप्रकाश
19. बैल बधिया/कामरेड का कोट/भगदत्त का हाथी–सृंजय
20. सिरी उपमा जोग/तिरिया चरित्तर/कसाईबाड़ा/भरतनाट्यम–शिवमूर्ति
21. तिरबेनी का तड़बन्ना–संजीव
22. तुमने कोई सरदार भिखारी देखा–स्वयंप्रकाश

# तीन कहानीकार

## (क) उदय प्रकाश

अन्तिम दो दशकों में कहानीकार के रूप में सर्वाधिक चर्चित **उदय प्रकाश** की कहानियों में औपन्यासिक विस्तार तो है ही, काव्यतत्त्व भी भरा पड़ा है। समृद्ध अध्ययन सम्पदा का लाभ उनकी रचना को मिला। टेपचू, तिरिछ और छप्पन तोले का करधन के माध्यम से कहानीकार के रूप में प्रख्यात उदय प्रकाश ने अंतिम दशक में 'और अन्त में प्रार्थना', 'पाल गोमरा का स्कूटर', 'वारेन हेस्टिंग्स का साँड़' जैसी अविस्मरणीय कहानियाँ हिन्दी साहित्य को दीं। फन्तासी इनके नैरेशन का मुख्य हथियार है।

**'तिरिछ'** एक प्रतीक है। आज के समाज में व्याप्त आतंकमय-संत्रास का प्रतीक है। तिरिछ से स्वयं कथाकार भी डरता है। वह केवल जानवर-विशेष ही नहीं अपितु आज की अमानवीयता का भी परिचायक है। 'तिरिछ' के सहारे वे गाँव और शहर का रंगीन चित्र प्रस्तुत करते हैं। हर व्यक्ति डाक्टर बनता है। गाँव, शहर में पहुँचकर किस प्रकार अमानवीय बन जाता है इसका उदाहरण है–'तिरिछ'। संवेदनहीन शहर के पास अवकाश कहाँ है–असलियत जानने का। शायद गाँव का शहर जाना ही इस कहानी का सबसे बड़ा हादसा है। विकास और सभ्यता के केन्द्र शहर में किस प्रकार अपरिचय की गहरी खाईं खुदी है, उसमें लोग गिरकर कैसे मृत्यु को गले लगाने के लिए विवश हैं, यही तो इस कहानी का प्रतिपाद्य है। जान बचाने के लिए संघर्षरत पिता को शहर जीने नहीं देता। उसे घेर कर मारता है। 'पिता' वह सभ्यता है, वह संस्कृति है जहाँ मानवीयता है पर आज के समाज में वह तिल-तिलकर मरने के लिए विवश है।

**'छप्पन तोले का करधन'** एक स्वप्न कथा है जिसे यथार्थ के रंग में रंगा गया है। पुरानी पीढ़ी के प्रति नई पीढ़ी का उपेक्षा भाव इस कहानी के माध्यम से उजागर है। 'दादी हमारे घर की शत्रु थीं' (तिरिछ तथा अन्य कहानियाँ पृ. 51) द्वारा 'एक खौफनाक युद्ध छिड़ा हुआ था हमारे घर में' (वही, पृ. 60)। सब दादी को अक्सर भूल जाते थे और कभी-कभी तो महीनों उन्हें

नहीं देखते थे। वे हमारी आँखों के सामने न कहीं होतीं, न हमारी स्मृति में उनका कोई अस्तित्त्व रहता।" "जिस कोठरी में दादी सोती थीं उस कोठरी का नाम 'अँधियारी कोठरी' रख दिया गया था। (वही, पृ. 48)। "दादी के बाहर निकलते ही पूरा घर किसी नाव की तरह डगमगाने लगता और दादी के खिलाफ किसी सेना की तरह संगठित हो उठता।"(वही, पृ. 51)। स्त्री द्वारा ही स्त्री को संत्रस्त करने की भी यह कथा है। यह पुरानी पीढ़ी की वह कथा है, जो आज हर परिवार, हर मानवीय समाज की नियति बन गई है। आर्थिक दृष्टि से जर्जर हो रहा निम्न मध्यमवर्गीय भारतीय समाज स्वप्न-लोक में जीवन बिताने के लिए विवश है। इस प्रक्रिया में वह सम्बन्धों को तिलांजलि दे देता है, दया ममता को भूल जाता है। आधुनिकता और पूँजीवादी भावना ने मनुष्य को मनुष्य नहीं रहने दिया।

इस कहानी में परतंत्र भारत भी है और स्वतंत्र भारत का त्रासद चित्र भी उकेरा गया है। जहाँ नैरेटर ने अपने दादा के सहारे स्वाभिमान तथा जीव-रक्षा जैसी भारतीय भावना को रूपायित किया, वहीं यह भी संकेत दे गया कि अँग्रेजों से संघर्ष कठिन था, जिसने छेड़ा वही इस दुनिया से समाप्त हुआ। 'खेती छिनी', 'घुन लगा सफ़ेद बुरादा गिराता घर' गिरने के कगार पर है। यह घुन लगा घर केवल कथानायक का ही नहीं अपितु हर आम भारतीय का तब भी था आज भी है। मनुष्य की पहली आवश्यकता है–आवास-व्यवस्था। यही उसकी सुरक्षा का उपाय भी है। यही उसके अभावों और नग्नता को ढकता भी है, पर वही नहीं है–सामान्य जन के पास। एक आशा है, विश्वास है, जिसके सहारे वह जीवित है। यह सहारा है, दादी के पास 'छंप्पन तोले का करधन' का सुरक्षित रहना। यह विश्वास ही चाची, माँ, बुआ को शक्ति प्रदान करता है–दादी से मोर्चा लेने का। और दादी इस विश्वास को टूटने नहीं देती। हाँ! अपने बेटे रामे को वह सच्चाई का संकेत दे देती है। "रामे, जब तेरे पिता फिरंगी को मारकर फरार हुए थे, तब मेरे पास दस तोला सोना था। मैंने अपने तीनों छौनों को किस-किस तरह से पाला-पोसा, तुम दोनों भाइयों को पढ़ाया। चार तोला बचा था, जिसे मैंने दोनों बहुओं में बराबर-बराबर बाँटा। और तिस पर भी तुम सबने मिलकर मेरे साथ जो किया है बेटा, उसे भगवान ही नहीं, सारा गाँव देख रहा होगा। दादी रोने लगी थीं, फिर कहा था, "अभी तो बेटा, बहू दाल-भात ड्यौढ़ी पर रख जाती है, करधन मैंने दे दिया तो फिर कौन-सी आस रह जाएगी? करधन हो कि न हो, वह मेरे लिए और तुम सबकी आस के लिए जरूरी है बेटा।" (वही, पृ. 58)। पर विश्वास को भंग करने के लिए तीनों महिलाएँ तैयार नहीं। यह 'विश्वास' युद्ध का कारक है। और यह टूटता तब दिखाई देता है

जब दादी के मृत्यु के पश्चात पिता रामे घर को खोदता हुआ आगे बढ़ता है। और 'घर' की जड़ें हिलना शुरू हो जाती हैं। उसके गिरने में कुछ ही क्षण शेष हैं। 'छप्पन तोले का करधन' के लोभ में पिता पर पागलपन सवार होता है जो घर को गिराने की ओर उन्मुख है–"वे अँधियारी कोठरी की फर्श और दीवाल खोद चुके थे और अब उस तरफ से घर को खोदते हुए आगे बढ़े आ रहे थे। किसी विनाशकारी प्रेत की तरह। 'धप्प ...धप्प' उनकी कुदाल चल रही थी। मैं डर गया।" (वही, पृ. 66)। यह लोभ ही तो पूँजीवादी सभ्यता की देन है। इसी में व्यक्ति का अस्तित्व मिटता है और वह नेस्तनाबूद होता है। 'घर गिरना' प्रतीक इसी बात का पर्याय है।

इसमें कोई दो राय नहीं कि इस कहानी में कारुणिक संवेदना को पूरा आयाम मिला है। यही कारण है कि दादी की यह कहानी प्रेमचंद की 'बूढ़ी काकी' की याद दिला जाती है। सच यह है कि हारकर भी दादी जीतती हैं। वह 'विश्वास' अपनी विजय दुन्दुभि बजाता है जो पूँजीवाद की पताका है।

उदय प्रकाश ने अनेक नए-नए प्रतीकों और बिम्बों के सहारे इस कहानी की कथा और इसके चरित्रों को इतिहास बना दिया। सच यह है कि कहानी का शीर्षक स्वयं में एक प्रतीक है, और विविध बिम्बों के सहारे इसकी परत-दर-परत उघड़ती चलती है जो वह हमारे मानस को आप्लावित कर लेती है। ऐसा ही प्रतीक है–चाची के दिल पर लकड़ी का क्रास। टोना-टोटका जादू का उलट जाना या असमी कजड़िन द्वारा चाचा को बकरा-बैल, भेड़ बनाना या बूढ़ा गिद्ध, कंजी बिल्ली आदि। ये प्रतीक कहानी को संश्लिष्ट बनाते हैं और उसकी भाषा भी अर्थवान बन जाती है। उदय प्रकाश शीर्षक के सहारे समाज, संस्कृति, भाषा, राजनीति, शासन व्यवस्था तथा लोकजीवन तक को रेखांकित कर जाते हैं। और एक विस्तृत फलक को वह कहानी के आकार में बाँधें भी रहते हैं। उनकी भाषा घोड़े की भाँति सरपट भागती भी है।

**'पॉल गोमरा का स्कूटर'** एक मध्यवर्गीय भारतीय हिन्दी कवि राम गोपाल की कहानी है। वस्तुतः अपनी पहचान बनाने के लिए उन्होंने अपना नाम बदला। पॉल गोमरा का चरित्रांकन करते हुए उदय प्रकाश बताते हैं, "कवि पॉल गोमरा भी खासे भदेस थे। अरहर की दाल, भात, चोखा आम का अचार, कढ़ी, धनिए की चटनी जैसी चीजों में उनके प्राण बसते थे। वे कायर भी थे, क्योंकि तमाम जलाजत के बावजूद वे पिछले कई सालों से उसी दफ्तर में नौकरी करते आ रहे थे जहाँ न कभी उनको कोई प्रमोशन मिला था, न कोई सम्मान।" (पाल गोमरा का स्कूटर, पृ. 36)।

इस कथा के माध्यम से वह अँग्रेजों के जमाने में भी घूम आते हैं और

आधुनिक जीवन की भी तलाश कर आते हैं। वह यह भी महसूस करते हैं कि पूँजीवाद के प्रभाव से जिस प्रकार पूर्वी यूरोप का समाजवाद साफ हुआ उसी तरह हिन्दी की पत्रिकाएँ और अखबार साफ हो गए। बाज़ार बढ़ रहा है, हर चीज बिकाऊ है। कोई लड़की रातों-रात विज्ञापन की दुनिया में आकर कैन्टेसा में चलने लगती है, लेकिन हस्र होता है–उसका नामोनिशान मिट जाना। इन यथार्थों को उदय प्रकाश बड़ी बेबाकी से रेखांकित कर जाते हैं। "बाजार अब सभी चीजों का विकल्प बन चुका था। शहर, गाँव कस्बे बड़ी तेजी से बाजार में बदल रहे थे। हर घर दूकान में तब्दील हो रहा था। बाप अपने बेटे को इसलिए घर से निकालकर भगा रहा था, कि वह बाजार में कहीं फिट नहीं बैठ रहा था। पत्नियाँ अपने पतियों को छोड़-छोड़कर भाग रहीं थीं क्योंकि बाज़ार में उनके पतियों की कोई खास माँग नहीं थी। औरत बिकाऊ और मर्द कमाऊ का महान् चकाचक युग आ गया था। (वही, पृ. 37)। किन्तु पॉल गोमरा मध्यकाल में ही जी रहे थे, न उनके जैसी हिन्दी लिखने वाला कोई था, न आज के जीवन में सेकण्ड हैण्ड सोफा और पलंग खरीदने वाला। श्रम और नैतिकता तथा ईमानदारी किस तरह उपेक्षित है, इसके उदाहरण हैं–रामगोपाल उर्फ पॉल गोमरा। कुछ बड़े दिखने की कामना पॉल गोमरा के अंतस में भी प्रस्फुटित होती है। वह स्कूटर भी खरीद लेते हैं किन्तु समस्या है–चलाने की। पॉल गोमरा में कल्पना है, भावना है, पर वह आज के बदलाव से कोसों दूर है। हिस्ट्रीशीटर मंत्री की कारों के काफिले से उनका स्कूटर एक्सीडेण्ट करता है। घायल पॉल गोमरा और मृत उसके साथी की देखभाल तथा उनकी चिकित्सा से पुलिस को कोई मतलब नहीं। घर सूचना नहीं। वह उसी स्थिति में गायब होता है। कभी-कभी गाज़ियाबाद के आस-पास लेफ्ट-राइट, क्वीट् इण्डिया करते हुए देखा जा सकता है। वस्तुतः पॉल गोमरा का पागलपन व्यवस्था की उपेक्षा का परिणाम है, जिसके कारणों से उसकी चिकित्सा नहीं हो पाती।

पॉल गोमरा हिन्दी के कवि हैं पर हिन्दी-समारोह में भी उन्हें पूछने वाला कोई नहीं। और उनकी चिकित्सा के लिए भी 'एम्स' नहीं बना है। वहाँ से तो प्रेमचन्द भी भगाए जा चुके हैं। ऐसे यथार्थ और चुभते वर्णनों के द्वारा रचनाकार 'हिन्दी' की दयनीय स्थिति, हिन्दी रचनाकारों तथा समीक्षकों के प्रति शासन-सत्ता की भावना का भी चित्रण कर जाता है। शासन व्यवस्था की कमजोरियाँ, पुलिस की बर्बरता, अमानवीयता, कर्मचारियों की गुटबन्दी आदि कथावस्तु के अंग बनते हैं। कथा इतिहास तो बनता ही है, चरित्र भी ऐतिहासिक बन जाता है। वस्तुतः नैतिक मूल्यों, ईमानदारी, कर्त्तव्यनिष्ठा का संरक्षक आज का भारतीय मध्यवर्ग अपनी बड़ी-बड़ी कल्पनाओं और आकांक्षाओं के बीच पागल बनने के लिए

विवश है। यही इस राष्ट्र की नियति है।

**'थर्ड डिग्री', 'और अन्त में प्रार्थना'** उदय प्रकाश की ऐसी कहानियाँ हैं जिसमें यथार्थ का उपयोग ही नहीं, उसकी रचना की गई है। शासन-व्यवस्था; जिसमें मन्त्री, पूँजीपति, माफिया, दरोगा, एस.पी., कलेक्टर तक शामिल हैं; की असलियत को उजागर करती है—उनकी कहानियाँ। सुरेश के घर लाखों की चोरी होती है, चोर का भी पता है। माल कहाँ है यह भी पता है, पर इस भ्रष्ट व्यवस्था में मित्र दरोगा भी विवश हैं। वह चाहकर भी विधि मन्त्री, उनकी पत्नी तथा उसके कारकूनों पर हाथ नहीं डाल पाता। हरप्रीत को कठिनाइयों, उपेक्षा और उसके पति की ज्यादतियों ने ज्यादा समझदार बना दिया। उसने कहा—"सुरेश तुम बड़े भोले हो।...पाण्डे ने सी.एम.ओ. से कहा था कि साहब कम-से-कम मैडम को यह तो बोल दीजिए कि चार-पाँच रोज में गहनों को गलवा लें, वर्ना कोई गड़बड़ हो गई तो आपका तो कुछ नहीं हमारी नौकरी पर बात आ जाएगी।"

"मेरी चिन्ता यह है कि इस व्यवस्था में, जहाँ एक रिक्शेवाला चोरी करता है और सोना कानून मन्त्री के घर में गलता है, वह व्यवस्था अपने ढाँचे में कैसी है? और क्या यह हमारी सबकी पराजय नहीं है।"

**'और अन्त में प्रार्थना'** तो शासन व्यवस्था की असलियत को पूरी तरह बेपर्द करती है। यह एक ऐसी कहानी है जिसमें एक नहीं हजार मिथ टूटते हैं। संघ और हिन्दूवादी दल जो कल तक नए मूल्यों, मानवीय मूल्यों की स्थापना, भ्रष्ट-शासन-व्यवस्था को बदल डालने का नारा देते रहे, वे ही राजनीतिक सत्ता में आते ही प्रशासनिक सत्ता की मदद करने लगते हैं।

इस कहानी के कथानायक डॉ. दिनेश मनोहर वाकणकर एक ईमानदार, कर्तव्यनिष्ठ ड़ॉक्टर हैं। वे हर स्तर पर, हर स्थिति में जनता की सेवा करना चाहते हैं, करते भी हैं। पर बदले में मिलता है उन्हें—अपमान और उपेक्षा। नकली दवाइयों की सप्लाई पर करोड़ों कमाने वालों के सूत्र ऊपर से नीचे तक फैले हैं। सभी उसमें लिप्त हैं, पर डॉ. वाकणकर इन सबसे अलग इनमें मिसफिट हैं। संघ के कार्यकर्त्ता, हिन्दूवाद के प्रचारक डॉ. वाकणकर को यही लोग निरन्तर परेशान करते हैं। उन्हें आदिवासी सुदूर बीहड़ इलाकों में भेजते हैं। पर इस सबसे वे न तो हार मानते हैं, न ही अपनी नैतिकता छोड़ते हैं। मुस्लिम समाज भी पुलिस की गोली से मारे गए तौफीक अहमद के पोस्टमार्टम के लिए केवल विश्वास करता है तो डॉ. वाकणकर जैसे हिन्दू पर। डॉ. वाकणकर पर मंत्री से लेकर पुलिस, सिविल सर्जन, एस.पी. आदि समस्त प्रशासनिक अमले का दबाव है—गलत रिपोर्ट देने का। इस हेतु शासन माफिया सरगना गुड्डू सिंह की भी

सहायता लेता है। मंत्री ऐसे अवसर पर अपने सम्बन्धों की आड़ लेता है और सच का पक्ष उसे फिरकापरस्तों तथा विरोधी दल का पक्ष दिखाई देता है।

यह सभी जानते हैं कि तौफीक अहमद भीड़ को हटाने, आन्दोलनकारियों को उग्र न होने देने के लिए प्रयासरत था। पर बेवजह अविवेकपूर्ण पुलिस और एस.डी.एम. द्वारा अन्धाधुन्ध गोली चलाने से दंगा-फसाद निष्फल करने के लिए प्रयासरत तौफीक अहमद पुलिस की गोली का निशाना बनता है। और अब दबाव है—पोस्टमार्टम में स्टोन इंजरी दिखाने का। चक्रव्यूह में घिरे वाकणकर को अपने बचाव का एकमात्र माध्यम 'अवकाश पर चले जाना ही' दिखाई देता है। वे इसके लिए निवेदन भी करते हैं। विधि मंत्री टी.पी. सिंह का चेहरा गम्भीर हो जाता है। "आप जो कह रहे हैं, वह मैं नहीं कर सकता। सेण्टर में हमारी सरकार नहीं है। आपको पोस्टमार्टम की टीम में शामिल करने के लिए तमाम अर्जियाँ और दरखास्तें यहाँ से भेजी गईं हैं। प्रेस वाले भी लगे हुए हैं। मेरी समझ में ये नहीं आता कि आप डर किससे रहे हैं। इतनी बड़ी ताकत आपके साथ है। आपकी अपनी सरकार है। इसी के लिए आपने वर्षों संघर्ष किया है। पूरे राज्य में संघ के लोग आपको जानते हैं। हम सब आपका सम्मान करते हैं। यह तो राजनीति है। आप अपने लोगों को, इन सरकारी मुलाजिमों को जेल भिजवा देंगे, उन्हें सस्पेण्ड करवा देंगे। मुझे इस्तीफा देने के लिए मजबूर करवा देंगे तो इससे किसका भला होगा?...पोस्टमार्टम रिपोर्ट तो आप ही लिखेंगे।"

सारे विरोधों/संघर्षों के बावजूद सही पोस्टमार्टम रिपोर्ट लिखकर वाकणकर को अन्त में मृत्यु का वरण करना पड़ता है। उनकी यह मृत्यु हमें इस देश की, इस सम्प्रदाय की यथार्थ-गाथा चीख-चीख सुनाती रहेगी। यह ट्रेजेडीपरक रचना है। एकाध समीक्षक इसे 'एक स्पष्ट समस्याधर्मी' नायक का आध्यात्म स्वीकार करता है। "वह स्पष्टतः एक समस्याधर्मी नायक है जो एक गिरे हुए समाज में सच्चे एवं प्रामाणिक मूल्यों की खोज करता है।" वस्तुतः यह वास्तविक अर्थों में ऐसी राजनैतिक रचना है जिसमें वर्तमान राजनीति का पर्दाफास है, उसके छल-छद्म को वाणी दी गई है। वह भारतीय जीवन की यथार्थ गाथा है। चंचल चौहान भी इस रचना को इस सदी की महानतम रचना घोषित करते हैं। वस्तुतः डॉ. वाकणकर मानवीय मूल्य की रक्षा में अपने घर-परिवार का बलिदान कर जाते हैं।

इस कहानी में हादसे अनेक हैं, नकली दवाओं से थकुरा महाराज की मृत्यु उनमें पहला हादसा है जो डॉ. वाकणकर को तोड़कर रख देता है। दूसरा हादसा, कुछ चन्द सिक्कों के बदले थुकरा महाराज के बेटे और विधवा द्वारा

डॉ. वाकणकर के खिलाफ आरोप-पत्र दाखिल कराना है। और तीसरा हादसा है, आदिवासियों के बीच फैली महामारी। जिसमें मृत्युदर निरन्तर बढ़ती जा रही है। चाहकर भी डॉ. वाकणकर आदिवासियों की रक्षा नहीं कर पाते। प्रशासन डॉ. वाकणकर की सहायता न कर प्रधानमन्त्री के स्वागत में खोया पड़ा है। उसके सामने मनुष्य का कोई मूल्य नहीं। और डॉ. वाकणकर पोटाश की पुड़िया तालाब में डुबो-डुबोकर अपने मन को शांति देते हैं। अगला हादसा है–तौफीक की मृत्यु जो भारतीय जीवन के शांति, सौमनस्य और सौहार्द्र की मृत्यु है। यह मृत्यु वाकणकर को भी अपने आगोश में ले लेती है। लेकिन आज तो पुलिस प्रशासन ऐसी मृत्यु पर रंग-रोगन लगा देती है। इस कहानी की एक और ट्रेजेडी है–'मीडिया'। उसके लिए भी प्रधानमन्त्री, माफिया, गुण्डे और पुलिस ही मुख्य हैं। इस कहानी से एक ऐसी पीड़ा, ऐसी संवेदना उभरती है जो हमें अपने घेरे में ले लेती है।

वस्तुतः 'वाकणकर' के रूप में उदय प्रकाश ने वही प्रयास किया है जो सृंजय ने अपने 'कामरेड का कोट' में किया था। हाँ, 'कामरेड का कोट' में 'और अन्त में प्रार्थना' की अपेक्षा औपन्यासिक विस्तार कम है। यहाँ तो वह लोक है, जन है जो कल भी शोषित था, आज भी शोषित है। शासन सत्ता को केवल पूँजीवादियों की चिन्ता है, उन्हें न तो जनता के पीड़ा-संत्रास, असुविधा का ज्ञान है और न ही इसकी उन्हें कोई आवश्यकता है। 'कामरेड का कोट' में भी 'लोक' उपेक्षित है और यहाँ भी। यहाँ तो 'लोक' की जीविका पर भी बन आई है। सारी बन-सम्पदा नष्ट होने के कगार पर है। यहाँ का लोक-सरकारी अमले में केवल पुलिस, पटवारी और आबकारी वालों को ही जानता है। "लेकिन ढींगर गाँव के आस-पास के छोटे-छोटे गाँवों में सन्नाटा था। हाट बाजार के अलावा आदिवासी शहर-कस्बे की तरफ की रुख ही नहीं करते थे। सरकार के नाम पर वे सिर्फ पुलिस, पटवारी और आबकारी वालों को ही जानते थे। जो उनके घरों में घुसकर उनकी मुर्गियाँ उठा ले जाते थे, ठर्रा बनानेवाला मटका फोड़ देते थे। औरतों-लड़कियों के पेट में अपना बीज डाल देते थे और मारते-पीटते थे। सिंदवारी, बोडारी, पोंडी, खाड़ा, बकेली, नवनियाँ आदि तमाम गाँवों के आदिवासी मना रहे थे कि उधर न जाना पड़ता तो अच्छा रहता। बोड़ारी गाँव के भिखना बैगा ने तो ठाकुर देई में जाकर मुर्गी का चढ़ावा दिया था कि प्रधानमन्त्री ढींगर गाँव में न आए।"

निश्चय ही यह एक ऐसा बेबाक चित्र है, जो उपेक्षित पड़ी जनता का दुःख-दर्द आत्मसात कर, रचनाकार का अपना बनकर अभिव्यक्त हुआ। और यह पीड़ा-संत्रास कोतमा के अशिक्षित आदिवासियों का ही संत्रास नहीं, अपितु भारत

के हर आम-जन की पीड़ा और संत्रास है। उदयप्रकाश शासन-तंत्र पर प्रहार करते हुए कहते हैं–"कहीं ऐसा तो नहीं कि जो तंत्र व्यवस्था यहाँ बनी हुई है वह अपने आप में एक समानान्तर प्रणाली है। वह सिर्फ अपनी ही दुनिया की चिंताओं में व्यस्त है। शायद उसका हित ही इसमें जुड़ा हो कि लोग भूख, गरीबी, महामारी आदि से मरें। कहीं हमारे देश में लोकतंत्र का असली अर्थ जनता द्वारा अपनी शत्रु-व्यवस्था का चुनाव तो नहीं है?"

यह कहानी रोगग्रस्त प्रधानमन्त्री की तरह तमाम रोगों से आक्रांत भारत की कहानी है जिसमें न कोई औषधि है, न उपचार की चिन्ता, जहाँ न कोई शासन सत्ता है, न ही ईमानदार, कर्त्तव्यनिष्ठ कर्मचारी की इज्जत। यह कहानी सांस्कृतिक बदलाव की भी कहानी है।

इन्हीं की एक कहानी है–**'पीली छतरी वाली लड़की'**। यह भी एक लम्बी कहानी है। इसमें भी उदय प्रकाश ने शैक्षिक जगत के साथ राजनीतिक और प्रशासनिक जगत की असलियत को उजागर किया है। साथ ही अत्याधुनिक परिवेश, बाजारवादी भावना अमानवीयता के दृश्य, गुण्डागर्दी आदि को कथा-वस्तु का हिस्सा बनाया है। वस्तुतः मूल कहानी तो ब्राह्मण कन्या अंजली का दलित युवक राहुल के साथ भागना है। किन्तु ये दोनों चरित्र इस कहानी में गौण हो गए हैं, अन्य घटनाएँ प्रधान बन गईं। कहानीकार उच्च वर्गीय छात्रों के बीच निम्नवर्गीय छात्रों की मूर्खतापूर्ण चर्चित कथाओं को भी आधार बनाता है। पर ये कथाएँ कोरी गल्प, नवयुवकों के बीच मनोरंजन का माध्यम-मात्र हैं। ऐसी ही एक कथा 'कोरी' की नव विवाहिता दुल्हन के सन्दर्भ में बलराम उपाध्याय द्वारा सुनाई जाती है।

ऐसी कथाओं से कहानी में पाठकीयता तो आती है पर कहानी हल्की बन जाती है। ये कथाएँ न सच होती हैं और न काल्पनिक। यदि यह सच भी हो तो इसे साहित्य का अंग नहीं बनाया जा सकता। वस्तुतः इस प्रक्रिया द्वारा किसी स्वस्थ संस्कृति का विकास संभव नहीं है। उदय प्रकाश ने तो यहाँ कल्पना का अतिरेक प्रस्तुत किया है। ऐसा ही एक अंश इस कहानी में और है, जब अंजली को राहुल से सहवास के लिए रचनाकार प्रस्तुत दिखाता है। लाइब्रेरी में राहुल द्वारा उसकी पैण्ट की जिप खोलने के प्रयास पर वह कहती है कि–'यहाँ नहीं।' राहुल के पूछने पर कि 'फिर कहाँ?' तो अंजली का उत्तर आता है, इसकी व्यवस्था तथा निर्णय तुम्हें करना है। और तब तो और हद हो जाती है जब गिरते-पड़ते, पैरों-हाथों में चोट खाई अंजली राहुल के हॉस्टल पहुँचती है। ऐसा लगता है कि संभोग की स्थिति में भी राहुल चिंतनमग्न है, जो पूर्णतया अस्वाभाविक प्रतीत होता है, और फिर उसका रोना क्या दर्शाता है?

यह तो रचनाकार ही जाने। प्रथम बार संभोगावस्था में अंजली की मनःस्थिति केवल उसी की अपनी हो सकती है या रचनाकार की कोरी कल्पना, किसी लड़की की तो कदापि नहीं। पूरी कहानी ब्राह्मण और प्रशासन विरोध की पृष्ठभूमि पर आधृत है। कम-से-कम डेढ़ हजार वर्षों से ब्राह्मण तो स्वयं दलित की स्थिति में जीते चले आ रहे हैं, अब कितना उन्हें गरियाओगे? वस्तुतः यह कहानी उदय प्रकाश के आकाश जगत में एक छेद है। सच यह है कि यह कहानी कहानी न रहकर सिनेमा के प्लाट में परिवर्तित करने की लेखकीय आकांक्षा की परिणति है तथा पूरी तरह प्रायोजित भी है।

**"ना सम जियत न मुँअले माहीं"** साम्प्रदायिक सद्भाव की पोल-पट्टी बड़ी ही सहजता से उघाड़ती है। इस कहानी का केन्द्र-बिन्दु साम्प्रदायिकता है। कहानी व्यंग्य-प्रधान है। कथा नायक के शीर्ष पर सत्तार मियाँ हैं और उन्हीं के तौर-तरीकों और आदतों को आधार बना रचनाकार ने सामाजिक ढाँचे पर व्यंग्य किया है।

कहानी अपने कथ्य-सम्प्रेषण में पूरी तरह सफल नहीं हुई है। जगह-जगह शिल्प में कथ्य की भरपाई करने की कोशिश तो है मगर रचनाकार का कौशल यहाँ भी दगा दे जाता है। विभिन्न प्रख्यात कहानी-कविताओं की चुनिन्दा पंक्तियों का यथासम्भव प्रयोग है। लेकिन बार-बार ऐसा प्रयोग सार्थकता को नष्ट ही करता है, कोई ताज़गी नहीं पैदा कर पाता-"अति अनुराग उमगि अनुरागा", "कौन ठगवा नगरिया लूटल रे"..."कहै कबीर सुनो भई साधो, जग से नाता छूटल रे"... ऐसे ही उदाहरण हैं। पर इन सबके बावजूद इस कहानी में जो खास बात है वह है ग्रामीण शब्दों का चलताऊ प्रयोग। जो बरबस ही ध्यान आकृष्ट कर इसे सजीव बना देता है। यथा-ऐड़े-गैड़े, उतान-चितान, चौचक-चौतरफा, डॉक्टर-बैद, कफन-दफन, बिहुला-बिलाप, करहा-करही, लुच्चा-लफंगा-लफाड़ियों, कल्ला-कलानी आदि। (हंस 1992, जनवरी, पृ. सं. 55)। पर यह बात समझ से परे है कि अपने में पूरी होने के बावजूद रचनाकार ने कुछ शब्दों व बातों का किसलिए प्रयोग किया है? यथा-'भोर का बावरा अहेरी रुकायमान हो गया है, अथवा 'कबीर के उदाहरण को दो पन्नों में घसीटना, तो कभी प्रसाद के कामायनी से शब्दों को चुराने या पलोटनपुर के फेरू को लाना।' ये सब कुछ चूक हैं जो कहानी की सहजता और सरसता को नष्ट करते हैं।

लगभग ढाई सौ वर्षों की कथा को अपने में समेटे **'वारेन हेस्टिंग्स का साँड़'** इनकी एक और सशक्त कृति है। इस कहानी में फंतासी की सहायता से भारतीयों और अँग्रेजों की मानसिकता, सोच, रीति-रिवाज उजागर है। और व्यवस्था-तंत्र पर प्रहार भी है। खेत, किसान तो नहीं हैं, पर उनका संकेत है।

उनकी निरीह स्थिति, दुर्दशा का वर्णन भी है।

रचनाकार अपनी कथा की संगति तथा आज उसके बयान की उपयोगिता का कारण भी खोजता है–सिराजुद्दौला को हराने वाले ईस्ट इण्डिया कम्पनी के लार्ड क्लाइव की टिप्पणी में। उस काल में व्याप्त, भ्रष्टाचार का बोलबाला, लूट-खसोट की बाढ़, धनाढ्यों की बेइन्तहा दौलतपरस्ती, भोग-विलास जो तब था वह आज भी है। इस प्रवृत्ति की जड़ें छोटे-से-छोटे कर्मचारियों तक फैली थीं। सम्पत्ति और ताकत ही मनुष्य को बड़ा बना सकती है, यह सोच उस काल में भी थी, और आज भी है। ठगी-जालसाजी, चरित्रहीनता, धनलोलुपता, राष्ट्रद्रोह तथा बड़ा बनने की भावना आज कम होने के बदले और बढ़ी है। रचनाकार का कथन सत्य है कि यही वह बिन्दु है जहाँ ढाई सौ साल पहले की कहानी आज की कहानी बनती है।

उदय प्रकाश यथार्थ की रंगत हेतु हालवेल का भी सन्दर्भ देते हैं, "यहाँ हिन्दुस्तानियों का एक वर्ग ऐसा है, जो जल्द से जल्द अमीर बनना चाहता है। वह प्राचीन काल के रोम के गुलामों से भी ज्यादा गुलाम है। इसमें ज्यादातर ऊँची जात के लोग हैं। अँग्रेजी बोलने लगे हैं, यूरोपीय कपड़े पहनते हैं और उन्होंने हिन्दुस्तान की सारी पुरानी परम्पराओं को ढकोसला कहना शुरू कर दिया है।"..."वे हमारी गुलाम छायाएँ हैं। इण्डिया में हमारा सारा प्रशासन वही चालाएँगे। हम जब इण्डिया को छोड़ यूरोप लौट आएँगे, तब भी वहाँ हमारी यही गुलाम छायाएँ राज करेंगी।" (पाल गोमरा का स्कूटर, पृ. 133)

रचनाकार इतिहास-पुरुष वारेन हेस्टिंग्ज के क्रिया-कलापों को कहानी का आधार बनाता है। इसलिए कि कुछ चिन्तक भारतीय सामाजिक, आर्थिक तथा प्रशासनिक व्यवस्था में सुधार और सांस्कृतिक विरासत की रक्षा में हेस्टिंग का अवदान स्वीकार करते हैं। पर असलियत इसके विपरीत रही है। इस यथार्थ को कुरेदता है–कहानीकार। घावों को हरा-भरा करता है–कल्पना के सहारे।

वारेन हेस्टिंग्ज के दो रूप थे–एक था–कृष्ण की रासलीला वाला रूप अर्थात करुणा, दया और प्रेम का रूप। और दूसरा था–सत्ता के उच्च पद पर आसीन व्यक्ति के भ्रष्टाचार में संलग्नता वाला रूप। अपने इस कारनामें का विरोध उसे असह्य था। इसके लिए वह मीर जाफर की विधवा बेगम की पेंशन के एवज में साढ़े तीन लाख रुपये के घूस लेने के प्रामाणिक दस्तावेज ईस्ट इण्डिया कम्पनी के उच्च अधिकारियों के सामने प्रस्तुत करने वाले सीधे-साधे ब्राह्मण नन्दकुमार को अपने भरोसे के जज नियुक्त कर फाँसी पर लटकवा देता है। आज के सत्ताधारी इससे जरा भी दूर नहीं है। यही सत्ताधीशों की असलियत है।

दूसरे रूप के सामने पहला रूप उसे लोकप्रिय तो बनाता है, पर क्षणिक काल के लिए ही। रास लीला का रूप नेटिव लड़कियों के दैहिक शोषण की योजना का एक अंग-सा मालूम पड़ता है। यह अँग्रेजों के चरित्र का एक काला पक्ष है जो सच है। फलस्वरूप यह कहानी कहीं-न-कहीं यह भी प्रतिपादित करती है कि आज के अधिकांश भारतीय अँग्रेज अधिकारियों, सैनिकों की सन्तति हैं जिनमें अँग्रेजों का-सा भ्रष्टाचार, नैतिक पतन, राष्ट्रदोह की भावना, लूट-खसोट की प्रवृत्ति, धन-लोलुपता, विदेशी संस्कृति को अपनाने की लालसा उनकी प्रकृति का खास अंग बन चुकी है।

नवाब सिराजुद्दौला के वफादार सिपहसालार मोहनलाल की पुत्री 'चोखी' जैसों का राष्ट्र-प्रेम, अपनी संस्कृति के प्रति मोह, किसी एकाध में आज भी मिल जाता है, भले ही वह नौकरानी के हाथों पला-बढ़ा हो।

वस्तुतः इस कहानी का प्रमुख मुद्दा है—शोषक और शोषित की यथार्थ गाथा। पूँजीपति बनाम आम आदमी की गाथा। धनी बनाम गरीब की कथा। इस सृष्टि की नियति है इन दोनों का जन्म और इनमें संघर्ष। यही सृष्टि का शाश्वत सत्य है। कृष्ण का रूप धारण करने वाला, दया-करुणा और प्रेम की प्रतिमूर्ति प्रजा का हित रक्षक कहलाने वाला शासक—वारेन हेस्टिंग्ज, बिहार और बंगाल में पड़े भयानक दुर्भिक्ष (सन् 1769-70), जिसमें एक तिहायी जनता की मौत हो चुकी थी, अपनी भूख मिटाने के लिए जहाँ लोग औरतों और बच्चों को बेच रहे थे, मुर्दों के मांस खा रहे थे और जहाँ मरने वालों की लाशें-कौए, गिद्ध-सियार भी नहीं खा पा रहे थे; ऐसे क्षेत्र से कम्पनी के अधिकारियों की रिपोर्ट के बावजूद भी, उस वर्ष सर्वाधिक लगान और अन्य करों की जमकर, पिछले वर्ष की अपेक्षा अधिक वसूली करवाता है। बचपन के साथी बुन्तू और खानसामा अब्दुल कादिर वारेन हेस्टिंग्ज के इस रूप को देखकर भयभीत ही नहीं हुए अपने कर्म-धर्म से विचलित भी हुए। उन्होंने अनुभव किया कि सखा की निर्मिति ही गलत हुई। यही तो सत्ता का असली रूप है, जो कल भी था, आज भी है। शासक वर्ग किस स्तर तक संवेदनहीन बन जाता है, इसका प्रमाण है—यह कृत्य और यही शोषक वर्ग का सत्य भी है।

हिन्दू धर्म का रक्षक, भारतीय वाङ्मयों का ज्ञाता, प्रशंसक और गाय-पालक हेस्टिंग्ज जब भ्रष्टाचार के महाभियोग के कारण वापस बुलाया जाता है तो वह अपने साथ गाय और साँड़ भी ले जाता है। वह, इसलिए इन्हें नहीं ले जाता कि इससे उसे प्रेम है, भारतीयों की तरह उसमें उसकी श्रद्धा है। अपितु, औद्योगिक मानसिकता के विकास का परिणाम है—यह निर्यात। गाय को 'चोखी' तथा साँड़ को 'नन्दकुमार' का पुनर्जन्म बताकर रचनाकार ने अपनी कल्पना में

चार-चाँद लगाया है।

मनुष्य अपनी इच्छापूर्ति में कितना निरंकुश है, संवेदनहीन है इसका उदाहरण है कोमल मांस के लिए गाय के बछड़े को विष दिया जाना। यहाँ ममता का कोमल भाव भी नदारद है। चोखी की प्रतिरूप गाय अपनी सन्तति के दुख में प्राण त्यागती है, ठीक उसी तरह जिस तरह चोखी अपनी संस्कृति के विपरीत, अपनी कोख में पलने वाले हेस्टिंग्ज के प्रतिरूप के कारण अपनी संस्कृति और सभ्यता की रक्षा हेतु पेट में खंजर भोंक लेती है। और जो नन्दकुमार हेस्टिंग्ज की अमानवीयता, विरोध के चलते फाँसी पर लटकने के लिए विवश होता है, वही साँड़ के रूप में अपने बच्चे (बछड़े) तथा अपनी प्रेमिका गाय की मृत्यु का बदला लेता है, हेस्टिंग्ज से, पूँजीपति वर्ग शासक से। वह हेस्टिंग्ज के घर, अर्थात् इग्लैण्ड में, उससे और उसकी जैसी मानसिकता के अधिकारियों से बदला लेता है। ऐसा बदला जिसे ले पाने में मनुष्य अक्षम है। क्योंकि वह स्वार्थी है, उसे धन चाहिए, पद चाहिए। वह अपनी संस्कृति, परम्परा, सभ्यता को भूल सकता है, उस पर गर्व करना छोड़कर दूसरे की संस्कृति, सभ्यता, भाषा को अपना सकता हैं। किन्तु एक पशु इन सबको विस्मृत नहीं कर पाता। वह उसके लिए अपना बलिदान तक कर देता है। पशु रूपी साँड़ की संवेदना मरती नहीं अपितु उसमें विद्रोह और संघर्ष का भाव पैदा करती है जबकि मनुष्य की संवेदना मरती रही है। मरकर भी वह सद्मानवीय भावों का सृजन नहीं कर पाती। साँड़ रूपी पशु की गुर्राहट, चीख यहाँ होरी और धनिया की चीख, गुर्राहट बनकर आकाश में छा जाती है। 'गुण्डा नन्हकू सिंह' की याद दिला जाती है। आकाशदीप की 'चम्पा' और पुरस्कार के 'मधूलिका' के त्याग-बलिदान की कथा बयाँ कर अविस्मरणीय बन जाती है।

वारेन हेस्टिंग्ज को मानवीय भावों और रागों में आप्लावित करने वाले सखा बुन्तू का खानसामा अब्दुल कादिर से कथन तथा उसका कृत्य अकथ कहानी कह जाता है–"अब हम गुलाम हो गए हैं कादिर। और उसने अपना एकतारा उसी तंदूर में झोंक दिया, जिसमें गर्वनर जनरल के लिए कबाब बनता था।" गुलाम देश और गुलाम जनता की स्थिति को जीवन्त कर जाती है उसकी यह प्रक्रिया। लेकिन मनुष्यता को प्रेम के राग में बाँधने वाले एकतारा तथा बुन्तू का बलिदान निरर्थक नहीं जाता, तभी तो ठीक उसी दिन वारेन हेस्टिंग्ज पर उसके भ्रष्ट, अन्यायपूर्ण और निरंकुश कारनामों को लेकर इंग्लैण्ड में महाअभियोग का मुकदमा कायम होता है।

रचनाकार शासकों पर चलने वाले महाअभियोगों के हस्र का भी संकेत दे जाता है। और बिना कहे, भारत में शासकों, नेताओं, पूँजीपतियों पर चलने वाले

महाअभियोगों के परिणाम की ओर इशारा भी करता है। वे भी अन्ततः उसी तरह मुक्त होते हैं, जिस तरह वारेन हेस्टिंग्ज। इन्हें सजा देने वाली अदालतों तथा न्यायधीशों का हर काल में अभाव रहा है, वह अभाव हर देश में है, भारत उससे अलग नहीं। सजा या दण्ड तो मिलता है–निरीह आम-जनता को।

उदय प्रकाश अपनी इस कहानी को पर्याप्त विस्तार देते है। अनेक उपकथाओं का संयोजन है, इस कहानी में। लेकिन सभी एक ही दिशा में अग्रसर है–वह है मानवीय संवेदना तथा राष्ट्रप्रेम के ह्रास की गाथा। वस्तुतः सत्ता-स्वार्थ, वैयक्तिक लोभ या कहें पूँजीवादी मानसिकता के सामने हमेशा ये दोनों हारते रहे हैं। मानवीय और राष्ट्रीय भावनाओं की शाश्वत पराजय की यह गाथा अत्यन्त संतुलित है। कहीं भी इसमें विशृंखलता नहीं। एकतानता तथा रागात्मकता इस कहानी का दूसरा गुण है। काव्यतत्व हमें कहानी में डुबोता है।

भाषा के शिल्पी उदय प्रकाश प्रतीक और बिम्बों के माध्यम से अकथ, असम्भव गाथा का बयान करते है। आवश्यकतानुसार सन्दर्भों का उपयोग उनके इतिहास-ज्ञान, वेद के अध्ययन का परिचायक है। बंगाल के लोकगीतों, तथा विद्यापति के लोक प्रचलित गीतों का उपयोग कथारस में वृद्धि करता है। समृद्ध भारतीय सांस्कृतिक परम्परा की खोज तथा उस पर लगे दागों को रेखांकित कर रचनाकार ने एक मूल्यवान काम किया।

उदय प्रकाश के अनुसार इस कहानी में इतिहास तो है, पर वह दाल में नमक के बराबर। उनका यह कथन इस बात का साक्षी है कि साहित्य इतिहास नहीं होता। रचनाकार ने भूमिका में स्वयं घोषणा की है, "इस कहानी में इतिहास उतना ही है जितना दाल में नमक होता है। अगर आप इसमें इतिहास खोजने की कोशिश करेंगे तो आपके हाथ में रेत की ढूह या कनेर की टहनी भर आएगी।

असल में जब इतिहास में स्वप्न, यथार्थ में कल्पना, तथ्य में फैंटेसी और अतीत में भविष्य को मिलाया जाता है तो आख्यान में लीला शुरू होती है और एक ऐसी माया का जन्म होता है जिसका साक्षात्कार सत्य की खोज की ओर की एक यात्रा ही है। इसलिए हर लीला और प्रत्येक माया उतनी ही सच होती है, जितना स्वयं इतिहास।" (वही, पृ. 103)। कहानी में कल्पना का आयोजन तो है, पर वह यथार्थ से सराबोर है। और कल की कल्पना आज का सत्य है। ऐसा सत्य जो हर युग का सत्य होता है। शाश्वत सत्य।

**'भाई का सत्याग्रह'** एक अत्यन्त संवेदनशील कहानी है। आज की सामाजिक विसंगतियों, प्रशासनिक नीतियों से जूझते और असफलताओं का सामना करते कथानायक को एक मात्र शरण मिलती है–नींद के आगोश में। वह

समस्त चेतनाओं को नींद में विलीन करना चाहता है, किन्तु पत्नी उसकी चेतना को झकझोरती है, वह उसे जागृत कर कर्त्तव्य-पथ पर अग्रसर करना चाहती है। पति और पत्नी के बीच यह अघोषित युद्ध है। 'युद्ध' की संज्ञा के बहाने रचनाकार मन की निश्चिन्तता के लिए अपरिहार्य नींद के चित्रण के सहारे मध्य-वर्गीय पीड़ा और संत्रास को अभिव्यक्त कर जाता है। "यह एक युद्ध था। एक घमासान। उसकी नींद और पत्नी की चिरपरिचित सांसारिक क्रूरता के बीच। वह जिस जहाज में था, वह डूब रहा था। उसकी चेतना एक अनन्त लम्बी नशीली नींद में डूबी हुई थी और जो दुर्लभ शांति, नितान्त समाधि जैसा अलौकिक अनुभव उसे मिल रहा था, वह अनमोल था ...तो भी मृत्यु के भय की तुलना में उसे इस नींद से मिलने वाला सुख ज्यादा वरेण्य लगता है।" (पाल गोमरा का स्कूटर, पृ. 78)

भाई के एक्सीडेण्ट के हादसे की सूचना से कहानी प्रारम्भ होती है। और यह हादसा उस पर बज्र की तरह चोट करता है। घर याद आता है। लकवाग्रस्त भाई याद आते हैं। कथानायक का आदर्श 'भाई' आज मृत्यु के निकट है। उसकी मृत्यु-निकटता कथानायक के आदर्शों की मृत्यु का संदेश दे जाती है। यहाँ उसकी छटपटाहट, पीड़ा भाई की स्मृतियों के सहारे और गाढ़ी हो जाती है। 'भाई' उसके लिए सीमेन्ट और बालू थे, जो आज की कुरूपताओं को सहने के लिए उसके आधार थे। किन्तु आज वही आधार ढह रहा है। कथानायक अपने इस आधार को दूसरे शब्दों में अपनी शक्ति को बचाने हेतु संघर्ष के पथ पर निकल पड़ता है। भाई की चिकित्सा के लिए समस्या है—धन की। चारों तरफ से निराश वह अपनी पुरानी कार तक बेचने के लिए तैयार होता है। लेकिन वह भी नहीं बिकती। उसकी चेतना पर हथौड़े पड़ते हैं। उससे यह हथौड़े चीख-चीख कर कह रहे हैं कि—"उसे तस्कर, अपराधी, दलाल या बेईमान होना चाहिए था।" इस बोध द्वारा वह मध्यवर्गीय भारतीय समाज की विसंगति, शासन, सत्ता के साथ ही बौद्धिक-वर्ग की क्रीतदासता पर चोट करता है। उसकी चेतना, सबकी चेतना बनती है। हर सामान्य भारतीय की सोच आज यही है कि राष्ट्रीय संविधान के प्रति आस्थावान बनने, नैतिक बने रहने तथा सिद्धान्तों पर अडिग बना रहने वाला व्यक्ति इस देश का सबसे बड़ा मूर्ख है। वह बेसहारा है, उपेक्षित है और लाचार है।

सच यह है कि शासन सत्ता में माफियाओं, गुण्डों की घुसपैठ तथा हिस्सेदारी ने भारतीय नागरिक के सारे मौलिक अधिकारों को छीन लिया है। 'भाई का सत्याग्रह' इसी थीम पर आधृत कहानी है। भाई दुबारा टैक्स लेने का विरोध करते हैं तो उन्हें जीप से उतारकर डण्डों से पीटा जाता है। यह क्रिया

होती है, गाँधी जयन्ती के दिन। प्राप्त गाली और मार के बदले भाई सड़क पर ही सत्याग्रह करने लग जाते हैं। पुलिस और गुण्डे सड़क पर से उन्हें हटाकर 'जाम' समाप्त कराने का प्रयास करते हैं पर वे गाँधी की तरह अदभ्य-शक्ति के साथ धरती से चिपक जाते हैं। असफल प्रशासनिक अमला अन्ततः उन्हें ट्रक से कुचलने का तरीका इस्तेमाल करता है। "भाई ने कहा, "तुम लोग गौरकानूनी काम कर रहे हो। पुलिस की वर्दी तुम लोगों ने पहन रखी है और डाकू बनकर राहजनी कर रहे हो। ...लेकिन भाई सड़क से टस-से-मस नहीं हो रहे थे। उनके भीतर कहाँ से इतनी ताकत आ गई थी। लट्ठबाज उनकी बाँह और टाँग पकड़कर वहाँ से घसीटने की कोशिश करते, तो भाई उन्हें झटक देते। ...ट्रक भाई के पैर के ऊपर चला दिया गया। पैर की हड्डियाँ सड़क की सख्त मिट्टी के साथ पिसकर चूर-चूर हो गईं। पैर माँस का लोथड़ा बन गया जिसमें सड़क की गर्द, धूल, कोलतार सब मिल गए।" (वही, पृष्ठ-98-99-100)

और कहानी का अन्त होता है, पुलिस के सिद्धहस्त कारनामों से। वह पुलिस, जो जनता की रक्षा के लिए है, सामान्यजन की रक्षा के लिए है, आम-जन के डर-भय को दूर कर गलत तथा नियम-विरुद्ध काम करने वाले को दण्डित करने वाली है, वही पुलिस अँग्रेजों के समय की क्रूरता की याद दिलाती है। मानवीय संवेदनाओं का हनन करती है। जाल और फरेब द्वारा अपराधों की संख्या में कमी दिखाती है। अपराधियों का साथ लेकर वह सच्चे नागरिक को संत्रस्त करती है—"दरोगा ने सिपाही को एक-दो थप्पड़ मारे। लोगों से माफी माँगने जैसी बात की और भाई को जीप में डालकर ले गए। भाभी से पुलिस वालों ने सादे कागज पर दस्तखत करवाए। किराये की जीप में जो गाँव के दूसरे तीर्थयात्री थे, उन्होंने भाई की जमानत की। भाई पर पुलिस ने यातायात रोकने, सरकारी ड्यूटी में लगे शासकीय कर्मचारियों को धमकाने और उनके कर्त्तव्य-पालन में बाधा डालने तथा इस इलाके में अशान्ति फैलाने का जुर्म किया था।" (वही, पृष्ठ-100)

स्वतंत्र भारत की शासन-व्यवस्था तथा पुलिस के लिए न तो आज गाँधी प्रासंगिक है, न गाँधी जयन्ती। न ही गाँधी जी द्वारा दिखाया गया सत्य और अहिंसा का रास्ता ही। वे उसे कुचलने, उसे दबाने के नायाब तरीके खोज निकालते हैं।

वस्तुतः यह कहानी उदय-प्रकाश की व्यक्तिगत स्मृति का हिस्सा है जो सामूहिक-स्मृति में उतरकर गहरा प्रभाव छोड़ती है। इसमें लोक-जीवन भी है, यथार्थ को भोगने की पीड़ा है और है ग्रामीण तथा शहरी मानसिकता का पर्दाफाश। और शासन तंत्र, पुलिस-व्यवस्था की असलियत उजागर कर रचनाकार

उस पर कड़ा प्रहार करने के साथ आमजन की पीड़ा, संवदेना, उसकी नियति तथा विरूपताओं का रेखांकन भी कर जाता है। वस्तुतः समूची कहानी में रचनाकार का अनुभव जगत ही शब्द-रूप में साकार हुआ है।

## संजीव

"**संजीव** की कहानियों पर जब भी चर्चा की जाती है तो सर्वप्रथम उनकी कहानी '**अपराध**' आती है। 'सारिका' में प्रकाशित इस कहानी की चर्चा इसलिए होती है क्योंकि इसमें भ्रष्ट व्यवस्था से लड़ती नक्सलवादी पीढ़ी की लड़ाई और व्यवस्था को न बदल पाने की विवशता है। दूसरे शब्दों में हम कह सकते हैं कि अपने बहुआयामी सन्दर्भ में जीवन-यथार्थ का दस्तावेज बनकर संजीव सामने आए। निस्संदेह आलोच्य युग के कहानीकारों में संजीव का नाम इसलिए महत्त्वपूर्ण हैं क्योंकि उन्होंने अपनी कहानियों में जनतंत्र के ढोंग और उसकी स्थिति पर खुलकर बहस की है। संजीव मज़दूरों के बीच के रचनाकार हैं। मजदूरों की दयनीय स्थिति, पीड़ा, दुख, आक्रोश को उन्होंने निकट से देखा है। फलस्वरूप उनकी कहानियों का मूल आधार मजदूर जीवन और उनके आन्दोलन की स्थितियाँ रहीं हैं। इसे ही संजीव ने रेखा चित्रात्मक रूप में व्याख्यायित करने का सार्थक प्रयास किया।"

'**दुनिया की सबसे हसीन औरत**' उनकी कहानियों का एक ऐसा संग्रह है जो आदमी और आदमी तथा जगत् के बीच के द्वन्द्वात्मक रिश्तों की गम्भीर पड़ताल करता है। वस्तुतः संजीव की कहानियों में एक विशेष प्रकार की प्रतिबद्धता मिलती है। लेकिन प्रतिबद्धता के साथ-ही-साथ उसमें वैविध्य भी है और कलात्मक स्तर भी। 'दुनिया की सबसे हसीन औरत' कहानी की चर्चा करते हुए डॉ. नित्यानन्द तिवारी ने लिखा है कि "सामान्य रूप से आज के कथालेखन में दो मोटी प्रवृत्तियों का परिचय मिलता है। एक ओर सूक्ष्म चित्रण तथा तथाकथित गहरी अनुभूति का दावा करने वाली कहानियाँ हैं। जिनमें चीजें घटनाएँ कार्य और लोग इस तरह पिघल गए हैं कि सब कुछ वातावरण में बदल गया है। समाज और इतिहास में जैसे उनकी भूमिका ही नहीं रह गई हो। ऐसे भूमिका-विहीन चरित्रों में जीवन की सार्थकता तलाशने का काम रचनाकारों में स्टेट्स की तरह उभर चुका है। भाषा उनका एकान्त सरोकार है। और अपरिभाषेय 'स्वतंत्रता' एकान्त अनुभव वस्तु। दूसरी ओर ऐसे काट की कहानियाँ हैं जिनमें कार्यों घटनाओं और चरित्रों को परिभाषित और निश्चित भूमिकाओं में उतार लिया गया है।" (हंस, जन. 91, पृ. 68)

यह कहानी कहानीकार की वास्तविक प्रतिबद्धता को स्पष्ट करती है। एक मेहनती और ईमानदार आदिवासी औरत गरीबी और जहालत से लड़ती हुई सब्जी का गट्ठर ले ट्रेन की यात्रा कर रही है और उसकी मजबूरियों का फायदा उठाते हुए इसी समाज के टी.टी.ई. और पुलिस के सिपाही बने लोग उसे किसी-न-किसी रूप में जलील कर रहे हैं। इस स्थिति का सजीव चित्रण करते हुए कहानीकार ने अपनी प्रतिबद्धता को भी अभिव्यक्त किया है जो कथानक के विरोध के रूप में सामने आता है। इसमें आवेग और उत्तेजना की प्रधानता है। यथा, "तुम लोग तो जानते हो कि मैं निहायत पिद्दी किस्म का इन्सान था, लेकिन उस वक्त मुझमें जाने कहाँ से बला की ताकत आ गई थी। 'मेहनत', ईमान, इन्सानियत, शराफत, दिलेरी, जैसे शब्द, देश का इतिहास और भूगोल जैसे ज्ञान, अब तक मेरे लिए ख्याली बातें थीं लेकिन उस दिन उस मौके पर उनकी हकीकत का जादू मेरे सिर पर चढ़कर बोल रहा था। मैंने महसूस किया कि सिर्फ पहल करने भर की देर होती है, हवा अपने आप बँधनी शुरू हो जाती है। वह एक जुनून था, जुनून।" (दुनिया की सबसे हसीन औरत, पृ. 148)

यह आवेग, यह उत्तेजना कहानीकार ने कथानक के द्वारा आदिवासी स्त्री पर ढाए जाने वाले जुल्म के खिलाफ प्रस्तुत की है। और इससे निःसन्देह उस स्त्री में एक ऐसा आवेग, ऐसा आत्मविश्वास, ऐसी जिजीविषा जन्म लेती है, उसके नेत्रों में ऐसी चमक आती है, कि वह 'दुनिया की सबसे हसीन औरत' बन जाती है। नित्यानन्द तिवारी के शब्दों में "इसी आवेग से उस स्त्री को मुक्ति का आभास होता है। और इतने भर में कितनी सुन्दरता पैदा होती है, मानवीय सम्बन्ध कितने बेधड़क और आत्मीय हो उठतें हैं, कोने-अन्तरों में छिपा जीवन का कण भी जगमगाने लगता है।" (हंस जन.91, पृष्ठ-65)।

इन्हीं की एक दूसरी कहानी **'आपरेशन जोनाकी'** भी उल्लेखनीय है जिसमें अनिमेष दा के माध्यम से सामाजिक एवं असामाजिक के प्रश्नों को खड़ा करते हुए आज की विषमतापूर्ण व्यवस्था की भीतरी सच्चाईयों को खोलने का प्रयास किया गया है। कथानायक अनिमेष दा तब तक प्रशासन की नजर में महत्त्वपूर्ण हैं जब तक वे प्रशासन की भाषा बोलते एवं उसके अनुरूप चलते हैं। लेकिन सच्चाई का पक्ष लेते ही, असामाजिक तत्त्वों की पहचान करते ही, वे प्रशासन की दृष्टि में बदल जाते हैं। अनिमेष दा का यह कथन उल्लेखनीय है-"यस सर मालूम है, एक पुलिस अफसर हूँ और ड्यूटी पर हूँ, और अर्जुन का वैराग्य इस कुरुक्षेत्र में क्षम्य नहीं। न मैं डिसिप्लिन तोड़ने में यकीन रखता हूँ, न कर्त्तव्य पालन में। मेरा रिकार्ड देखा जा सकता है। देश के लिए सिर कटाने को भी कहें तो मैं तैयार मिलूँगा, लेकिन हम भी हाड़-माँस के पुतले हैं,

दिमाग है, सीने में धड़कता दिल है, हमें ब्लाइण्ड फोर्स की तरह न ट्रीट किया जाए। आखिर पुलिस अफसर भी तो देश का एक नागरिक होता है और नागरिक होने के नाते यह सवाल करने का हक तो मुझे है कि यह तत्परता उस समय क्यों नहीं दिखाई गई जब सरकार की तय मजदूरी माँगने पर इन्हें पीटा जा रहा था, जब नये-नये ऐक्टों की आड़ लेकर ठेकेदारों के खरीदे हुए बन-विभाग वाले इनके परम्परागत जीने का अधिकार, इनके जंगल से इन्हें वंचित कर रहे थे, जब इनकी अर्जियों पर बन अधिकारी कान में तेल डाले पड़े थे।" (दुनिया की सबसे हसीन औरत, पृ. 110)

इस कथन से कहानीकार की प्रतिबद्धता भी स्पष्ट होती है। वस्तुतः यह अनिमेष दा की भावुकता नहीं है बल्कि उनकी सच्चाई और ईमानदारी है अपने समय और समाज के प्रति या कहें सामान्य जन के प्रति। वे प्रश्न खड़ा करते हैं–"सच्चाई ईमानदारी और निर्भीकता की राह पर चलना आप सिखाते हैं, कानून और सदाचार की बातें आप सिखाते हैं हमारी सन्तानों को, क्या हम पूछ भी नहीं सकते कि उन्हीं सदाचार और कानून की आड़ लेकर सच्चाई, ईमानदारी और निर्भीकता की राह पर चलने वाली हमारी सन्तानों का खून हमीं से क्यों कराया जाता है।" (वही, पृ. 111)

वस्तुतः संजीव की यह कहानी प्रत्येक लिहाज से कसी हुई रचना है। परिप्रेक्ष्य के सजग इस्तेमाल से घटना, कार्य, विचार और भावना में अन्तर्निहित सम्भावनाओं को पहचान लिया गया है।

**'सागर सीमान्त'** में पूरे जीवन का विस्तार है। मछेरों की जिन्दगी को समेट कर चलने वाली यह कहानी इस सच्चाई की ओर संकेत करती है कि स्त्री समुद्र की तरह विशाल है पर मर्द उसे नाव की तरह रौंद कर सिर्फ अपना स्वार्थ सिद्ध करता है। इसमें संजीव ने अपने ही बनाए मिथ को तोड़ा है। संजीव के बारे में एक मिथ बन चुका है कि वे जिस दुनिया पर लिखने जाते हैं उसी के होकर रह जाते हैं। वस्तुतः वे अपनी रचनाओं में धैर्यपूर्वक रच-बस जाते हैं। उनसे अपना एक विशेष प्रकार का तादात्म्य बना लेते हैं। 'सागर-सीमान्त' की खास बात तो यह है कि यह कहानी यथार्थ और कला के सारे कोणों को छूती है। इसका एक उल्लेखनीय पक्ष यह भी है कि यह जीवन-संघर्षों की कहानी होने के साथ ही एक उत्कृष्ट प्रेम-कहानी भी है। पूरी कहानी नारी की व्यथा-कथा है। और प्रश्न खड़ा करती है कि क्या जीवन में, परिवार में, समाज में यहाँ तक कि प्रेम में भी क्या हर जगह, हर कहीं स्त्री ही बलि चढ़ाने के लिए बनी है?

इन्हीं की **'प्रेरणास्रोत'** एक ऐसी कहानी है जिसमें जंगली बहू के सहारे

सामाजिक यथार्थ के रेशे-रेशे को अलगाने का काम किया गया है। जंगली-बहू एक सशक्त महिला है। वह संघर्षशील भी है। संघर्षशीलता के परिणाम स्वरूप ही वह ग्राम पंचायत की सदस्य भी चुनी जाती है। कहानीकार की वह आराध्या भी है। पति के दूर चले जाने के बाद भी न वह थकती है न हारती है, वह औरतों को एकत्रित कर आने वाले नेता को महिलाओं की समस्या से रू-ब-रू कराना चाहती है। पूरी कहानी गाँव में ट्यूबबेल के पानी को लेकर केन्द्रित है। सही स्थल के चुनाव के लिए महिलाएँ एकत्र हैं—जंगली बहू के नेतृत्त्व में। ठाकुरों को यह कहाँ बर्दाश्त। वे तो ट्यूबबेल अपनी सुविधा के लिए चाहते हैं। जन-सामान्य के हित से उन्हें क्या लेना-देना। समझाने बुझाने पर न मानने वाली महिलाओं, विशेषकर अपने घर की महिलाओं को मारने पीटने पर वे उतारू हो उठते हैं। परिणाम स्पष्ट है—महिलाओं में भगदड़ मचती है। यह पराजय बोध जंगली-बहू को अपने बेटे के साथ गाँव छोड़ने के लिए विवश कर देता है। कहानीकार की प्रेरणा का अस्तित्व समाप्त होता है।

संजीव ने इस कहानी के माध्यम से गाँव के जीवन-जगत का यथार्थ तो प्रस्तुत किया ही साथ ही कभी न थकने और हारने वाले चरित्र को ही कहानी का नायक या नायिका बनाने का कार्य भी किया। ऐसा नायक या ऐसी नायिका जो कहानीकार से पूछें "हर तरह से कोशिश करके थकहार गया। पर कुछ नहीं हुआ। अनुताप अंतःस्राव सा रिसता रहता आठों पहर। मेरी स्थिति पागल प्रेमी सी हो गई। मैं अकेले में उसे सम्बोधित करके रोता। तुमने मेरे द्वारा गढ़े हुए हर सच को झूठ में बदलने से रोका और मेरी उम्मीदों से भी आगे निकल गई। एक बार फिर मेरी गढ़ी हुई उम्मीद को सच में बदल जाओ। तुम्हें उस रहटे की उड़ती चिरपिपासित रेह की सौगन्ध। अब कभी तुम्हें खोने नहीं दूँगा।" (हंस, अगस्त-92, पृ. 33)।

बिहार में जाति के नाम पर सेना का गठन जमींदारों, पूँजीपतियों का अपनी रक्षा हेतु गठित सैन्य बल है जो किसी प्रकार का विकास नहीं होने देना चाहता है। उल्टे उसके लूट के हाथ अपनी ही जाति के कमजोर तबके को भी नहीं छोड़ते। संजीव ने बिहार को इस ज्वलन्त मुद्दे को **'पूत पूत! पूत-पूत!'** द्वारा पहली बार बहुत ही ईमानदारी एवं यथार्थ रूप में अत्यन्त संवेदनीय ढंग से चित्रित किया है।

घर-द्वार छोड़कर व्यवस्था परिवर्तन की लड़ाई लड़ने वाले ईमानदार कर्मठ कामरेड से उनकी जाँति पूछी जाती है, "पार्टनर। तुम्हारी जाति क्या है?" सम्पन्न जमींदार अपनी ही जाति के डेढ़ बीघा वाले 'दायाद' का खेत हड़पने की फिराक में रहता है। गरीब और सवर्णों के बीच के कुछ स्वार्थी तत्त्व उनकी

भावनाओं को भड़काकर किस प्रकार अपना व्यक्तिगत एवं राजनैतिक स्वार्थ साध रहे हैं इसका भी नग्न रूप उजागर है। सूखते महुए की चोरी के भ्रम में पूत पूत हत्याओं का सिलसिला चल रहा है। उनकी लाश पर फतवेबाजों, तिकड़मबाज राजनीतिज्ञों का विजय जुलूस निकल रहा है। संजीव की यह कहानी जहाँ व्यक्तिगत स्वार्थों को स्पष्ट करती है वहीं भ्रष्ट राजनीतिज्ञों को भी नंगा करती है।

संजीव की कहानी **'आरोहण'** पहाड़ के निवासियों की कथा है। संजीव ने रूपसिंह एवं भूपसिंह दो भाईयों को आधार बनाकर पहाड़ियों के अन्तर्मन की व्यथा को उजागर किया है। रूप सिंह ग्यारह साल बाद शहर से वापस अपने गाँव आता है। वह देखता है कि इन ग्यारह सालों में भी उनका गाँव किसी प्रकार की कोई उपलब्धि हासिल न कर सका है।

रूप सिंह प्रयास करता है कि उसका भाई भूप भी उसके साथ शहर चले। पर भाई कहता है कि मैं यहाँ अकेला नहीं। 'ह्याँ माँ है बाबा हैं, शैला है–सोये पड़े हैं सब यहाँ।" (वही, अगस्त, 96, पृ. 15)।

वस्तुतः संजीव की यह कहानी भोले-भाले उन पहाड़ी लोगों का दर्द बयाँ करती है जो पहाड़ी पर होने वाले धसाव में अपना सब कुछ लुटा बैठते हैं। पर, फिर भी, वे अपनी जन्मभूमि से प्रेम के कारण उसे छोड़ नहीं पाते। जबकि वे अच्छी तरह जानते हैं कि सृष्टि की इस विनाशकारी प्रक्रिया में वे भी, कभी भी, असमय मृत्यु को प्राप्त कर सकते हैं।

**'लिटरेचर'** संजीव की एक लम्बी कहानी है। इसमें कहानी शिल्प के सभी आयामों के साथ-साथ फन्तासी का भी प्रयोग किया गया है। आदिवासी युवक मि. दीपक उसी सेठ के यहाँ पहुँच जाते हैं जो उनके पिता सहदेव तूरी का हत्यारा था। वह उनके बेटी के साथ प्रेम के चक्रव्यूह में फँस गया। पूँजीपति वर्ग विद्वानों को किस तरह खरीदता है और किस तरह उपयोग करता है, इसका उदाहरण है–'लिटरेचर' कहानी। दीपक जैसा व्यक्ति भी इस लोभ में पड़ता है। पर वह बदला भी लेना चाहता है, इसके लिए वह एक खेल खेलना चाहता है, ऐसा खेल जिससे उसके स्वार्थ और लक्ष्य की सिद्धि हो। उसके लक्ष्य तीन हैं–एक तो धन की लालसा, दूसरा ज्योति के प्रति आकर्षण और तीसरा उसका उद्देश्य है–पूँजीपतियों के स्वप्नों पर पानी फेरना। दीपक के शब्दों में ही **"वे** मुझे क्या युटिलाइज करेंगे मैं उनको युटिलाइज करके दिखा दूँगा। जमाने बदल गए हैं। लड़ाई के तरीके भी बदलने होंगे।" (हंस, सितम्बर 99, पृ. 80)। परन्तु खेल तो खेल है, और उसमें पराजय भी होती है, वह हारता है। बौद्धिक-वर्ग हारता है। यही तो उसकी नियति है। और वह क्रीतदास भी तो है। सृष्टि के

इस यथार्थ को कथाकार कथानायक के ही शब्दों में व्यक्त करता है। "मैं ऊँट की तरह पगुराने लगा। वे एक थे या दस। या दस के एक थे या एक के दस। इस बिन्दु पर उनमें कोई दुविधा नहीं थी। वे नेशनल थे या मल्टीनेशनल इसका फर्क यहाँ खत्म हो चुका था। मेरा मुण्ड कट-कटकर दशाननों से जुड़ेगा या अकेले-अकेले ज्योति के रुद्राक्ष के लौकेट में झूलेगा। इस बात से भी कोई फ़र्क नहीं पड़ता। ये दो भेड़ियों की लड़ाई या सन्धि थी, अपने-अपने स्वार्थ, मुनाफे के शेयर का।...अब भी नहीं समझ पाए कि वह भी उस विराट विश्व-दर्शन कराते विष्णु का मोहिनी रूप है जो हँस-हँसकर देवताओं को अमृत पिला-पिलाकर अमर बनाती रही और तुम्हें-तुम्हें सिर्फ मुस्कान।" (हंस, सितम्बर 99, पृ. 90)। वस्तुतः यहाँ संजीव सृष्टि का दर्शन भी उद्घाटित करते हैं। सृष्टि समता-असमता, शोषक-शोषित रूपी पाए पर ही खड़ी है। यह पाया सृष्टि के साथ ही रोपा गया। यही सृष्टि का शाश्वत सत्य है।

समकालीन मध्यवर्गीय युवा-मन में आज जो द्वन्द्व है, अपने वर्तमान से जो संघर्ष है, भविष्य के प्रति जो अभिलाषाएँ हैं वे सब इस कहानी के नायक दीपक के माध्यम से अनावृत होती हैं। ज्योति की सहमति और निर्देश पर दवा कम्पनी की चर्चा को गोपनीय बनाने के लिए शपथ तो लेता है, किन्तु उसका अन्तर्मन उसे कचोटता है। याद आता है पिता की पीठ में खुभा खंजर और लाल धब्बे। वह ज्योति के इस जाल से निकलने की अन्तिम कोशिश करता है—यह कहकर कि—"यह झूठ है कि वह जड़ी-बूटियों का सबसे बड़ा जानकार है।" उसकी इस आत्मस्वीकारोक्ति का भी उपयोग कर लेते हैं—पूँजीपति—"झूठ नहीं, मिथ्या।" उन्होंने बात बीच में ही काट ली। हम जानते हैं कि वह सच नहीं जैसे यह सच नहीं कि आप सबसे बड़े साहित्यकार हैं। बट बी विल प्रेजेंट इट लाइक दैट। सारा कुछ मिथ है। आपकी अपनी शोहरत एक मिथ है।... ट्राइवल्स एक मिथ है। रिसर्च एण्ड डेवलपमेंट एक मिथ है।"

इस कहानी में दीपक एक वर्ग-चरित्र के रूप में प्रस्तुत है, जो जानबूझकर पूँजीपतियों के हाथों का खिलौना बनता है। वस्तुतः अन्तर्मन निषेध तो करता है, पर बाह्य परिस्थितियाँ, उसका परिवेश, आज का समय उसे उसी ओर प्रेरित करता है।

इस कहानी में मीडिया के रोल पर भी प्रहार है। जो लोक-मन को अप-संस्कृति की ओर आकर्षित कर रहा है। जो गलत को सही, सही को गलत सिद्ध कर रहा है।

शिल्प और भाषा के धरातल पर भी यह एक सशक्त कहानी है। कहानी में काव्यात्मक लय या गति विद्यमान है। एक उदाहरण देखिए—दीपक दवा

निर्मिति में अपनी भूमिका जानना चाहता है–

"मेरी भूमिका क्या होगी इस दवा में?"

"आपकी ही तो भूमिका है अब।" शफीक साहब बोले। फिर बारी-बारी से सभी बोलने लगे।

"आपको यह दिखाना है कि यह रोग कैंसर से भी खतरनाक है।"

"एड्स से भी भयानक।"

"हैपेटाइटिस-बी से भी बड़ा जानलेवा।"

"जितना स्ट्रेन सह सकता है आदमी! उससे ज्यादा स्ट्रेन पैदा करो आप। कर दो।"

"पागल बना दो।"

"उसमें इतनी घबराहट भर दो जैसे उसकी बलि दी जा रही हो।"

"कि उसकी जान गई। गई उसकी जान।"

"हाँका बोलकर खदेड़ लाओ पूरे जंगल से उसकी कातर चेतना को हमारी इस दवा की शरण में जहाँ एक अभयदान होगा कि अगर इस दवा का नियमित सेवन किया जाए तो वह बच जाएगा।" (हंस, सितम्बर 99, पृ. 98)।

यह कहानी एक तरफ पूँजीवादी और सामन्तवादी व्यवस्था पर प्रहार करती है दूसरी तरफ मानवीय प्रकृति का रेशा-रेशा उकेरती है। मानवीय भावना के प्रति हर मनुष्य में उपस्थित ललक को भी दर्शाती है–यह कहानी। पूँजीवाद किस प्रकार अपने माल की खपत हेतु समुचित कारण को मानवीय समाज में पैदा करता है, यही इस कहानी का यथार्थ है। औषधि पहले तैयार होती है और उसकी खपत हेतु रोग को तैयार करने का उत्तरदायित्व सौंपा जाता है–ऐसे व्यक्ति पर जिस पर समाज का विश्वास है, जो आज तक मानवता के हित में संलग्न रहा है। और यह उत्तरदायित्व भी उसे सौंपती है, उसकी प्रेमिका-ज्योति। पर कथानायक इस षड़यंत्र को भाँप लेता है।

"हाँ जी उस दवा का रोग आपको तैयार करना है, उसके लक्षण, उसके एफेक्ट्स। पहले आप लिटरेचर तो तैयार करो। फिर एक धाँसू-सा नाम भी आप दे दोगे। लिटरेचर की टाइटिल तो आप ही दो। मानव-मन के ऐसे चितेरे के लिए यह बाँए हाथ का खेल है। इजन्ट?"

"झन्न से बजा मेरे सिर पर।"

"बीच-बीच में खयाल गायकी के अलाप की तरह पागल करती सेठ तिरलोक चन्द की आवाज। गागर गुड़ी के तमाम गह्वर औंधे हो गए हैं। पीठ पर खुभे खंजर और खुनाये दाग लिए पिता सहदेव तूरी मंत्र पढ़ रहे हैं।..."

"मुझे मिरगी आ गई। अब तक मैं जिस मैले के गोलक को ब्रह्माण्ड

समझकर सरकस के नट के अन्दाज में धकेलता आ रहा था, सहसा ही वह उलट गया। मैले का ब्रह्माण्ड मेरे ऊपर था और मैं उसके नीचे पीठ के बल हाथ-पाँव से छटपटाता हुआ।" (हंस, सितम्बर 99, पृ. 90)।

यहीं कहानी का अन्त हुआ। और यहाँ तक पहुँचकर कहानी उस त्रासदी में बदल जाती है जो मानव-जीवन-जगत का निर्मम पर शाश्वत सत्य है। इस कहानी में परम्परा और आधुनिकता का द्वन्द्व है। मनुष्य के मनोविकारों पर भी प्रकाश डाला गया है। और मानवीयता के ह्रास की गाथा भी है यह कहानी। इस कहानी में विदेशी-शिक्षा पद्धति पर भी प्रहार है। संजीव एक ऐसे कथाकार है जिनकी कहानियों में गाँव भी है और शहर भी। उच्च-वर्ग भी है और है मध्यवर्ग तथा निम्नवर्ग भी। इनकी हर कहानी-कथा की विविधता तथा वैभिन्न्य से रची जाती है। उनमें एक ताजगी होती है जो पाठक को समय के सत्य से साक्षात कराती है। हाँ उनकी कहानियों में पुनरावृत्ति तो नहीं होती है पर समय का सत्य अपनी गहरी संवेदना के साथ उपस्थित रहता है। भाषा में तो उन्हें महारथ हासिल ही है। उनकी भाषा का नयापन पाठक को अपनी ओर आकर्षित करता है। वस्तुतः घटना या कथा को कहानी का स्वरूप देने के पहले वे उसे भोगते हैं, उसे जीते हैं तब उसे शब्दबद्ध करते हैं। प्रतीक, बिम्ब और मिथक इनके शिल्प के औजार हैं।

## शिवमूर्ति

कहानी में लोक जीवन न हो तो कहानी, कहानी नहीं बन पाती। लोकजीवन कहानी को जहाँ रोचक कथा प्रदान करता है, वहीं शिल्प के नये-नये विविध आयाम भी खोलता है। लोककथा, लोकोक्तियों तथा मुहावरों के सहारे शिवमूर्ति अपनी कहानी को धार प्रदान करते हैं और लोक भाषा उस धार को और तीक्ष्ण करती है।

निम्नवर्गीय ग्रामीण मानसिकता में कष्ट भोग रहे बूढ़े लोगों में कैसी भावनाएँ होती हैं-अपनी सन्तानों के प्रति-इसका ज्वलन्त उदाहरण है-'तिरिया-चरित्तर' **(शिवमूर्ति)** कहानी और उसकी माँ का कथन, "विमली! ए विमली!...एक दम्मै मर गयी का रे..." "यह हरजाई तो खटिया पर गिरते ही मर जाती है।" बुढ़िया खटिया के पास जाकर विमली को झिंझोड़ने लगी, "मरघट ले चलौं का रे?" (केशर कस्तूरी, पृ. 73)।

यह प्रारम्भिक कथन कहानी के प्रतिपाद्य को स्पष्ट कर जाता है। न तो विमली मरी है और न ही वह हरजाई है। अभी तो उसकी अवस्था ही बमुश्किल नौ वर्ष की है। किन्तु समय के थपेड़ों ने विमली को प्रौढ़ बना दिया है। सच यह है कि उसके माता-पिता अपने पुत्र-सन्तान के बिछुड़ने से जो कष्ट भोग रहे हैं, जो संत्रास

झेल रहें हैं यह उसी की आवाज़ है जिसमें पीड़ा भी है और वेदना भी। कहीं-कहीं जीवन के प्रति निराशा भी है। रोगग्रस्त, जर्जर, बूढ़े और बूढ़ी को पुत्री विमली के सिवा कोई दूसरा सहारा भी नहीं। वे दोनों विमली के लिए जी रहे हैं। दोनों बूढ़े-बूढ़ी तीसरी रात भी खाली पेट लेटे थे। न भोजन की आस थी और न ही विमली के पिता के टूटे हाथों पर प्लास्टर बँधने की संभावना। ऐसी स्थिति में नौ वर्षीय विमली माता-पिता के प्रति कौन-सा भाव रखती है? यह उसके क्रिया-कलापों द्वारा स्पष्ट हो जाता है—"फ्राक में दोपहर की बनी दो मोटी रोटियाँ छिपाए। एक विमली का हिस्सा और एक सरपंच जी की दोनों भैसों का। भैसों के हौदे में न डालकर वह रोटियाँ लेकर माँ के पास दौड़ी आई थी और किसी को सन्देह न हो इसलिए उसे दौड़ते हुए वापस भाग जाना था।" (वही, पृ. 80)।

बालिका विमली ने अपने माँ को सरपंचाइन के सामने गिड़गिड़ाते हुए देखा था। बात केवल दस रुपये की थी किन्तु सरपंच की औरत ने स्पष्ट कह दिया कि बिना कोई सामान गिरवी रखे प्लास्टर और भोजन के लिए दस रुपये दे पाना सम्भव नहीं। यही नहीं, गाँव के लोगों की बातें तो और भी निराली थीं। ऐसी बद्त्तर स्थिति में, आर्थिक असमानता की भावना के बीच में नौ वर्षीय विमली के मन में विद्रोह का अंकुर फूटा—आर्थिक दृष्टि से सम्पन्नता का।

गाँव में आर्थिक संत्रास भोगने के लिए विवश लोगों की चेतना, बुद्धि, सब कुछ तो, कुण्ठित हो जाता है। उनके लिए शिक्षा उतनी महत्त्वपूर्ण नहीं, जितना महत्त्वपूर्ण है, दो जून की रोटी का जुगाड़ और रोग-विपद में, दवा-दारू के लिए पैसे की उपलब्धता। इसके लिए केवल माध्यम था—श्रम। पर बिमली तो लड़की ठहरी। वह कैसे इसे स्वीकार करे? उसके माता-पिता कैसे स्वीकृति दें। गाँव तो गाँव ही होता है अनावश्यक रुढ़ियों-परम्पराओं की बेड़ियों में जकड़ा हुआ, व्यवस्थाओं की मार झेलता हुआ, झूठ-मूठ फैलने वाले प्रवादों में अपनी इज्जत-आबरू बचाता हुआ, हर मनुष्य जीने के लिए विवश है। अतः आवश्यकता थी एक बारगी इन सब पर लात मार देने की। यह कोई 'बोल्ड' मानसिकता की नायिका ही कर सकती थी। बिमली ऐसी ही नायिका है और शिवमूर्ति एक ऐसे रचनाकार हैं, जो अपनी नायिका को धूल-गोबर से उठाकर आकाश में उड़ाते हैं। फिर धन का लालच उसकी माँ को तथा सुविधाएँ उसके पिता को उसका समर्थक बना देती हैं।

यह विमली ही थी, बालिका बिमली नहीं अपितु प्रौढ़ मानसिकता की बिमली जो निर्णय करती है—"रात भर लगा था निर्णय लेने में बिमली को। और सबेरे वह अपनी झोपड़ी में लौट आई थी", "नहीं करना उसे ऐसी जगह गोबर-झाड़ू, जहाँ माँगने पर भीख भी नहीं मिल सकती।"(वही, पृ. 80)। उसे राह दिखाती हैं—राँची

की औरतें जो ईट-भट्ठे पर मर्दों के साथ काम करती हैं। और वह गाँव के ईंट-भट्ठे पर काम करने का निश्चय करती है। इस माध्यम से वह अपना पेट तो पालेगी ही, माँ-बाप को भी पालेगी। लड़का बनकर रहेगी।

उसका यह निर्णय उसके दृढ़ इच्छाशक्ति और पुरुषों से बराबरी लेने की होड़ का परिचायक तो है ही, साथ ही स्वाभिमानी और आर्थिक दृष्टि से सुदृढ़ बनने का भी परिचायक है। अर्थ के महत्त्व की स्वीकृति बिमली को आधुनिक चेतना की नायिका बना देता है। ऐसी आधुनिक नायिका जो 'स्त्री' के अस्तित्त्व रक्षा-हेतु समाज से मुठभेड़ के लिए तैयार है। आर्थिक स्वाधीनता की यह भावना आधुनिक नारी के जीवन-जगत में प्रवेश की कहानी है। बिमली यह जानती है कि यदि स्वाभिमान की रक्षा करनी है, अपने अस्तित्त्व का बचाव करना है तो उसे आर्थिक दृष्टि से स्वावलम्बी होना पड़ेगा। संभवतः रचनाकार शिवमूर्ति भी शिक्षा की अपेक्षा आर्थिक स्वावलम्बन को निम्न वर्ग की उन्नति का मार्ग मानते हैं, यह मानना उचित भी है। तभी तो वे बिमली जैसी नायिका की निर्मिति करते हैं।

और तब शुरू होता है–गाँव। बिमली के चरित्र पर प्रहार के साथ पूरे गाँव की मानसिकता भी चित्रित हो जाती है। विद्वेष की भावना से ग्रस्त ग्रामीण किसी को स्वावलम्बी नहीं देख सकते। वे तो जान-बूझ कर अड़ंगे डालते हैं। नारी-स्वावलम्बन के प्रयासों में सबको चारित्रिक दोष ही दिखाई देता है। शोषण के शिकंजे से शिकार को निकलते देख उच्चवर्गीय, मध्यवर्गीय या यहाँ तक कि निम्नवर्गीय तथा अपने कहलाने वाले लोगों के मन में विरोधी प्रतिक्रिया प्रगट होने लगती है। सरपंच की घरवाली का स्वर कुछ ऐसा ही है–"हुँह! सठिया गई है क्या बुढ़िया? अच्छे-भले, खाते-पीते घर में पड़ गई थी लड़की। जूठा-कूठा खाकर, घूरे पर सोकर भी चार साल में बाछी से गाय हो जाती। अब भट्ठे पर 'टरेनिंग' देगी बिटिया को। सयानी हो रही है ना। इस घर का गल्ला खा-खाकर उमर से पहले ही मस्ती चढ़ रही है। ले 'टरेनिंग'। बहुत लोग 'टरेनिंग' देने के लिए 'लोक' लेने को बैठे हैं, वहाँ।" (वही, पृ. 80-81)। बात यहीं नहीं रुकती। गाँव के लोग परिवार में फूट डालकर एक-दूसरे का विरोधी बना देने के तरीके भी जानते हैं। गाँव वालों की बोली सुन-सुनकर बिमली के पिता को प्रतीत होने लगा है कि–"नाक कटवाने पर तुल गई हैं दोनों माँ-बेटी, नहीं कराना है उसे हाथ का पलस्तर...भूखों ही मरेगा...हाथ ठीक होता तो वह दोनों का गला दबा देता। (वही, पृ. 81)।

'नाक' एक ऐसा सहारा है जिसके माध्यम से शोषितों को और शोषित बनने पर आसानी से विवश किया जा सकता है पर यही 'नाक' गाँव में आर्थिक दृष्टि से संपन्न परिवारों के लिए कोई मायने नहीं रखती। वे जितना गलत काम करेंगे, उतनी ही उनकी 'नाक' ऊँची होती जाएगी। चाहे बलात्कार करें, चाहे उनकी

बहुएँ-बेटियाँ निकल जाएँ पर उनकी 'नाक' ऊँची ही रहेगी। वह न तो कटेगी, न छोटी होगी और न नीची होगी।

बाप की अपेक्षा बिमली की माँ अधिक समझदार है। वह भुक्तभोगी भी है। गाँव के इन्हीं लोगों ने तो उसके बेटे-बहू को माँ-बाप-बहन से दूर कर दिया। अतः वह सन्नद्ध है और गाँव के ऐसे कुचालियों के विरुद्ध मोर्चा खोलती है। गाँव के लोगों की कारस्तानी से वह परिचित है। तभी तो वह कहती है-"गाँव के लोग केहू के चूल्हा की आग बरदाश्त नहीं कर सकते...इन्हीं लोगन के चलते हमार सोना जैसन बेटवा हाथ से निकल गया। तू-लूल भवै हो, अन्हरौ होय गए हो का? कुछ सोचो समझो। (वही, पृ. 81)। यह कथन ग्रामीण मानसिकता का यथार्थ उकेरता है।

विमली की माँ शोषण की इस प्रक्रिया को समझती है। संजीव की कहानी 'बैल-बधिया' के मुरली बहू की तरह वह भी सामाजिक व्यवस्था की कुरूपता को पहचानती है और उससे मुक्ति का उपाय खोजने के लिए विवश है। उसमें मुरली बहू की तरह आकांक्षा है-शोषण से मुक्ति की। गाँव की घिनौनी राजनीति के प्रति उसके मन में घृणा है। तभी तो वह कहती है-"मेरी बिटिया जनम-भर दूसरे की कुटौनी-पिसौनी-गोबर-सानी करे, फटा-उतरा पहिरे। तब उनकी छाती ठण्डी रहेगी...एक टूका रोटी के लिए दूसरे का लरिका सौंचाए। भट्ठे पर कौन बिगवा भेड़िया बैठा है।" (वही, पृ. 81)। पर गाँव यहीं नहीं रुकता। बिमली के ससुर को भी सूचना भेज देता है। वह भी दौड़ा आता है, किन्तु जीत होती है- बिमली की। उसी के राह पर धीरे-धीरे पूरे गाँव की लड़कियाँ चल निकलती हैं।

कहानीकार कहानी बुनने-रचने की प्रक्रिया में गाँव के मन को टटोल रहा है, और देख रहा है-भट्टे की रंगत को भी। मेटनी, लड़कियों की सरदारनी, बिमली के ही इर्द-गिर्द घूम रहा है-रचनाकार। और इसी घूमने की क्रिया में बिमली के प्रति अथाह जन-संवेदना भी बटोरता है। प्रत्युत्पन्नमति बिमली जहाँ भट्ठे की हेडलाइट है; जहाँ उसके रहने से झोकवा कोइसा मिस्त्री के हृदय में उत्साह उत्पन्न हो जाता है, जहाँ डराइवर ट्रक-का-ट्रक कोयला औने-पौने दामों में खान-साहब को देकर चला जाता है, वहीं रचनाकार ने उसकी चारित्रिक अडिगता को भी उभारा है। "हल्दी-तेल की कटोरी पकड़ाते हुए पता नहीं क्या था डरेबर बाबू की आँखों में कि वह बोल पड़ी थी-"लाइये मैं कर दूँ मालिस।"..."डरेबर बाबू बच्चों की तरह चुपचाप मालिस कराने लगे थे।...अरे एतना सी-सी काहे करते हैं? बहुत 'दरद' होता है?" वह फिक से हँसी तो डरेबर बाबू का सारा 'दरद' दूर हो गया था। पुराने रुमाल की पट्टी बाँधते-बाँधते कहीं कुछ अपने मन के कोने में भी बाँध लिया था बिमली ने उस दिन।"(वही, पृ. 86)। मन के कोने में बाँधना और कुछ नहीं अपितु बिमली की चारित्रिक दृढ़ता तथा आत्मवि .वास था जो नौजवान होकर

भी अन्य पुरुषों की तरफ कदम नहीं बढ़ाती।

बिल्लर, कोइसा और डरेबर के एकतरफा प्रेम की वह अनदेखी करती है। वह जूझती हैं इन प्रेमियों से, उनके प्रलोभनों से। क्योंकि वह भारतीय नारी है। उसके सामने भारतीय नारी का आदर्श है–'पति' डरेबर के बार-बार चीज वस्तु लाने पर बिमली का उत्तर उसके वैशिष्ट्य का परिचायक है–"चीज बतुस के लेने–देने के भार से कमरी भीज जाएगी। बहुत गरू गाढ़ पकड़ लेगी।" और देखें, "उसको एकदम बुद्धू समझते हैं क्या? मतलब की बात समझाते हैं?"

पुरुष की इस मानसिकता पर बिमली की टिप्पणी उसे नारी–चेतना की अगुवा बना देती है, "कितने भरम में पड़ जाती है आदमी की जात। दो बात हँस के बोलने से। कलकत्ते वाले उसके आदमी को क्या पता कि कितने 'जतन' से सँभाल कर रखी है बिमली ने उसकी अमानत। पके आम के पेड़ की रखवाली जैसा कठिन काम। कितनी निगाहें हैं, पके आम के पेड़ पर।"(वही, पृ. 97)।

अनदेखे अनचीन्हे पति के प्रति बिमली की भावनाएँ बार-बार उबाल खाती हैं, उन्हें दबाए हुए वह समय की प्रतीक्षा में है, पर कहीं उसके मन में पर–पुरुष के लिए आकर्षण नहीं है। यह स्थिति बिमली को नारी–विमर्श की नेत्री बना देती है। हो सकता है, कतिपय समीक्षक इसे स्वीकार न करें, पर प्रो. राजमणि शर्मा की यह मान्यता है कि **"चारित्रिक-दौर्बल्ययुक्त किसी नारी को नारी का आदर्श नहीं बना सकता और आदर्श के बिना नेतृत्व कैसा?"** स्त्री–विमर्श की ओर उन्मुख शिवमूर्ति यह रचनात्मक दायित्व समझते हैं कि सबसे पहले नायिका को सबल बनाया जाए। कहानी का तीन–चौथाई अंश बिमली की इसी सबलता का परिणाम है तभी तो वह बिल्लर की बहन का आया न्यौता माँ–पिता की सहमति के बावजूद भी बड़े सहज भाव से अस्वीकार कर जाती है। इस अवसर पर माँ से उसका संवाद बिमली को और ऊपर उठा देता है। वह पूँजीवादी मानसिकता पर भी प्रहार करती है–"बिमली उठकर बैठ जाती है खटिया पर–"कल को कोई दस बीघे वाला लड़का आ जाएगा तो तू कहेगी कि मैं उसी के साथ बैठ जाऊँ।" बिल्लरवा की बहन द्वारा नया हुक्का और तम्बाकू से भरी हाँडी की सौगात माता–पिता की मति बदल देती है, किन्तु बिमली के मन में घृणा और बदन में आग लग जाती है। वह माँ को पकड़कर झिंझोड़ने लगती है, "दस रूपये के हुक्के–तम्बाकू पर तूने अपनी बिटिया को राँड समझ लिया रे? बोल! कैसे सोच लिया ऐसा? जिसकी औरत उसे पता भी नहीं और तू उसे दूसरे को सौंप देगी? गाय–बकरी समझ लिया है।" (वही, पृ. 98-99)।

'तिरिया चरित्तर' कहानी का दूसरा मोड़ या बिमली के जीवन का दूसरा हादसा तब प्रारम्भ होता है जब गौने के बहाने उसका श्वसुर बिसराम उसे ले जाकर

स्त्री और पति-विहीन घर में पटकता है। उसका पति, जिसके लिए उसने अपना सबकुछ वर्षों से सँजो-सँवार रखा था, वह भी कलकत्ता में है। उसे न उसका पता है, न उसके स्वरूप का ध्यान। यही स्थिति पतिरूपी जीव के भी सन्दर्भ में है। उसे भी जानकारी नहीं कि उसका गौना आ चुका है। फलस्वरूप अपने साथ संभोगरत होने के लिए श्वसुर द्वारा वह विवश की जाती है। वस्तुतः निम्नवर्गीय भारतीय जीवन की यह एक यथार्थ गाथा है। बाल-विवाह के संताप से गौना आने तक जहाँ वर छोटा ही रह जाता था, वहीं बालिकाएँ अपने यौवन में प्रवेश कर जाती थीं। सदियों से चली आ रही यह कथा स्त्री के दैहिक शोषण की दास्ता बयाँ कर जाती है। प्रायः हर श्वसुर का सम्बन्ध अपनी बहुओं से हो जाता था। इसका कारण था-आर्थिक दृष्टि से बेटे की पिता पर निर्भरता। और पिता अपने काम-सुख के समक्ष बेटे के विरोध को पूरी तरह अस्वीकार कर देता था। आर्थिक-दृष्टि से विवश बेटा/बहू; पिता/श्वसुर के कृत्य को सहते थे।

किन्तु बिमली उस माटी की नहीं बनी थी, वह तो आधुनिक जीवन की एक ऐसी नारी है जिसने आर्थिक दृष्टि से सशक्तता के आधार खोज निकाले हैं। पहले तो वह अनुनय-विनय द्वारा अपना दैहिक शोषण रोकती है, फिर तीसरे दिन दोनों पैर सिकोड़कर ऐसा सधा वार करती है-छाती पर कि बिसराम उताने दूर जा गिरा खटिया से। रीढ़ की हड्डी दबाकर बैल-साँड को बैठा देने वाला बिसराम इस उदन्त बछिया से हारता है। वह चरित्र-हनन की कल्पित-कथाओं के आधार पर बिमली की चारित्रिक दृढ़ता को भी तोड़ना चाहता है।

ऐसे विषधर के डंकों से निरन्तर घायल होने के लिए रचनाकार बिमली को अकेले छोड़ता है। इस प्रथा पर आपत्ति करने वाली बहुओं पर चारित्रिक दुराचार का आरोप लगाकर उन्हें छोड़ देने तथा बेटे के लिए दूसरी बहू ला देने की परम्परा से बिमली परिचित है। श्वसुर बिसराम का कथन भी इस पर मुहर लगाता है। "बेटवा के लिए पतोहुओं की कमी है उसे? अभी तीन मंडा खेत बाकी है। रेहन रख दे तो तीन हजार मिलेंगे। तीन पतोहुएँ। लेकिन...।"(वही, पृ. 105)।

गाँव, गाँव होता है और नई बहू स्त्री-विहीन घर में श्वसुर के साथ कैसे रह रही है, इसे जानने के लिए गाँव की महिलाओं में बेचैनी बढ़ती है। घर-घर की कथा का वर्णन करके गाँव की महिलाएँ अपना मनोरंजन करती हैं पर बिसराम के घर आई नई बहू की कथा का सूत्र किसी को मिल नहीं पाता। "बोलती थीं उसकी आँखें! लाल सूजी आँखें। टुकुर-टुकुर ताकती हुई। उतरा मुँह, थका चेहरा। कसाई की गाय!" तब मनतोरिया की माई ने किसी-न-किसी बहाने बिसराम की अनुपस्थिति में बिमली के पास पहुँच कर भेद खोलने का निश्चय किया। बीड़ी के टुकड़े दारू की गन्ध तथा टूटी बोतल मनतोरिया की माई को सारे हादसे की

गवाही दे जाते हैं। फिर तो वह इस अन्याय को चतुर्दिक प्रचारित करती है। शाम होते-होते औरतों के बीच से बात मर्दों तक पहुँच जाती है। बिसराम ने जो घमासान मचाया था, औरतों और मर्दों के लिए वह कोई नई खबर न थी, न अनहोनी। आर्थिक दृष्टि से सम्पन्न, बिना डिग्री के जानवरों के डॉक्टर, झाड़-फूँक में माहिर बिसराम का विरोध करने का साहस किसी मर्द में था ही नहीं। हाँ! मर्द लोग इस कथा के बहाने बिसराम पर दबाव डालकर अपने गाँजे या दारू का 'चानस' बढ़ा लेते हैं।

कहानी तो यहीं खत्म हो चुकी थी पर यहाँ से रचनाकार उसे आगे बढ़ाता है। इसके पीछे उसका क्या उद्देश्य है? समझ से परे है। संभवतः वे इसे सिनेमायी अन्दाज देना चाहते थे। स्पष्टतः शिल्प की दृष्टि से सतत प्रवहमान कहानी एकाएक शिथिल पड़ जाती है। सच यह है कि इस धरातल पर वह अपनी रक्षा कर सकती थी, अपने ससुर की पोल भी खोल सकती थी। पुरुष समाज को कटघरे में खड़ा कर सकती थी। पर यह सब नहीं होता। कथा को आगे बढ़ाने का रचनाकार प्रयास कहानी की वस्तु को भी कमजोर बनाता है और उसके शिल्प को भी धराशायी करता है। बिमली का चरित्र भी टूटता है।

वह मनतोरिया की माई से अपने आदमी का 'पता' मालूम करवाकर चिट्ठी लिखवाती है, पिता को खबर भेजती है। बिमली की आशाएँ और स्वप्न ध्वस्त हो उठते हैं—समय पर कोई नहीं पहुँचता। पिता भी तब पहुँचता है जब वह लुट चुकी होती है। और वह पिता जिसके लिए वह बेटा बन चुकी थी, गाँव के मेड़ पर पहुँचकर बिना असलियत जाने वापस चला आता है—बेटी के पतन की प्रवंचना पर विश्वास कर। जन्म देने वाला, पूरे पन्द्रह वर्षों तक साथ रहने वाला पिता भी सामाजिक प्रवादों में पड़कर बेटी को गलत मान लेता है। यही है हमारे पुरुष-प्रधान समाज की विडम्बना।

रचनाकार श्वसुर के छल-प्रपंच को धार्मिक-आस्था पर प्रहार का माध्यम बनाता है। थका-हारा, पराजित टूटा बिसराम अन्ततः शिवाले के पुजारी की सहायता लेता है। बहू से क्षमा-प्रार्थना करता है। बहू का सरल मन श्वसुर के प्रति साफ हो जाता है। वह सत्यनारायण की कथा का ढोंग रचता है। धार्मिक आस्था की बहू भी संकल्प करती है कि वह भी सत्यनारायण भगवान का चरणामृत लेकर ही अन्न ग्रहण करेगी। पर यह आस्था और व्रत का संकल्प ही उसका सब कुछ छीन लेता है। चरणामृत पान के साथ ही वह बेसुध हो उठती है। और क्षणिक चेतना तब आती है जब बिसराम उसके साथ बलात्कार-रत है। पर यह चेतना भी उसका साथ नहीं देती। और उसका सबकुछ लुट जाता है।

किन्तु बिमली यहाँ टूटती नहीं। विद्रोह की अग्नि में झुलसती बिमली बिसराम को ही भून डालना चाहती है। किन्तु बिसराम तो रात को ही शिवाले के

लिए खिसक लेता है। असफल वह घर छोड़ पति की खोज में निकल पड़ती है। पर जा कहाँ पाती है? पुरुष-समाज की माया में बिसराम का कोई सानी नहीं, बिमली पकड़ी जाती है। बिमली का कोई पक्षधर नहीं है। न कोई पुरुष न कोई औरत। साहस कर मनतोरिया की माई पंचायत में सामने आती है। वह यथार्थ के अंश का भी ब्यौरा देती है। पर उसे सुनने की परवाह किसमें है। उसका विरोध करने के लिए अन्य औरतें ही खड़ी हो जाती हैं। बाल विधवा विरजा भी अपने चरित्र हनन के डर से असलियत से मुँह मोड़ती हैं। पंचायत में पतोहू एक-एक सवाल का जवाब देती है। किन्तु पुरुष-प्रधान पंचायत नारी के पीड़ा की साक्षी कब बनी? दगनी के निर्णय पर पंचायत को कटघरे में खड़ा करती है मनतोरिया की माई। और तब आता है—पंच का फैसला। बिमली भी पंचायत के निर्णय के विरोध में खड़ी हो उठती है—" मुझे पंच का फैसला मंजूर नहीं। पंच अंधा है। पंच बहरा है। पंच में भगवान का 'सत्' नहीं है। मैं ऐसे फैसले पर थूकती हूँ—आ-क्थू...। देखूँ कौन माई का लाल दगनी दागता है।" (वही, पृ. 77)।

पर वह दागी जाती है, बिसराम के द्वारा ही। नहीं चाहकर भी इस क्रिया को उसे सम्पन्न करना पड़ता है। और बिमली की चीख, नारी की चीख बनकर आकाश-पाताल में निरंतर गूँज रही है। माथे पर लगे कलंक का टीका ढोने के लिए सदियों से विवश है—नारी। उसके पीड़ा, संत्रास की कथा में कोई बदलाव आज भी नजर नहीं आता। हाँ! पुरुष-समाज 'तिरिया चरित्रम् पुरुषस्य भाग्यम्...' भर्तृहरि के कथन को अपने पक्ष में प्रयुक्त करने के लिए आज भी समर्थ है।

इस कहानी में शिल्प की नवता तो है पर आगे चलकर कहानी शिथिल होती नजर आती है। युग की माँग थी—सशक्त नारी चरित्र के निर्मिति की, नारी-शक्ति के एकजुटता की, और पुरुष-समाज से संघर्ष की। पर यहाँ तीनों धरातल पर कहानीकार असफल होता है।

भाषा के धरातल पर शिवमूर्ति ने अत्यन्त सहज और सरस प्रयोग किया है। गाँव-देहात की शब्दावली या उच्चारण का प्रयोग इस कहानी को संप्रेषण की दृष्टि से और सशक्त बनाता है। कनमनाना (ध्यान जाना), मुराही (नटखट), निमरी (दुबली-पतली), पतरकी (पतली), बेसी (ज्यादा), लूल (लूला), पाथना (तैयार करना), टरेनिंग (ट्रेनिंग), चोन्हा (चौंधियाना), बोहाल (प्रसन्न), भतार (पति), बर्दाश (बर्दाश्त), दरद (दर्द), मारू (आघात करने वाला), भिटहुर (पर्याप्त मोटा), पनही (चमड़े के जूते की एक किस्म जिसमें तेल डाला जाता था), कटही (काटने वाली), अगोरता (प्रतीक्षा करना), पतोहू (बहू), तपता (गाँवों में ठण्ड के मौसम में जलने वाली आग), बिगवा (सियार की एक किस्म), टेम (समय), गदराना (विकास), गाढ़ (कठिन), सुराग (रहस्य), जाँगर (शक्ति-सामर्थ्य), मनतोरिया की माई, डीजल की महतारी

आदि जैसे शब्द जहाँ कहानी को जीवन्त बनाते हैं, वहीं उसे लोक-जीवन से जोड़ते हैं। साथ ही ये शब्द अर्थ की विभिन्न विच्छित्तियों को प्रकाशित करते हैं।

शिवमूर्ति ने इस कहानी में प्रतीकों का भी सहारा लिया है। रतौंधी, नाक, सठियाना, हेड लाइट, छिकनहवा, कातिक की कुतिया, विभीषण, पके कैथ की महक, गाढ पकड़ लेना आदि जैसे प्रतीक इस कहानी के कथ्य को और सारगर्भित बना देते हैं। कहानीकार ने लोकोक्तियों का भी सहारा लिया है–मेड़ ही खेत खा गई, कसाई की गाय, अँखिया फूट गई है, चूना लगाना इत्यादि। कहानी को सरस तथा कवित्वमय स्वरूप देने के उद्देश्य से कहानीकार ने अनेक अपवादों का भी जिक्र किया है जो गाँव-देहात में एक-दूसरे के प्रति ईर्ष्यावश लोग कल्पना के सहारे गढ़ लेते हैं। साथ ही रचनाकार ने लोक-गीतों का भी सहारा लिया है। एक ऐसा ही गीत यहाँ पर प्रस्तुत है जिसमें बिमली की तरफ आकर्षित बिल्लर अपने गीत द्वारा गाँव-घर का यथार्थ तो वर्णित करता है; साथ ही बिमली को अपने प्रेम का संदेश भी देता है–

"...अरे, टुटही मँड़इया के हम हैं राजा,
करीला गुजारा थोरे मा
तोर मन लागै न लागै पतरकी
मोर मन लागल बा तोरे मा।...(वही, पृ. 78)

कुइसा मिस्त्री बिमली के गौने की बात सुनकर अबोला रह जाता है। उसकी दृष्टि में भट्ठे पर तो अँधियार होगा ही उसके जीवन में भी निराशा का बादल छा जाएगा। कुइसा का गीत उसकी भावनाओं की अभिव्यक्त कर जाता है–

लागै मास अगहन
जाय गोरी कै गवन
काटैं सैंया संग चयन
मोरे बालमुआ..." (वही, पृ. 99)

और बिमली का विदाई-गीत संवेदना को और गहरा बनाता है–

"आपन देसवा छोड़ाया मोरे बपई...
आपन दुअरिया छोड़इव मोरी माई..."

यह गहराती संवेदना अन्ततः 'ट्रेजेडी' में बदल जाती है। नारी के जीवन की ट्रेजेडी। महाभारत से प्रारम्भ यह ट्रेजेडी आज तक बरकरार है। वहाँ तो युद्ध हुआ था, पर विमली तो रानी नहीं है। विमली जैसी अनेक स्त्रियाँ पुरुषों के छल-प्रपंच का शिकार आज भी हो रही हैं। निश्चय ही यह कहानी सार्वकालिक कहानी सिद्ध होगी। विमली ऐतिहासिक चरित्र बन जाती है और उसकी कथा इतिहास का अंग।

कहानी औपन्यासिक विस्तार को अपने में समेटे है। कथारस कहानी को सरस बनाता है। पर 'बिमली' से जिस संघर्ष की परिकल्पना थी, उसे चरम तक पहुँचाने में शिवमूर्ति असफल दिखाई देते हैं।

**'कसाईबाड़ा'** में गाँव भी है, शासन-प्रशासन और राजनीति भी है और है-स्त्री-शोषण। 'कसाईबाड़ा' स्वयं में एक प्रतीक है। जिस तरह से 'कसाईबाड़ा' में जानवर हलाल होते है ठीक उसी तरह गाँव में, इस देश में महिलाएँ तथा लड़कियाँ हलाल की जा रहीं हैं। इस कहानी में 'लीडर' भी है, प्रधान भी है, अधरंगी भी है और शासन-व्यवस्था के कर्णधार दरोगा जी भी हैं। शनीचरी है, परधानिन हैं और लीडराइन हैं। गाँधी भी उपस्थित है और गाँधी टोपी भी। कहानी की कथा प्रारम्भ होती है-प्रधान के दुआरे शनीचरी के धरने पर बैठने से। इस अनशन के प्रेरणास्रोत हैं-लीडर जी। वे उसे गाँधी का फोटो देकर उन्हीं का ध्यान करने की सलाह देते हैं।

ऊपरी तौर पर लीडर का यह संघर्ष प्रधान के विरुद्ध है। प्रधान ने गाँव में गरीब लड़कियों का सामूहिक-विवाह कराया। वाह-वाही लूटी। पर असलियत इसके विपरीत निकली। सामूहिक रूप से विवाहित गाँव की लड़कियाँ शहर में सेठ, साहूकार, नेता-मंत्री के सेक्स-पूर्ति के लिए खरीदी गईं। विवाह तो एक नाटक था। ऐसे स्कैण्डल से भोली-भाली ग्रामीण जनता रोज ठगी जाती है। और भविष्य की स्वर्णिम कल्पनाएँ सँजोए ये भोली-भाली लड़कियाँ, पेशा करने के लिए विवश की जाती हैं। इस व्यवस्था में उसके सुनहले स्वप्नों की होली जलती है। इस प्रकार यह कहानी अनुभूत यथार्थ द्वारा वर्तमान व्यवस्था पर करारा प्रहार करती है। इसका राज तब खुलता है जब उन्हीं में से एक लड़की सगुनी निकल भागती है और रात को आकर 'शनीचरी' से बताती है-"हम सबको पेशा करना पड़ता है, रूपमती को भी।"

लीडर जी को प्रधान से ईर्ष्या तो थी ही। महत्त्वकांक्षाओं के बरगद लीडर को प्रधान के खिलाफ यह एक अच्छा मौका मिलता है वे इस मौके को हाथ से निकलने नहीं देना चाहते। उन्हें प्रधानी दिखाई देती है, फिर ब्लॉक प्रमुखी, एम. एल. ए. और मिनिस्टर-शिप तथा हवाई जहाज की यात्रा। इसीलिए वे मैदान में उतर पड़ते हैं। माध्यम बनाते हैं-शनीचरी को। शनीचरी प्रधान के धोखे का शिकार तो हो ही चुकी है। लीडर के भी धोखे का शिकार बनती है। भोली-भाली जनता को धोखा देना आज की राजनीति का ककहरा है, जिसे सीखे बिना कोई व्यक्ति नेता नहीं बन सकता। शनीचरी का अनशन तुड़वाने के लिए लीडर मुख्यमंत्री को दरखास्त देने के लिए स्टैम्प पेपर पर उसका अँगूठा लगवा लेते हैं, और उसे आश्वस्त कर मुख्यमन्त्री को लेने के बहाने कचहरी फुर्र हो जाते हैं। वहाँ उनका लक्ष्य मृत्यु

के पहले शनीचरी के खेतों को अपने नाम कराना है।

शनीचरी अनशन पर है। सारा गाँव स्तब्ध है। कोई उसके समर्थन में सामने नहीं आता। न पुरुष न महिला। यदि खुले आम शनीचरी का पक्ष लेकर कोई सामने आता है तो वह है एक विकलांग अधपगला अधरंगी। उसका काम है लोगों का जानवर चराना। यही उसकी रोजी-रोटी है। पर वह प्रधान और लीडर के जानवर नहीं चराता। क्योंकि उसकी दृष्टि में प्रधान और लीडर दोनों गाँव के राहु और केतु हैं। बात थाने पर आती है क्योंकि सामूहिक विवाह से हुए लाभ में दरोगा तथा अन्य अधिकारी भी हिस्सेदार थे। दरोगा के पास प्रधान भी जाते हैं लीडर भी और फिर शुरू होता है, तहकिकात का पुलिसिया नाटक। इस बहाने दरोगा जी को मौज-मस्ती का अच्छा अवसर मिलता है। दोनों (प्रधान और लीडर) दरोगा जी को अपनी ओर मिलाने के लिए तत्पर हैं। दरोगा का कथन ही तहकीकात की पोल खोलता है– "मैं शिकार-खेलने आया हूँ कि जिरह सुनने।" और अधरंगी का निम्नलिखित उत्तर पुलिसिया व्यवस्था के रेशे-रेशे उधेड़ देता है–"आदमी का शिकार करके पेट नहीं भरा तो चिरई का शिकार करके नहीं भरेगा दरोगा बाबू।"

लीडर, दरोगा तथा गाँव से निराश शनीचरी और अधरंगी अकेले पड़ जाते हैं। अधरंगी असलियत जानता है, वह यह भी जानता है कि इस संघर्ष को उसे ही अपने कन्धों पर ढ़ोना है। वह कनस्तर पीट-पीटकर गाँव भर में एलान करता है कि गाँव के बेटी बेचवा प्रधान और उसके बेटे परेम को शाम को फाँसी दी जाएगी। पुतलों के बनने और उनको जलाने जाने की संभावना से परधानिन भयभीत होती हैं। वे प्रधान से सच उगलवा लेती हैं। 'इस मामले को जल्दी खत्म करो' दरोगा के सूत्रवाक्य से ही प्रधान को रास्ता दिखाई देता है अर्थात् 'शनीचरी की मौत'। वे पत्नी को साथ लेकर उसका अनशन तुड़वाते हैं। जबर्दस्ती दूध के साथ विष उसके हलक के नीचे उतार देते हैं।

इस कहानी में नारी संवदेना जागृत होती दिखाई देती है। तभी तो परधानिन कहती हैं–"ई गाँव लंका है। इहाँ लंका दहन होवेगा। रावन तू ही हो। लिडरा बना है भिभीखन। तोहरे दूनो के चलते गाँव के सत्यानाश होवेगा। होई रहा है। बहिन-बिटिया बेचों। हमहूँ का बेचि लेव। रुपया बटोरो। साथ लै जायेब, लेकिन अब हम एहि घरे मा ना रहब। आपन बेटवा लइके भीख कौरा माँगब, मुला..."। (केशर कस्तूरी, पृ. 26)। लीडराइन तथा लीडर का संवाद असलियत का दूसरा आयाम खोलता है–"कुफार सुनते-सुनते लीडराइन के कान पक गए हैं। वह लेटते ही पूछती हैं, "सारे गाँव में चर्चा है कि आपने शनिचरी का खेत धोखे से अपने नाम लिखा लिया।" "ऐन सोने के बखत नखरा करती है फूलकुमारी, "अरे, फूल दी ग्रट, इसमें धोखा क्या है? मैं नहीं कराता तो परधान कराता।" तिनककर बैठ

जाती है लीडराइन, "धोखेबाज, बेईमान। तुम्हारे ही पाप के कारण मेरी कोख नहीं फल रही है। मैं..." (वही, पृ. 27-29)। "तुम लोग कसाई हो। सारा गाँव कसाईबाड़ा है। मैं नहीं रहूँगी इस गाँव में।" वह हाथ झटककर आँगन में आ जाती है।" (वही, पृ. 30)।

राजनीतिक नेताओं की असलियत को भी उजागर करने का मौका नहीं छोड़ा है कहानीकार ने। कहानीकार भाषा की शक्ति से परिचित है। प्रतीकों के सहारे कानी आगे बढ़ती है। कहानी का शीर्षक ही 'कसाईबाड़ा' एक सशक्त प्रतीक है। वह कहानी में धीरे-धीरे खुलता है। पात्रों के नाम प्रायः प्रतीकात्मक हैं। शनिचरी स्वयं में एक प्रतीक है जो परधान के लिए शनि बनती है। अधरंगी एक ऐसा प्रतीक है जो समूचे गाँव की चेतना को जागृत करने का प्रयास करता है। इसी कहानी में पुलिस की जाँच व्यवस्था पर भी प्रहार है। बिम्ब भी हैं लेकिन कहानी में काव्यतत्त्व नदारद है। यथार्थ है, अनुभूत यथार्थ। किन्तु कहानी का चरित्र नायक न तो ऐतिहासिक बन पाता है और न कहानी की कथा इतिहास का अंग। शिल्प अत्यधिक कमजोर है।

इन्हीं की **'भरतनाट्यम'** एक श्रेष्ठ कहानी है जिसमें बेरोजगारी से त्रस्त एक पढ़ा लिखा युवक बार-बार मरता है। नैतिकता के विरुद्ध, अपनी आत्मा की आवाज के विरुद्ध। उसकी कल्पनाएँ आकांक्षाएँ सब तो मरती हैं। अन्ततः घूस देकर बेरोजगारी से निजात पाने के लिए उसे मिट्टी के तेल का लाइसेंस लेना पड़ता है। यह लाइसेंस भी वह अपनी पत्नी के लिए खरीदता है। अपनी नैतिकता को भी वह पत्नी के सुख के लिए बेचता है। किन्तु जब अपने स्वत्त्व को गिरवी रखकर, परास्त, थका-हारा कल्पनाओं से सराबोर वह घर लौटता है तो उसे पता लगता है कि पत्नी दर्जी के साथ भाग चुकी है।

कहानी में पिता भी उपस्थित हैं, जिनकी बड़ी-बड़ी इच्छाएँ और कल्पनाएँ हैं–अपने इस पढ़े लिखे बेटे से। घर है, संयुक्त परिवार है। ऐसा परिवार जिसमें बेरोजगार का कोई सम्मान नहीं, कोई इज्जत नहीं, जिसकी बच्चियाँ भाई के बच्चों द्वारा दूध पिए गिलास को चाटकर दूध पीने की लालसा की तृप्ति करती हैं। पत्नी की लालसाएँ भी बहुत बड़ी। पहली ल़ालसा तो है–बेटे की। जिसकी पूर्ति के लिए वह अपने जेठ को भी नहीं छोड़ती। पति देखता है, चुप रह जाता है। बेरोजगार की कीमत उसे इसी क्षण अनुभूत होती है।

शिवमूर्ति की यह कहानी स्त्री की लालसा, संयुक्त परिवार की विसंगतियों, पक्षपात की नीतियों, देशकाल, बेरोजगारी को तो उजागर करती ही है किन्तु यह कहानी प्रायोजित सी प्रतीत होती है। हाँ! यह सफल होती है–युवा पीढ़ी की विसंगतियों के चित्रण में तथा युवा-पीढ़ी के मनस्ताप के रेखांकन में–"मैं माचे

पर लेट जाता हूँ...चली गई, लो, जहाँ भी रहे, सुखी रहे...लेकिन भागना ही था तो एक दिन पहले भाग जाती। मैं टूटने से बच जाता...घूस देने से...पथभ्रष्ट होने से ...पता मालूम होता तो ये ब्रेजियर, ब्लाउज वगैरह पार्सल कर देता...लिखता कि बेटा होने पर खबर करे। मैं खिलौने लेकर आऊँगा। (केशर कस्तूरी, पृ. 72)। सब मिलाकर यह एक राजनीतिक कहानी है, जिसमें घर-गाँव की कथाओं, वार्ताओं की छौंक हैं।

**'सिरी उपमाजोग'** इनकी एक अलग कहानी है जिसमें लालू की माँ एक सशक्त नारी के रूप में सामने आती हैं। अपनी मेहनत-मजदूरी से वह पति की इच्छा को पूरी करती है। पति को शिक्षित बनाती है। किन्तु यही पति अधिकारी बनने पर एक नई लड़की से शादी कर लेता है और फिर लालू की माँ की दुर्दशा प्रारम्भ होती है। सगा चाचा उसके चरित्र पर लाँछन लगाता है। उसके एकमात्र सहारे खेत और पेड़ पर भी चाचा की निगाहें हैं। अपने अधिकारी पति से उसकी एकमात्र आकांक्षा है कि वह एक बार आ जाए और उस पर लगे लांछन को दूर कर दे। और चाचा को समझा दे। उसे डर है कि बेटी कमली की तय शादी में भी चाचा अड़ंगा डालेंगे। इस आकांक्षा की पूर्ति के लिए वह पत्र के साथ बेटे लालू को शहर भेजती है।

किन्तु पत्र लेकर गया भूखा-प्यासा बेटा लालू सौतेली बहन के हाथों सिर पर चोट खाकर लौटता है। पति को स्मृतियाँ तो सताती हैं, पर वह जानता है कि ममता (नई पत्नी) के रहते वह गाँव की ओर उन्मुख नहीं हो पाएगा–"पहले यह बताइए, वह है कौन? एकाएक ममता का स्वर कर्कश और तेज हो गया। उस चुड़ैल की औलाद तो नहीं जिसे आप गाँव का राज-पाट दे आएँ हैं? ऐसा हुआ तो खबरदार जो उसे गेट के अन्दर भी लाए, खून पी जाऊँगी।"...और "सबेरे उठकर उन्होंने देखा तो चबूतरे पर 'गाँव' नहीं था। उन्होंने चैन की साँस ली।"

निश्चय ही यह कहानी कारुणिक संवेदना उकेरती है, और संघर्षरत नारी के विस्थापन, असहायता का भी सन्देश दे जाती है। स्त्री विमर्श की दृष्टि से लालू की माँ एक सशक्त चरित्र है।

नारी सशक्तिकरण की इन्हीं की एक और कहानी है–**'केशर-कस्तूरी'**। पारिवारिक विसंगतियों से जूझ रही केशर के मन में माता-पिता, मौसिया-मौसी के प्रति कोई शिकायत नहीं। बेकार और रीढ़ की हड्डी में चोट खाया पति भी उस पर अविश्वास करता है। अविश्वास के कारण हैं–उसके वही भाई-भाभी जो उसे धोखा देते हैं। बँटवारा में कर्ज के बोझ के साथ उस पर अशक्त बूढ़ी माँ का बोझ भी पड़ता है। यह कहानी भी गाँव की विसंगतियों, विरूपताओं पर केन्द्रित कहानी है। इसमें भी शिवमूर्ति ग्रामीण परिवेश के भीतर स्त्री-मुक्ति की खोज करते

हैं। इन महिलाओं में चरित्र की उज्ज्वलता है, एक अटूट संघर्ष की कामना है, लम्बी लड़ाई लड़ने का उत्साह है। यह ऐसा संघर्ष है जिससे उनकी स्त्रियाँ आज की स्त्री-विमर्श का नारा देने वाली कहानियों पर भारी पड़ती हैं। केशर की सासु का कथन–"उनकी पतोहू बड़ी मरदाना औरत है।...पतोहू अकेले दम पर घर-गृहस्थी का सारा काज सँभालती है।...इसी की सेवा से जिन्दा हूँ भइया।"–केशर की पुरुषोचित दृढ़ता का प्रमाण है।

केशर को इस संत्रास से मुक्त कराना चाहते हैं, उसके पितृ-तुल्य मौसा। पर उसके सामने आदर्श है–जनक और सीता का। तभी वह कह पाती है, दुख तो काटने से ही कटेगा बप्पा...भागने से और पिछुआएगा।"..."माँ-बाप तो जनम के साथी होते हैं। करम रेख सभी की न्यारी है।"

निश्चय ही रचनाकार का कथन केशर को अस्पर्श्य ऊँचाइयों पर पहुँचा देता है। यह केशर नहीं, केशर के रूप में मूर्त्त हिन्दुस्तानी नारी का हजारों-हजार पीढ़ियों से विरासत में मिला अनुभव और यथार्थ को उसके ठोस रूप में पकड़ लेने वाली उसकी अन्तश्चेतना बोलती है। इस हकीकी दर्शन को सहसा किसी किताबी तर्क से काटने का दुस्सासह सम्भव नहीं था।

शिवमूर्ति 'लोक' के कथाकार और लोकगीतों के सशक्त प्रयोगकर्त्ता हैं। लोकगीत 'लोक' के दुख-दर्द और संवेदना की गहरी अनुभूति कराता है। ऐसा ही वह गीत है, जिसे गा-गाकर केशर अपने दुख को दूर करने का माध्यम कर्मशीलता को मानती है–

मोछिया तोहार बप्पा 'हेठ' न होइ है,
पगड़ी केहू ना उतारी, जी-ई-ई।
टुटही मँड़इया में जिनगी बितउबै,
नाही जाबै आन की दुआरी जी-ई-ई।

शिवमूर्ति की भाषा यहाँ बदली है, पर यह इस रचना की अपरिहार्यता है। इस कहानी में काव्य-तत्त्व भी विद्यमान है, और जीवन के हादसे भी हैं। सब मिलाकर यह एक श्रेष्ठ रचना है।

# समकालीन हिन्दी कथा साहित्य : दलित चेतना की बदलती परिभाषा

'समकालीन' शब्द काल-बोधक नहीं है। यह उस चेतना का संवाहक है, जिसे आज हम जी रहे हैं। यह उस बोध का भी परिचायक है, जिससे आज हम सब सम्पृक्त हैं। वस्तुतः आठवें दशक में भारतीय परिदृश्य में अचानक एक बदलाव तब आता है, जब देश रातों-रात आपातकाल के आगोश में डूब जाता है। पहली बार यह आपातकाल किसी विदेशी हमले के कारण नहीं अपितु तथाकथित देशी हमले, आन्तरिक हमले की आशंका की परिणति था। और था अपनी सत्ता को येन-केन-प्रकारेण बचाए रखने का प्रयास। हर एक की जबान बन्द कर दी जाती है। जनता के मौलिक अधिकार स्थगित हो जाते हैं। जन-संचार के सभी माध्यम सेंसर्ड हो जाते हैं। व्यक्ति अपने अस्तित्व की रक्षा के लिए भूमिगत हो जाता है और फिर जब वह 'अनुशासन पर्व' हटता है तो वर्षों की केन्द्रीय सत्ता अपदस्थ हो जाती है। परिवर्तन, वह परिवर्तन जिसमें जन-साधारण की अहम् भूमिका थी, इस नई सत्ता से भी कुछ पाने में असफल रहता है। स्वतन्त्रता के पश्चात् मन अपनी स्वतन्त्रता के लिए छटपटाता इस सत्ता के दौर में भी अपनी उसी पराधीनता की नियति को प्राप्त होता है। उसका संत्रास, उसकी कुंठा, उसका शोषण यथावत जारी है। और! उसका विद्रोह, पहले भी दबाया, कुचला जाता रहा, आज भी उसका वही हश्र है। उसे सुननेवाला, उसे जाननेवाला कोई नहीं, कभी नहीं रहा। आज भी नहीं। और आठवें-नवें-दसवें दशक में राजनीति में मन्दिर, मस्जिद, गुरुद्वारों की बढ़ती दखलन्दाजी, आतंकवादी-अलगाववादी गतिविधियों में इनका उपयोग, ब्लू स्टार आपरेशन तथा इसकी परिणतिस्वरूप अपने ही रक्षकों द्वारा इन्दिरा गांधी का मारा जाना, कश्मीर से वर्ग-विशेष को विस्थापित बनने के लिए विवश करना, क्षेत्रीय राजनीतिक दलों का उदय एवं स्वार्थवश विरोधी नीतियों के बावजूद सत्ता में उनकी साझेदारी, राजीव गांधी की हत्या, नक्सलवादी आन्दोलनों की बाढ़, बाबरी ढाँचे का ढहना, विदेशियों का भारत में आसानी से प्रवेश, बसपा-सपा एवं बसपा-भाजपा में तालमेल, गांधी को नकारना,

आर्थिक विकास के नाम पर गुलामी की जंजीरों में बँधना आदि कुछ ऐसे महत्त्वपूर्ण बिन्दु और घटना-क्रम हैं जो एक तरफ जन-जागृति का सन्देश देते हैं, तो दूसरी तरफ राजनीति के गलत मोड़ की दिशा इंगित करते हैं तथा तीसरी तरफ राष्ट्रीय एकता की संकल्पना पर प्रश्नचिह्न लगा देते हैं।

निश्चय ही तेजी से बदलते घटनाक्रमों को राष्ट्रभक्त जन-साधारण मूक, असहाय भाव से देखने के लिए विवश है। जन-साधारण का यह असहायता-बोध ही समकालीनता का भाव-बोध है और यही भाव-बोध समकालीन चेतना का सर्जक भी। जिसमें विद्रोह की भावना है, लड़ाई की ललक है, उसे दीर्घ-से-दीर्घ बनाने की कामना है, ऊपर उठने, समान बनने की आस है पर उसके युद्ध में उसके अपने ही साथ नहीं देते। वे अपने बीच के उन बिचौलियों के शिकार हो जाते हैं, जो बड़ों के ही हित-साधक हैं। चाहे मिल-कारखाने के मजदूरों का संघर्ष हो, अथवा दलित वर्ग, खेतिहर वर्ग के मजदूरों का संघर्ष हो, सब तो सामन्तीय व्यवस्था के दमन-चक्र में टूटते-मिटते हैं। समूचा प्रशासन, समूची व्यवस्था, दलित, पीड़ित, शोषित के हित-चिन्तन का नारा देकर भी, सामन्तीय, पूँजीवादी व्यवस्था का पोषक बना हुआ है। और तो और, दलित शोषित वर्ग के बीच से उठा हुआ व्यक्ति भी, विकास-पथ पर बढ़कर अपनी अस्मिता, अपनी माटी और अपनों को भूलकर इसी सामन्तीय पूँजीवादी व्यवस्था का अंग बन उनके विद्रोह, उनके आक्रोश के कारणों की खोज और समाधान में कोई मदद न कर उनके संघर्ष को कमजोर बनाता है। मानव-समुदाय का एक बहुत बड़ा तबका सरकार की हर लाभप्रद घोषणा के लाभ से अछूता रह जाता है। फलस्वरूप सदियों से दलित, पीड़ित, शोषित वर्ग के इस तबके का मोहभंग होता है। फिर वह अपनी लड़ाई स्वयं लड़ने का संकल्प लेता है। इस लड़ाई-हेतु उसे चाहिए संघर्षशील अपराजेय चरित्र जो मर-मिटकर भी अपनी आवाज बुलन्द कर जाएँ और उनकी आवाज हर क्षण, हर कोने की अनुगूँज बने।

यह अनुगूँज सातवें दशक की अपेक्षा आठवें-नवें दशक के साहित्य में अधिक तेज सुनाई देती है, बल्कि यह कहें कि सर्वव्यापी बन जाती है। हिन्दी कथा-साहित्य भी इनसे अछूता नहीं रहता। मराठी साहित्य में सातवें दशक के प्रारम्भ में इसने सेंध मारी थी और इस सेंध का कारण था—सामाजिक-राजनीतिक परिवर्तन के सन्दर्भ में मानसिक-सामाजिक बदलाव के नए आयाम।

दलित-चेतना के दृष्टिकोण का जन्म मराठी समीक्षा में मराठी मार्क्सवादी समीक्षाधारा के पराभव की परिणति है। वस्तुतः दलित समीक्षा-दृष्टि थी तो मार्क्सवादी समीक्षा-दृष्टि की ही परिणति, विकास की निरन्तरता भी इस बात का सबूत है, परन्तु यह मार्क्सवाद के प्रति मोहभंग की परिणति है। इसमें प्रतिरोध

का वह भाव है जो "मार्क्सवादियों के लिए लताड़ है।" दया पवार ने स्पष्ट कहा है कि मार्क्सवादी और समाजवादी अपना शत्रु देख सकते हैं। दलितों का शत्रु अदृश्य है। वह पुस्तक में, भाषा में, विचार में और लोगों के दिमाग में विद्यमान है ('उत्तर प्रदेश', मई, 1997)। फलस्वरूप दलित साहित्य की संकल्पना का समूचा श्रेय मराठी दलित समीक्षा को जाता है जिसका जन्म बलूत ग्रन्थाली प्रकाशन (कुर्ला, मुम्बई, 24 दिसम्बर, 1978) और उसके हिन्दी अनुवाद 'अछूत' से हुआ। इसमें दया पवार और उसके समाज की कंटीली यात्रा का वर्णन है, और है—मानव की मूलभूत अनुभूति की तलाश।

दलितों के आत्मपरक कथन को आत्मकथात्मक या आत्मकथा कहा गया है। कुछ आलोचक उसे 'स्व-कथन' कहकर उसकी विशेषता की ओर संकेत करते हैं। इनमें प्रमुख हैं—स.ना. सूर्यवंशी का 'आगा जे कल्पिले नाही', प्रा. शंकर राव खरात का 'तराल अन्तराल', नामदेव कटकर का 'कथा माइया जन्माची'। किन्तु इन रचनाओं को स्व-कथन कहनेवाले समीक्षक इनकी पूरी पड़ताल नहीं कर पाते। वास्तव में समाज का चित्रण या समूह भावना, 'स्व' के प्रति सजगता, सत्यता और निश्छल निवेदन, इन रचनाओं की विशेषता है। इन रचनाओं का, उपेक्षितों में परिवर्तन लाने के लिए, उपयोग, साहित्य को एक शस्त्र मानकर किया गया। इन सब रचनाओं का लक्ष्य है—व्यक्तित्व का विकास। इनमें दलितों द्वारा अनुभूत पीड़ित होने की भावना की अभिव्यक्ति प्रसंगानुकूल चरित्र के साथ साकार होती है और दलित-साहित्य का स्वरूप भी स्पष्ट हो उठता है।

इस स्पष्टता के बावजूद दलित साहित्य की निश्चित परिभाषा सामने नहीं आ पाई। इसके जनक, मराठी में भी, एकमत नहीं हैं।

वसन्त पाटणकर ने स्पष्ट कहा है कि "एक विशेष मिट्टी में जन्मे हुए व्यक्ति की रचना दलित साहित्य नहीं कही जा सकती।...सवर्णों द्वारा दलितों के बारे में चाहे जितनी आस्था हो, उसमें जीवन्तता हो किन्तु उनके द्वारा निर्मित साहित्य भी दलित साहित्य नहीं कहा जा सकता। क्योंकि यह आस्था कितनी भी उत्कट और जीवन्त होते हुए भी उसमें से दलित चेतना व्यक्त नहीं हो पाती। अतः जन्मना, "दलित व्यक्ति द्वारा निर्मित, दलितों के जीवन पर दलित संवेदनशील अनुभूति का चित्रण करनेवाला साहित्य ही दलित साहित्य है। इस प्रकार के लेखों में समूह भावना का एहसास व्यक्त होगा तथा प्रकट-अप्रकट रूप से, प्रत्यक्ष-परोक्ष रूप से विद्रोह तथा रूढ़िगत समाज-रचना के प्रति नकारात्मक भावना व्यक्त होगी।" ('दस्तावेज', अप्रैल-जून, 1993)

मार्क्सवादी दृष्टिकोण से दलित साहित्य का चिन्तन करते समय 1982 में सदा कन्हाड़े ने आर्थिक दृष्टि से दलितों को भी इस सीमा में समेटा। कन्हाड़े

जी आर्थिक दृष्टि से दलित होने का कारण समाज की विशिष्ट रचना को स्वीकार करते हैं। कन्हाड़े जी की इस भूमिका को अगर स्वीकार किया जाए तो यह बात स्पष्ट हो जाती है कि सभी युगों तथा सभी समाजों में दलित साहित्य का अस्तित्व रहा है। सत्य तो यह है कि कन्हाड़े ने इस संकल्पना की ऐतिहासिक जड़ों तथा उसके इस सन्दर्भ की विशेषताओं की ओर ध्यान नहीं दिया।

दलित साहित्य की प्रेरक-प्रवृत्तियों पर विचार करते समय अधिकतर साहित्य-समीक्षकों ने इस साहित्य का प्रेरणा-स्रोत अम्बेडकर के विचार-आन्दोलन तथा मार्क्सवादी विचारधारा को स्वीकार किया है किन्तु कतिपय समीक्षकों ने मार्क्सवादी प्रेरणा को पूर्णतः अस्वीकार किया है। सत्य तो यह है कि सभी क्षेत्रों के दलितों के बजाय एक विशिष्ट श्रेणी में जन्मे तथा दलित कहलाने वाले व्यक्तियों के अलावा अम्बेडकर के विचारों एवं कार्यों से प्रेरित होकर प्रारम्भ आन्दोलन ही इस साहित्य के सृजन की जड़ में है। और दया पवार के अनुसार–"दलित लेखकों के आन्दोलन ने 1967 तक जोर नहीं पकड़ा, अन्नाभाऊ साढ़े, शंखराव करात और बन्धु माधव में विद्रोह की चिनगारी तो थी किन्तु यह चिनगारी आन्दोलन का रूप नहीं ले सकी। पहले की पीढ़ी के लेखकों को अपने अतीत से घृणा थी। वे जीवन की वास्तविकता से जी चुराते थे। वे सफेदपोश मानसिकता के पोषक थे। अगले दशक में साहित्य के क्षितिज पर नए दलित लेखकों का आविर्भाव हुआ। ...अश्वेत एवं दलित साहित्य के तुलनात्मक अध्ययन का सूत्रपात इसी अवधि में हुआ। प्रो. एम. एन. वानखेड़े एवं प्रो. जनार्दन वाधमारे ने पाठकों का अश्वेत लेखकों के विस्फोटक एवं उत्तेजक अनुभवों से परिचय कराया। जेम्स वाल्डविन, रिचर्ड राइट, डाल्फ एडविन आदि लेखकों की रचनाएँ दलितों की सुषुप्त चेतना को जगाने में सहायक बनीं। अपने अतीत पर शर्मिन्दा तथा हीनग्रन्थि से ग्रस्त दलित लेखक अपने से समझौता करने में असमर्थ था। अश्वेत साहित्य के अध्ययन से उसमें विश्वास जगा कि मनुष्य के रूप में किए गए उसके अनुभव निःसन्देह विश्वजनीनता की परीक्षा में खरे उतरेंगे और उनका शाश्वत मूल्य होगा।" (वही, पृ. 14) फलस्वरूप इस साहित्य के मूल उत्स को विद्रोह और नकार की प्रवृत्ति पर जन्मा साहित्य स्वीकार किया गया। म. सु. पाटिल ने भी इसी प्रवृत्ति पर जोर देकर दलित संवेदना को रेखांकित किया है। प्रो. एम. एन. वानखेड़े ने भी विद्रोह को महत्त्व दिया और इस सन्दर्भ में दलित साहित्य की तुलना उन्होंने नीग्रो साहित्य से की। प्रभाकर माण्डे ने 'दलित साहित्याचे निरालेपरा' नामक ग्रन्थ में दलित साहित्य की विशेषता को रेखांकित करने का प्रयास किया है। उनके मतानुसार 'अनुभूति का स्वरूप मूलतः भिन्न होता है, एक विशेष समूह की अनुभूतियाँ इसमें व्यक्त होती हैं। अतः उस

समूह-मन और उसमें के व्यक्ति-मन का निरालापन यहाँ देखने को मिलता है। इस साहित्य में व्यक्तित्व एवं समूह-संवेदना का द्वन्द्व दिखाई देता है। इस साहित्य का निश्चित ही एक प्रयोजन है" (वही, पृ. 59)। माण्डे के अनुसार अनुभूति की भिन्नता समूह-विशेष की अनुभूतियाँ और उसका निरालापन तथा व्यक्तित्व और समूह-संवेदना का द्वन्द्व तथा इन सबका एक प्रयोजन विशेष के सन्दर्भ में अभिव्यक्ति ही दलित साहित्य है। पर यह स्थिति तो हर रचना में कमोबेश दिखाई देती है। फलस्वरूप माण्डे भी अपने उपर्युक्त मत द्वारा सही स्वरूप या मानदण्ड निर्धारित करने में असफल दिखाई देते हैं। विद्रोह तथा नकार के मानदण्ड मात्र दलितों के ही नहीं बल्कि सभी साहित्यिक रचनाओं पर लागू हो सकते हैं। साथ ही अम्बेडकर की विचार-प्रणाली साहित्य के अच्छे-बुरे होने का मानदण्ड नहीं बन सकती। इसीलिए रा.ग. जाधव ने मान लिया कि दलित समीक्षा का दलित साहित्य के लिए स्वतन्त्र मूल्य तो निर्धारित नहीं हो पाया किन्तु दलित संवेदनशीलता इस रचनाशीलता के केन्द्र का दायित्व निभा सकती है और इससे दलित साहित्य में भिन्न और स्वतन्त्र सौन्दर्यशास्त्र की संरचना का प्रयास जरूर हुआ। किन्तु इससे भी दलित साहित्य की कोई भिन्न या निश्चित चौखट बनी हो कहा नहीं जा सकता। मराठी में भी दलित साहित्य के निर्माण में नामदेव ढसाल जैसे एकाध कवि का अपवाद छोड़कर प्रचलित साहित्य की अपेक्षा रचनात्मक दृष्टि से कोई मूलभूत भेद दिखाई नहीं देता। हाँ, दलित साहित्य की समीक्षा में इस साहित्य की रचना में अन्तर्भूत सामाजिक-सांस्कृतिक प्रेरणाओं तथा अम्बेडकरी विचारों की चर्चा की जाती है।

शरणकुमार लिम्वाले कृत 'अक्करमासी' दलित पीड़ा से सम्पृक्त उपन्यास है। वस्तुतः यह संकर संस्कृति का जन्मदाता है। इधर कुमुद पावणे कृत 'आत्मस्फोट', शान्ताबाई काम्बले कृत 'मज्या जामाची चितर कथा' एवं बेबी काम्बले कृत 'आमाचजनम' स्त्रियों की पीड़ा को अति संवेदनशील अभिव्यक्ति प्रदान करती है।

हिन्दी क्षेत्र में जन्मे डॉ. राममनोहर लोहिया पहले राजनीतिक समाजवादी हैं जिन्होंने दलित श्रेणी में हरिजन, शूद्र, आदिवासी, जुलाहा, धुनिया और औरत आदि को स्वीकार किया। श्रमिक दलितों का उस समय विकास नहीं हो पाया था और किसान, जो सदियों से पीड़ित रहा, वह भी दलित वर्ग का ही प्रतिनिधित्व करता है, बशर्ते मजदूर किसान हो। सच तो यह है कि गरीबी रेखा के नीचे जीनेवाला हर व्यक्ति दलित है, चाहे वह किसी भी वर्ग में जन्मा हो। दलित की जाति जन्मना नहीं होती। इस प्रकार आर्थिक-सामाजिक दृष्टि से पीड़ित, शोषित, पिछड़े सभी दलित श्रेणी में आएँगे और इनका गान ही दलित साहित्य

कहलाएगा।

सत्य तो यह है क़ि दलित की जो स्थिति या अवधारणा मराठी और साहित्य में रही है वैसी हिन्दी-क्षेत्र और साहित्य में कभी नहीं रही। हिन्दी क्षेत्र का साहित्य अम्बेडकर के विचारों से अंकुरित पुष्पित पल्लवित भी नहीं हुआ। इसलिए हिन्दी दलित साहित्य विशेषकर कथा-साहित्य का विवेचन-विश्लेषण मराठी दलित साहित्य के प्रेरणास्रोत एवं मानदण्डों के आधार पर करना एक बेईमानी है। यहाँ तो वेदों से लेकर आज तक दलित संघर्ष की चेतना सतत प्रवहमान है और वही हिन्दी साहित्य की मूल संवेदना है। हिन्दी दलित लेखक और दलित चेतना के संवाहक के. सच्चिदानन्द का मत उल्लेख्य है-"जिस साहित्य में मनुष्य समाज की पीड़ा, दर्द और इनकी कुछ न कर पाने की बेबसी का चित्रण मिलता है वह सब दलित साहित्य है। चाहे वह गैर-दलितों द्वारा दलितों के जीवन को लेकर लिखा गया ही क्यों न हो।"

प्रो. राजमणि शर्मा की दृष्टि में भी "दलित रूप में जन्मे व्यक्ति द्वारा लिखा गया साहित्य ही दलित साहित्य कहलाना एक अतिवादी सोच है। सत्य तो यह है कि साहित्य रचना एक विशेष प्रक्रिया और प्रतिभा की अपेक्षा करती है। अतः सभी व्यक्ति दलित साहित्य-सृजन में सफल नहीं हो सकते। फिर वही साहित्य दलित साहित्य कहलाएगा जो दलित संवेदना, सौन्दर्य-बोध से जुड़ा हो, वही दलित दलित रचनाकार कहलाएगा जो उसकी अभिव्यक्ति का दावा लेकर चला हो, भले ही वह किसी भी जाति या वर्ग में जन्मा हो।"

आधुनिक कालीन आन्दोलनों, विचारधाराओं से सम्पुष्ट दलित साहित्य की यह अवधारणा हिन्दी के लिए नई नहीं है। हिन्दी साहित्य का इतिहास इस बात का साक्षी है कि जातीय चेतना के विकासकाल में हमेशा-हमेशा जीवन-जगत के इन सन्दर्भों की ओर रचनाकार की दृष्टि गई। कभी जातिगत दलित निम्न वर्ग अश्वघोष साहित्य के केन्द्र बने, कभी आर्थिक रूप से शोषित या सामाजिक दृष्टि से प्रताड़ित लोग। संस्कृत के प्रख्यात कवि अश्वघोष कृत 'बज्रसूची' से यह परम्परा अविच्छिन्न रूप से प्रवहमान है। हिन्दी साहित्य के आदिकाल में इसका अभाव नहीं। भक्ति आन्दोलन में तो दलित साहित्य-सृजन की धूम रही। कबीर, दादू, रैदास, नानक, सधना, सेन, पीपा, धन्ना, सुन्दरदास आदि ने दलित साहित्य के बिगुल का स्वर ऊँचा किया। स्वयं तुलसीदास के मानस में दलित चेतना उपस्थित है। अहिल्या का उद्धार, पीड़ित दलित नारी का उद्धार है। शबरी के जूठे बेर खाना भी इसी चेतना की परिणति है। साहित्य में, हिन्दी साहित्य में दलित शक्ति, संघर्ष की अपराजेय क्षमता, एकता और साहस का परिचय 'मानस' में ही पहली बार मिलता है। राम की विजय-पताका के वाहक सदियों

से पीड़ित, उपेक्षित, दलित, समाज-बहिष्कृत 'जन' हैं। रीतिकाल इससे अछूता रहा यह तो नहीं कहा जा सकता पर उसकी उपस्थिति भी स्वीकार्य नहीं। किन्तु आधुनिक काल आते-आते भारतेन्दु के समय से ही दलित, शोषित, पीड़ित-चाहे वे किसी वर्ग के हों, किसी लिंग के हों, साहित्य के केन्द्र में स्थापित हो गए। दूसरे शब्दों में नव जागरण इसी चेतना का पर्याय है। प्रेमचन्द के उपन्यास में 'रंगभूमि', 'निर्मला', 'गोदान' तथा उसके पात्र सूरदास, निर्मला, धनिया, सिलिया, झुनिया एवं कहानियों में 'ठाकुर का कुआँ', 'सद्गति', 'दूध का दाम', 'मन्दिर', 'वेश्या', 'पूस की रात', 'बूढ़ी काकी', 'कफन' में इसी सामाजिक विसंगति और संवेदना की चेतना रूपायित है। प्रेमचन्द ने दलित चेतना को पहली बार व्यापक आयाम दिया। प्रेमचन्द के समकालीन जयशंकर प्रसाद भी इस चेतना से वंचित नहीं। उनके उपन्यास 'कंकाल' में धर्म की रूढ़िवादिता पर जहाँ प्रहार है, वहीं दलित सौन्दर्यबोध का रूपायन भी। 'बेड़ी', 'मधुआ', 'घीसू', 'नीरा', 'छोटा जादूगर', 'विरामचिह्न' जैसी कहानियों के माध्यम से उन्होंने दलित और शोषित वर्ग की सामाजिक विडम्बना का यथार्थ चित्रण किया है। निराला की कविता 'विधवा', 'मैं तोड़ती पत्थर' आदि तथा 'कुल्ली भाट', 'बिल्लेसुर बकरिहा' आदि में दलित चेतना को स्वरूप प्राप्त हुआ। इसी दौर में पाण्डेय बेचन शर्मा 'उग्र' द्वारा लिखा गया उपन्यास 'बुधुआ की बेटी' दलित चेतना की पहली सशक्त कृति है। जैनेन्द्र, यशपाल, इलाचन्द्र जोशी, धर्मवीर भारती, मोहन राकेश, कमलेश्वर, राजेन्द्र यादव के उपन्यासों और कहानियों में तथा हजारीप्रसाद द्विवेदी के उपन्यासों में भी यह चेतना अपने जीवन की खुराक पाती रही। पर, स्वतन्त्र भारत के प्रति हुए मोह-भंग के फलस्वरूप 'मुक्तिबोध', 'धूमिल', नागार्जुन, 'रेणु' के साहित्य में यह चेतना नए चोले में सामने आती है।

हिन्दी साहित्य, विशेषकर, समकालीन कथा-साहित्य में ये कारक (अम्बेडकरी विचार) उतने सक्रिय नहीं हैं। जो सक्रिय हैं, या जो अपनी सार्थक पहचान बनाते हैं वे हैं-मानवीय संवेदनशीलता, जो दलित में जाकर अपना विश्राम खोजती है, उस सौन्दर्य-बोध के प्रस्तुति की ललक में जो दलित, पीड़ित और शोषित मानवता में अपना सहज रूप सँजोए हुए हैं और संघर्ष की वह अपराजेय कामना, साहस, अविराम युद्ध का उद्घोष जो अपने अस्तित्व की रक्षा के लिए आवश्यक है। इनसे भी अधिक महत्त्वपूर्ण कारक कोई सक्रिय है तो वह है नकार और विद्रोह का वह भाव जिसमें अप्रासंगिक हो चुकी, मरी हुई, जबरन लादी गई परम्परा को नकारकर, पूर्णतया अस्वीकार कर नई परम्परा की स्थापना की है-ललक। और इस ललक का औजार है-विद्रोह भाव, जिसकी धार रोज तेज की जाती है और इस विद्रोह में पराजय की परवाह नहीं। नकार और विद्रोह के लिए

आवश्यकता है–संगठन की। व्यवस्था से उपेक्षित, उससे असुरक्षित अनुभव करने वालों ने अपनी रक्षा, अपनी अस्तित्व की लड़ाई का बीड़ा स्वयं उठाया है। फलस्वरूप दलित, चाहे वह जन्मना हो या परिस्थितियों के घात-प्रतिघात से निर्मित आज एक साथ संगठित होकर हमले के लिए उद्यत है, अपनी पहचान बनाने के लिए प्रयासरत है। उसके संगठन, समुदाय, समाज, वर्ग यदि पीछे भी हटते हैं तो वह संसार को प्रकाशित करने के लिए छोटे दीपक की भाँति अन्धकार से अकेला लड़ने को उद्यत है। इस आस में कि आज नहीं कल तो एकाधिक दीपक खड़े हो ही जाएँगे। इसी आस की कथा है–समकालीन कथा-साहित्य। और समकालीन कथा-साहित्य की यही चेतना है–दलित चेतना। जो एक निश्चित, सीमित, परिधि से बाहर निकल उन सबको समूहबद्ध करने, उनकी आवाज को शंखनाद में बदलने, उनके संघर्ष और विद्रोह की अमिट गाथा को लिखने के लिए प्रयासरत हैं; भले ही वह जन्मना दलित हो या किसी भी वर्ग का हो, पर हो शोषित, आर्थिक दृष्टि से विपन्न, पीड़ित। चाहे वह नारी हो, चाहे पुरुष। पूँजीवादी सभ्यता के इस युग में आज उन लोगों की संख्या निरन्तर बढ़ रही है जो एक जून की रोटी भी अपने परिवार के लिए नहीं जुटा पाते। भूख से बिलबिलाते बच्चों की पीड़ा असहनीय है। स्त्रियों को अपने परिवार के पालन-पोषण के लिए अपना शरीर बेचने के लिए विवश होना पड़ रहा है। भारत में यह त्रासदी तो और भयावह है। धनी अधिक धनी हो रहा है, गरीब अधिक गरीब। नौकरी है नहीं पर आरक्षण लागू है। और आरक्षण के नाम पर क्या नौकरी सचमुच के दलितों को मिल रही है। बिलकुल नहीं। समाजवाद के बार-बार दुहराए जानेवाले नारे भी खोखले सिद्ध हो चुके हैं। समानता का ढोल पीटने वाले असमानता के जनक हैं। नारी-मुक्ति आन्दोलन ने भी इसमें घी का काम किया। आधुनिकता-बोध की चकाचौंध में चमत्कृत नारी, नारी-मुक्ति के नाम पर उन सभी मूल्यों, मानदण्डों को तोड़कर पहली बार विवाह-रूपी संस्था के कारागार से अपने को मुक्त अनुभव करती है। यह मुक्ति है या पतन, कह पाना कठिन है? पर हिन्दी कथा-साहित्य तो इस बात का प्रमाण है कि फ्री-सेक्स की कामना से ग्रस्त संतुष्टि की खोज में भटक रही आधुनिक नारी, मुक्तिकामी नारी सेक्स-संतुष्टि भी नहीं पाती और अपना 'स्व' भी नहीं सुरक्षित रख पाती। अन्त तक वह तड़पती ही रहती है। यह नियति, यह विडम्बना उसकी पहले भी थी और आज भी मुक्ति के बहाने उस पर लादी जा रही है।

वस्तुतः इस चेतना ने कतिपय नए मूल्यों की स्थापना का प्रयास किया, पुराने मानदण्ड बदले जरूर। पर न तो मूल्य ही स्थापित हो पाए, न मानदण्ड ही। हाँ, वे रचनाएँ–विवेच्यकाल के कुछेक उपन्यास और क़हानी–एक चीख, एक

अकुलाहट, एक संघर्ष-गाथा, विद्रोह की सुलगती आग जरूर छोड़ जाते हैं, जो हमारे मानस में प्रेमचन्द के 'गोदान' के होरी की भाँति एक नई सम्भावना जगा जाता है और आज नहीं तो कल ये भाव दलित को समाज के शीर्ष पर पहुँचाएँगे ही।

**(2)**

सातवें दशक में चीन से पराजय, भारत-पाकिस्तान का युद्ध, कतिपय प्रान्तों में कांग्रेस की पराजय, नेहरू की मृत्यु, भारत में अनाज की भारी कमी, गाँवों की दुर्दशा, भ्रष्टाचार, बेरोजगारी आदि समस्याओं ने पुनः नई शक्ति की खोज के लिए साहित्यकारों को विवश किया। फलस्वरूप कथाकार शहर और गाँवों के उन हिस्सों की ओर अग्रसर हुए जहाँ आज भी छूत-अछूत का भेदभाव, शोषण की पराकाष्ठा, नारी की दुर्दशा पल-बढ़ रही थी। सत्य तो यह है कि प्रेमचन्द के पश्चात् पहली बार हिन्दी कथाकार सार्थक सरोकार से जुड़ते हैं, पर प्रेमचन्द के रास्ते से चलकर नहीं। वे यथार्थ तो लेते हैं, पर, यथार्थ पर एक विशेष किस्म के मार्क्सवादी चश्मे को लगाकर जो शायद मार्क्स को भी काम्य नहीं था।

साठोत्तर कहानी-काल, कहानी-आन्दोलनों का काल रहा है। प्रारम्भिक दौर के प्रमुख कथाकार हैं—मोहन राकेश, राजेन्द्र यादव, कमलेश्वर, मार्कण्डेय, ज्ञानरंजन, दूधनाथ सिंह, काशीनाथ सिंह। मोहन राकेश की कहानियों में व्यक्तित्व की उखड़न है और राजेन्द्र यादव की कहानियाँ स्त्री-पुरुष के बनते-टूटते सम्बन्धों, मानवीय सरोकारों से सम्पृक्त हैं। कमलेश्वर की प्रारम्भिक कुछेक कहानियाँ सामान्य जन की पीड़ा की अभिव्यक्ति अवश्य करती हैं। पर इन सबसे भिन्न हैं—मार्कण्डेय, जिन्होंने दलित वर्ग की जूते-सी बन गई मर्मांतक स्थिति और भूपतियों के दाँवपेचों को अपेक्षाकृत सशक्त अभिव्यक्ति दी। लेकिन यहाँ भी विरोध-विद्रोह और नकार नदारद है। 'हंसा जाई अकेला' इनका उल्लेख्य कहानी-संग्रह है। अमरकान्त के कहानी-संग्रह 'देश के लोग' में विद्रोह को पहली बार स्वरूप मिला। 'जनभागी', 'मूस हत्यारे' इस दृष्टि से उल्लेख्य कहानियाँ हैं। ज्ञानरंजन भी सेक्सीय घुटन और पारिवारिक विघटन के इर्द-गिर्द ही खड़े दिखाई देते हैं। रामदरश मिश्र में जीवन की विसंगति है, शिवप्रसाद सिंह की 'कलकी अवतार', 'आदिम हथियार' विद्रोह को स्वर प्रदान करती हैं। दूधनाथ सिंह की 'हुंडार' में शोषित, पीड़ित नारी अन्ततः विद्रोह पर उतारू है, काशीनाथ सिंह की कहानी 'कहानी सराय मोहन की' में छुआछूत की भावना से ग्रस्त सामाजिक व्यवस्था पर करारी चोट है। शैलेश मटियानी में मूल्यों के विरुद्ध संघर्ष है। जगदीशचन्द्र की 'पहली रपट' संग्रह की कहानियाँ अमानुषिक व्यवस्था पर करारा व्यंग्य हैं। पहली बार इसमें दलित-चेतना पूरी तरह उभरकर सामने आई है। दलितों

का मर्मस्पर्शी चित्रण, इनका लक्ष्य है। मन्नू भंडारी की कहानियों में नारी चरित्र का यथार्थ उजागर है। 'क्षय' और 'नकली चेहरे' ऐसी ही कहानियाँ हैं। इस काल में अधिसंख्य कहानियाँ आर्थिक विसंगति के परिणाम तथा व्यवस्था-विरोध पर आधृत हैं।

आज स्थिति भिन्न है। आठवें-नवें दशक में सर्वहारा दलित वर्ग जाग चुका है। अब वह अपने ऊपर जबरन थोपी गई दीनता-हीनता से ऊब चुका है और मरने-मारने पर उतारू होने के अतिरिक्त उसके पास कोई विकल्प नहीं बचा है। फलस्वरूप इस काल की कहानियाँ सामन्तों, शोषकों, पूँजीपतियों के विरुद्ध संघर्षशील अथवा संघर्ष के लिए तैयार आदमी को चित्रित करती हैं। 'गुस्से में आदमी', 'चौथा हादसा' (जवाहर सिंह), 'सुरंग में पहली सुबह', 'ऐसे मौसम में वापसी' (वसन्त कुमार), 'भीतर का भय' (श्री हर्ष), 'बन्तो', 'अँधेरे की मौत', 'एक निर्णय', 'सन्नाटे से आगे', 'परतें', 'मुक्ति', 'संघर्ष है' (नमिता सिंह), 'विस्फोट' (विजेन्द्र अनिल), 'करिश्मा' (नीरज सिंह), 'एक बनिहार का आत्म-निवेदन', 'दूसरा कदम', 'एक होते हुए' (सुरेश कांटक), 'सुलह' (अब्दुल बिस्मिल्लाह), 'उसका फैसला' (सुरेश कुमार), 'आखिरी साँड़' (कुमार सम्भव), 'काले पेड़', 'रिक्शावाला', 'समूह गान', 'अन्तिम प्रजापति' (राकेश वत्स), 'देवी सिंह कौन', 'शंखध्वनि', 'राष्ट्रीय राजमार्ग' (रमेश उपाध्याय), 'जंगली जुगराफिया' (रमेश बतरा), 'भइया एक्सप्रेस' (अरुणप्रकाश) तथां 'उठो लक्ष्मीनारायण' (सुरेन्द्र मनन) इसी भाव-बोध की कहानियाँ हैं जिनमें दलित वर्ग का हर कुनबा एक संकल्प-विशेष से भरा, खड़ा दिखाई देता है। जिसमें सब कुछ बदल डालने, सब कुछ अपने अनुकूल करने की जिजीविषा है, वह जिजीविषा जिसमें अपने लक्ष्य तक पहुँचने के लिए साधारण जन की संघर्ष-हेतु, लम्बी लड़ाई हेतु एकजुटता है और कहानीकार भी समूचे भारत के दलित, पीड़ित, शोषित वर्ग के मन के रेशे-रेशे को अलगाने में सफल हुए हैं, चाहे वे नारी हों या पुरुष; चाहे वे सामाजिक व्यवस्था के शिकार हों या आर्थिक विडम्बना की परिणति; चाहे वे व्यवस्था से पीड़ित हों अथवा सरकारी रीति-नीति के शिकंजे में पिस रहे हों, सब तो यहाँ उपस्थित हैं, सभी को यहाँ वाणी मिली, सभी एक हैं, अलग-थलग किए जाने के प्रयास के बावजूद।

इस चेतना को और मारक बनाते हैं सतीश जमाली, जिनकी कहानियों में तंगहाल मजदूरों की स्थिति और उसकी परिणति का अत्यन्त संवेदनात्मक अंकन है। 'अर्थतन्त्र', 'सत्ताधारी', 'युद्ध', 'सुबह-शाम', 'ठाकुर संवाद', 'प्रथम पुरुष' ऐसी ही कथा-गाथा की कहानियाँ हैं। 'आदिम', 'आदमखोर', 'शहर तक', 'आदमी' आदि कहानियों के माध्यमं से आशीष सिन्हा आदिवासी मजदूरों के जीवन-जगत का सूक्ष्म विवेचन करते हैं। सच्चिदानन्द धूमकेतु के अधिकांश कथानायक

निम्नवर्ग के हैं। 'खून-खोर', 'आखिरी मौत', 'सवाल तीसरी लड़की का', 'एक थी शकुन दी', 'छिपे हुए हाथ' तथा 'आखिरी कैफियत के बाद' ऐसी कहानियाँ हैं जिसमें निम्नवर्गीय सौन्दर्य-बोध और संवेदना का, मन को गहरे तक छू जानेवाला चित्रण है। अस्तित्व रक्षा-हेतु संघर्ष भी इनमें उपस्थित है। 'दुश्मन', 'कवि मुनेसर मास्टर', 'लहू पुकारे आदमी', 'पूरा सन्नाटा', 'हरिजन सेवक', 'बाढ़' तथा 'बहाली की चिट्ठी' मधुकर सिंह की वे कहानियाँ हैं, जिनमें किसान-मजदूर की पीड़ा, बेबसी का यथार्थ अंकन है, व्यवस्था पर प्रहार है, और है, इन्हें वाणी देने, संघर्ष के लिए खड़ा करने का प्रयास। इसराइल मूलतः मजदूर वर्ग के कथाकार हैं। वर्ग-संघर्ष का चित्रांकन इनका प्रिय विषय है। 'रोजनामचा', 'घेराव', 'मुस्कान', 'फिर उसी कहानी की', 'फर्क', 'लोग जिन्दा हैं' आदि कहानियाँ इस दृष्टि से उल्लेख्य हैं। विजयकान्त की कहानियों में सदियों से शोषित-प्रताड़ित पर निर्भीक, जुझारू तेवर से सजा-धजा वर्ग उपस्थित है। 'बीच का सफर', 'बलैत मानुख भगत' कहानियाँ इस कथन का प्रमाण हैं। इस दौर के एक प्रमुख हस्ताक्षर हैं–उदयप्रकाश। 'टेपचू', 'तिरिछ', 'हीरालाल का भूत', 'छप्पन तोले का करधन' और 'पाल गोमरा का स्कूटर' में सामाजिक विसंगति, व्यवस्था-तन्त्र, यहाँ तक कि मानव-मन पर करारा प्रहार है। यह प्रहार हमारी स्थिति के खोखलेपन को उजागर करता है।

दिनेश पालीवाल ('लीला'), रामानन्द ('सर्वहारा'), इस्मत चुगताई ('मोखा'), गिरीश भरदैया ('परकैंच'), पुन्नी सिंह ('टीम', 'सुतिया'), बदीउज्जमा ('पुल टूटते हुए'), से.रा. यात्री ('एवजी में', 'रिश्ते', 'टापू पर अकेले'), बादशाह हुसैनी ('टूटता हुआ मग'), मैत्रेयी पुष्पा ('सफर के बीच', 'पटाक्षेप'), सुरेश दीपक ('महामारी'), गोविन्द मिश्र ('कचकौंध'), मिथिलेश्वर ('बीजारोपण', 'रात अभी बाकी है'), धीरेन्द्र अस्थाना ('सूरज लापता है'), मालचन्द्र तिवाड़ी ('विरासत'), विवेकानन्द ('लाल लकीरें'), संजीव ('तिरवेनी का तड़बन्ना', 'अपराध', 'बागी', 'भूखे रीछ'), राजाराम सिंह ('कतली'), गिरिराज किशोर ('ठण्डक', 'लिफाफे'), सिम्मी हर्षिता ('भूख की बिक्री'), इब्राहीम शरीफ ('फैसला'), हेमन्त ('धक्का'), स्वयंप्रकाश ('चौथा हादसा', 'आसमां कैसे-कैसे', 'दूसरी आजादी', 'परिधि', 'संक्रमण'), शिवमूर्ति ('तिरिया चरित्तर', 'कसाईबाड़ा', 'अकालदण्ड', 'भरतनाट्यम', 'त्रिशूल', 'सिरी उपमा जोग'), सुरेन्द्र सुकुमार ('अगिहाने', 'हाका', 'उसका फैसला', 'आग'), विजेन्द्र वत्स ('खिलाफत'), नवेन्दु ('दखल'), अरविन्द गुप्त ('मेरा दाय'), रामेश्वर उपाध्याय ('अकुआ'), सुरेन्द्र मनन ('जमीन'), ललित शाह ('ठूंठ'), बलराम ('कामरेड का सपन्ना') तथा सृंजय ('कामरेड का कोट', 'भगदत्त का हाथी', 'बैल बधिया') विवेच्य युग के ऐसे कहानीकार हैं जिनकी रचनाओं में दलित नारी अपने पूरे वर्तमान,

अतीत तथा भविष्य की सम्भावना को समेटे उपस्थित होकर अपनी नई अस्मिता, संघर्षशील चरित्र, स्वच्छन्दता की पराकाष्ठा से समाज को बदल डालने तथा सदियों से अपने शोषण का बदला लेने के लिए उद्यत है। उद्यत दलितों का अन्य कुनबा भी है जो समाज की विरूपता, व्यवस्था के शिकंजे में निरन्तर पिसता रहा है। सचमुच इन कहानियों में पहली बार मनुष्य का आर्थिक हस्तक्षेप नजर आता है।

जगदीशचन्द्र, अवधेश प्रीत और प्रेमकुमार मणि दलित वर्ग के रचनाकार हैं, इसलिए इनकी कहानियों में गहरी सार्थकता नजर आती है। प्रीत की 'खबर', 'मुलुक' किसानों, मजदूरों और दलित्तों के गहरे सरोकार से जुड़ी कहानियाँ हैं। नरेश पंडित की 'छुनकी' में भी सामाजिक विडम्बना (छूत-अछूत) का यथार्थ, गहरे छूने वाले यथार्थ की गाथा है। नारायण सिंह की 'तीसरा आदमी' और 'बनिहारों के शोषण' उनके प्रतिवाद और प्रतिरोध की कहानियाँ हैं। 'अजगर' खदान मजदूरों की व्यथा-कथा है, 'पागल' सामान्य दुविधा से वंचित श्रमिकों का गान है और 'निषेध' नारी पर होनेवाले अत्याचार की कथा है।

स्पष्टतः निःसन्देह, यह स्वीकार्य है कि इस काल की कहानियों में दलित, शोषित, पीड़ित मानवता की कराह सशक्त रूप से उभरकर आयी। इस कराह ने संघर्ष के लिए उन्हें एकजुट होने में उन्हें सहायता दी और इस एकता का हथियार बना–विरोध और विद्रोह का स्फुलिंग, जो समस्त नैतिकता, मानदण्ड, परम्परा को स्वाहा कर देने के संकल्प से प्रज्ज्वलित है। इनमें समाज का हर वर्ग उपस्थित है और हर स्थिति का यथार्थ अंकन है। उसके परिणाम भी प्रस्तुत हैं।

हिन्दी कथा-साहित्य का सर्वाधिक उल्लेखनीय पक्ष है–हिन्दी कथा-लेखिकाओं द्वारा जोरदार ढंग से अपनी उपस्थिति दर्ज कराना। हिन्दी कथा-लेखिकाओं ने नारी-स्थिति को केन्द्र में रखकर नारी के हर विध, हर रूप, हर पक्ष का ऐसा खुलासा किया कि सम्भवतः उसे मर्द नहीं कर सकते थे। ऐसे खुलासे को आज के समीक्षक और विचारक भले ही यथार्थ-चित्रण कहकर उसकी वकालत करें, उसकी श्रेष्ठता सिद्ध करें, पर यह साहित्य नहीं कहा जा सकता। प्रभा खेतान ('छिन्नमस्ता'), कृष्णा सोबती ('ऐ लड़की'), नासिरा शर्मा ('संग भरसर', 'आसिया', 'शाल्मली'), मैत्रेयी पुष्पा ('फैसला', 'वसुमती'), सिम्मी हर्षिता ('चक्र भोग', 'उसका मन', 'बंजारन की हवा'), गीतांजलि श्री ('अनुगूँज', 'बेलपत्र'), कुसुम अंचल ('आज का दिन', 'मैच मेकर'), मन्नू भंडारी ('यही सच है', 'शेष फिर', 'नई नौकरी', 'कमरे, कमरा और कमरे', 'बन्द दरवाजों के साथ'), राजी सेठ ('सदियों से'), मृदुला गर्ग ('टुकड़ा-टुकड़ा आदमी', 'पोंगल'), लवलीन ('उसके

सुख का सपना'), सरजू शर्मा ('पूर्णाहुति'), क्षमा शर्मा ('लव स्टोरीज 94'), जया जादवानी ('कब्र से बाहर'), सुरभि पाण्डेय ('अहल्या') आदि ऐसी कथा-लेखिकाएँ हैं जिन्होंने केवल नग्न यथार्थ एवं संभोग के चित्रणों को ही कहानी का कथ्य माना। हो सकता है ये कथाएँ आधुनिक नारी-जीवन के व्यथा-पूर्ण-संघर्ष का महाकाव्य प्रस्तुत कर रही हों, (कुछेक ऐसा मानते भी हैं), पर इनमें न तो ऐसे चरित्र उभरते हैं, जो दलित शोषित समुदाय को एकसूत्र में पिरोकर संघर्ष का रास्ता दिखा सकें, न ही यह कथा पूरी दलित नारी जाति की कथा बन पाती है। यह केवल मानसिक कुंठा, दलित काम-वासना से संत्रस्त इनी-गिनी नारियों की कथा है जो सबको कुंठित संत्रस्त करने के लिए अग्रसर है। इनमें संघर्ष-कामी चेतना कहाँ? इनमें निर्णय लेने की क्षमता कहाँ?

ऐसा नहीं है कि सभी कथा-लेखिकाएँ इसी पथ की अनुगामिनी हैं। इस ढर्रे से अलग हटकर विद्याविन्दु सिंह ने नारी-शोषण-पीड़ा की व्यथा-कथा प्रस्तुत की। उन्होंने सामाजिक व्यवस्था पर करारा प्रहार किया। उनकी 'सूखती सरिता' ऐसी ही कहानी है जिसमें पति के शोषण के विरुद्ध आवाज है। मर्यादा और पति-रूपी पुरुष की स्वेच्छाचारिता के खिलाफ सरिता टूटकर भी, अपने को मिटाकर भी एक दीप प्रज्ज्वलित कर जाती है। 'दिशा' आत्मप्रदर्शन, धन के प्रति मोह से टूटते परिवार की आधुनिक जीवन की गाथा है। 'एक और माँ' नियति को भोग रही नारी के दर्द की अभिव्यक्ति है। 'सन्तान' और 'अँधेरे के खिलाफ' आधुनिक जीवन की सर्वाधिक सशक्त कहानी हैं–'पत्थर'। 'सुमन', 'आशा' में सामाजिक मर्यादा पर करारा व्यंग्य है। 'सुमन' एक साहसी नारी की गाथा है जो सामाजिक विरूपताओं और पुरुष नामधारी पति के विरुद्ध संघर्ष के लिए कटिबद्ध है। 'सन्तान' में पति के अत्याचार के खिलाफ संघर्ष का बिगुल है। छल-प्रपंच द्वारा नारी की स्थिति का फायदा उठाने की पुरुष की प्रवृत्ति से विद्रोह करती है–'अँधेरे के खिलाफ' की विनीता। आज आशा, सुमन, नीला और विनीता जैसी नारी की आवश्यकता है। 'पाहुन' युग-परिवर्तन के परिणाम-स्वरूप खोयी मानवता की यथार्थ गाथा है। 'अपनी जमीन' आधुनिक जीवन की आर्थिक विसंगति की कहानी है। धनी के पास अपनी आधारभूमि नहीं जबकि अपनी जमीन पर खड़ा मानव अभावों में जीवन बिताने की नियति से जूझ रहा है। वस्तुतः इस संग्रह के माध्यम से गँवई-गाँव की संवेदना रूपायित तो हुई ही साथ ही, आधुनिकता तथा शहरी मानसिकता से संघर्ष को एक राह दिखाने का प्रयास भी है।

युगीन चेतना के परिप्रेक्ष्य में हमें आवश्यकता है जुझारू नारी चरित्रों की और ये चरित्र अधिकांशतः मर्द लेखकों द्वारा उभरकर सामने आए। 'अकालदण्ड'

(शिवमूर्ति), 'तिरवेनी का तड़बन्ना' (संजीव), 'मर्द' (महाराजकृष्ण काव), 'बैल बधिया' (सृंजय), 'गिद्धा कौल' (ललित शाह), 'इस इलाके की सबसे कीमती औरत्त' (पुन्नी सिंह), 'मोखा' (इस्मत चुगताई), 'बन्तो' (नमिता सिंह), 'सूखती सरिता की कहानी', 'सुमन', 'अँधेरे के खिलाफ' (विद्याविन्दु सिंह) आदि विवेच्य काल की कुछेक ऐसी कहानियाँ हैं, जिनमें नारी-जीवन का यथार्थ भी है और है—व्यवस्था का विरोध, लोक की पीड़ा, शोषण की अनन्त कथा, पर नग्नता नहीं। इसमें नारी की संघर्ष-कामी वह वर्ग-चेतना भी है जो यह उद्घोष करती है कि भविष्य उनका है। इन सभी कहानियों में पुरुष की मानसिकता पर, उसकी व्यवस्था के खोखलेपन पर, उसके पुरुषार्थ पर करारी चोट है। पर ये रचनाकार इने-गिने हैं। साथ ही कुछेक के अतिरिक्त ये भी वाद से प्रभावित होकर, सस्ते नुस्खे अपनाकर सिनेमाई अन्दाज में कहानी का ऐसा रुख बदल देते हैं, जो अस्वाभाविक भी प्रतीत होता है और कहानी को भ्रष्टाचार तथा साहित्यिक बेईमानी की मिसाल बना देता है। शिवमूर्ति की 'तिरिया चरित्तर' ऐसी ही कहानी है। नारी चरित्र में बेजोड़ विमली, संघर्ष के लिए तैयार विमली को पराजित, भगोड़ा दिखाकर रचनाकार क्या कहना चाहता है, क्या बताना चाहता है, यह छिपा नहीं रहा।

इसी काल में कुछेक ऐसी कहानियाँ ('कामरेड का कोट', 'खबर' आदि) भी आईं, जिन्होंने कहानी की दशा-दिशा बदलनेवाले मजदूरों, दलितों के मसीहा कहलाने वाले जनवादी, साम्यवादी आन्दोलनों के अगुआओं की पोल खोली है। उनके छद्म-रूप का चित्रण एकबारगी इस खेमे में हड़कम्प मचा गया।

समकालीन उपन्यासकार भी कमोबेश इसी चेतना, इसी सौन्दर्यबोध को रूपायित करते हैं। 'आपका बंटी' (मन्नू भंडारी) में पति के साथ तालमेल न बैठा पाने के कारण पत्नी के भटकाव की पीड़ा की कथा है। दूसरे मर्द से विवाह कर भी वह सुखी नहीं हो पाती। यही समकालीन नारी के जीवन का कटु यथार्थ है। 'एक चूहे की मौत' (बदीउज्जमा) में सामाजिक शोषण की दास्तान है। 'पक्षधर' (विश्वम्भरनाथ उपाध्याय) अर्थ संस्कृति के खिलाफ गुरिल्ला युद्ध की दास्तान सेक्स के नंगेपन के कारण चटपटी बन पड़ी है। 'कटा हुआ आसमान' (जगदम्बाप्रसाद दीक्षित) महानगरीय जीवन की घुटन-भरी विवशता, कटुता तथा विकृति का ज्वलन्त दस्तावेज है। 'धरती धन न अपना' (जगदीशचन्द्र) में पंजाब के एक हरिजन बस्ती के जिन्दा इन्सानों की दास्तान उन्हीं के बीच के एक व्यक्ति (लेखक) द्वारा प्रस्तुत है। इन्हीं की रचना 'कभी न छोड़े खेत' भी ग्रामकथा पर लगे प्रश्नचिह्नों को ढहाने का प्रयास है। 'बीमार शहर' (राजेन्द्र अवस्थी) में हर वर्ग उपस्थित है—आधुनिकता के साथ। 'मुरदाघर' (जगदम्बाप्रसाद दीक्षित)

बम्बई की झुग्गी-झोंपड़ियों में विवशता की जिन्दगी से चिपके इन्सानों का, वेश्याओं के मर्म का आख्यान है। 'रेत की मछली' (कान्ता भारती) में दाम्पत्य जीवन की ज्वलन्त समस्याओं और उनकी परिणति का रूपांकन है। 'छठा तन्त्र' (बदीउज्जमा) में समकालीन समाज व्यवस्था पर करारी चोट है। 'नंगा शहर' (भीमसेन त्यागी) भी पूँजीवादी सभ्यता तथा उसकी परिणति का नग्न-चित्रण है। 'नाच्यो बहुत गोपाल' (अमृतलाल नागर) सेक्सीय कुंठा की परिणति है, फलस्वरूप सेक्स की भूख मिटाने के लिए उच्चवर्गीय युवती मेहतरानी की जिन्दगी जीती है और उसके माध्यम से वे मेहतरों के उत्थान में संलग्न दिखाई देते हैं। 'चितकोबरा' (मृदुला गर्ग) भी सेक्स-कुंठा की परिणति है जो संभोग-चित्रों से भरा पड़ा है। 'महाभोज' (मन्नू भंडारी) हरिजन युवक की हत्या और उससे बचने वाले आज के ग्रामीण परिवेश की गाथा है जिसमें भूमिपति श्रमिक संघर्ष के साथ-साथ न्यायतन्त्र के खोखलेपन के कारण ईमानदार अधिकारी की पराधीनता व्याख्यायित है। 'अलग-अलग वैतरणी', 'शैलूष', 'कुहरे में युद्ध' और 'दिल्ली दूर है' (शिवप्रसाद सिंह) में क्रमशः हरिजनों, नटों, भूख से बिलबिलाते जरायमपेशा के लिए विवश आदिवासी और काफिर कहे जानेवाले दलित हिन्दुओं की रोंगटे खड़े कर देनेवाली कथा-व्यथा है। 'वसन्ती' (भीष्म साहनी) वह नाई-कन्या है, जिसे बार-बार बिकना पड़ता है। 'कुरू कुरू स्वाहा' (मनोहरश्याम जोशी) फिल्म जगत् से जुड़नेवाले असफल लोगों की मनःस्थिति तथा वेश्याओं की जीवन्त दास्तान है। 'बन्धुआ रामदास' (नीलकान्त) एक ऐसी सशक्त कृति है जिसमें जमींदार-शोषण से शुरू होकर स्वतन्त्रता-प्राप्ति के पश्चात के वे सभी कुचक्र उपस्थित हैं। बन्धुआ मजदूर बन्धुआ ही बना रहने के लिए विवश है। 'उकाव' (क्षितिज शर्मा) में पर्वतीय औरत की संघर्ष-कथा रेखांकित है। दलित चेतना की दृष्टि से हिन्दी में सर्वाधिक श्रेष्ठतम उपन्यास है 'मारवाड़ का अमर शहीद राजाराम' (चन्दनमल नवल)। लेखक स्वयं दलित वर्ग का है। यह दलित-उत्पीड़न का सद्यः प्रमाणपुष्ट दस्तावेज है।

डॉ. नामवर सिंह की दृष्टि में केवल दलित वर्ग का चित्रण ही औपन्यासिक कृति के लिए पर्याप्त नहीं। उनकी दृष्टि में "किसान चेतना और नारी चेतना दोनों के विकास के साथ भारतीय उपन्यास की पहचान बनी और मूल्यहीन समाज में वांछित मूल्य पाने की छटपटाहट ने उपन्यास को जन्म दिया।" डॉ. शम्भुनाथ की मान्यता है कि इसी सन्दर्भ के कारण प्रेमचन्द श्रेष्ठ उपन्यासकार कहलाए। वे "दलित किसान और दलित स्त्री को केन्द्र में लाने का प्रयास कर रहे थे। ...यह विचारधारा नये साहित्य-रूप को जन्म देती है।"

स्पष्टतः उपर्युक्त मतों से एक बात उभरकर बहुत साफ रूप से सामने

आती है कि साहित्य किसी वर्ग या जाति का विवरण नहीं होता, अपितु किसी जाति और वर्ग, खासकर शोषित पीड़ित वर्ग का उपयोग साहित्य को सर्वहारा बनाने के लिए तो होता ही है पर विशेषकर उसे नई चेतना, नये भाव-बोध से समृद्ध करने तथा इस समृद्धि के माध्यम से जन-साधारण को जगाने के लिए, जातीय चेतना की निर्मिति के लिए होता है।

समकालीन हिन्दी कथा-साहित्य इसी सन्दर्भ में दलित चेतना का संवाहक है। वह पीड़ित, शोषित, दलित वर्ग की कथा तो है, पर केवल दलित द्वारा कही गई कथा नहीं। इस वर्ग, विशेषकर स्वतन्त्रता के बाद पनपे इस वर्ग की कथा-व्यथा के हर कोने को झाँक आए हैं–समकालीन हिन्दी कथाकार। कुछ उनसे छूटा नहीं, अगर कुछ छूटा है या बहुत कम है तो वह है दलित मुस्लिम समाज। उसकी विवशताओं, पीड़ा, दुःख और क्षोभ पर कम रचनाकारों की दृष्टि गई। यहाँ तक कि बहुत कम कहानियाँ या उपन्यास हैं जिसमें इस वर्ग के कठमुल्लाओं, मौलवियों और उनकी सामाजिक व्यवस्था पर चोट की गई हो। आखिर क्यों? इसका उत्तर तो कथाकार ही दे सकते हैं। पर इतना सत्य है कि हिन्दी कथा-कहानी में कम ही रचनाएँ मिलेंगी जिनमें हिन्दू-मुसलमान आदि सभी जातियों के दलित एक साथ खड़े हों। यह अभाव समकालीन कथा-साहित्य की जातीय चेतना निर्मिति में सबसे बड़ा बाधक बना। दलित वर्ग का एक बड़ा समुदाय छूटा। इस स्थिति ने समकालीन हिन्दी कथा-साहित्य के सामने एक प्रश्न खड़ा कर दिया कि क्या उसे दलित चेतना का साहित्य कहा जा सकता है; जबकि प्रेमचन्द ने अपने उपन्यासों द्वारा भारत में पल-बढ़ रहीं सभी जातियों को एक नारे तले, कहानियों और उपन्यासों में एक साथ प्रस्तुत कर हिन्दी कथाकारों को दिशा-निर्देश दे दिया था।

दूसरी बात! आज यह माना जाने लगा है, विशेषकर मार्क्सवादियों द्वारा उद्घोष किया जाता है कि आज भारत में सबसे अधिक दलित नारी है। मैं इसका पूर्णतया विरोधी नहीं, पर यह पूर्ण सत्य से परे भी है। शायद उसकी मातृत्व शक्ति को पुरुष में स्थापित करने का कार्य पुनर्जन्म लेकर मार्क्स भी नहीं कर पाएँगे, पर मार्क्सवादी, प्रगतिशील, जनवादी कहलाने वाले विचारक शायद इस स्थिति-प्रकृति को परिवर्तित कर देने में सफल हो जाएँगे। उनके उद्घोष तो यही बताते हैं। खैर, यह बाद की बात है, पर नारी को दलित मानकर समूची रचनाधर्मिता को उसी के इर्द-गिर्द केन्द्रित कर, उसके नग्न चित्रणों में भरमाकर वे उसकी कौन-सी उत्तर-कथा लिख रहे हैं, इससे पाठक भली-भाँति समझते होंगे। हमें, कम-से-कम दलित चेतना को, भटकती हुई नारी, काम-पिपासु नारी, अपनी स्थिति से असन्तुष्ट नारी, अतृप्त नारी दिशा-निर्देश नहीं दे सकती। उसे

पहले पूर्ण होना होगा। इन्हें तो आवश्यकता है 'अकालदण्ड' (शिवमूर्ति) की सुरजी की, 'मर्द' की नीलम की (महाराजकृष्ण काव), 'गिद्धा कौल' (ललित शाह) की फूलमती की, 'इस इलाके की सबसे कीमती औरत' (पुन्नी सिंह) के 'रामकली' की, 'बन्तो' की बन्तो (नमिता सिंह) की, 'बैल बधिया' की मुरली बहू (सृंजय) की, जो दलित नारी आन्दोलन को शील-मानदण्डों के अनुरूप नई डगर, साफ-सुथरी उदार, हिम्मत-जोश-भरी डगर पकड़ा सके। वस्तुतः ये समीक्षक नारी के नग्न रूप की प्रस्तुति को प्रोत्साहन देकर नारी-मुक्ति आन्दोलन को सही डगर से भटका तो रहे ही हैं, उनके आन्दोलन को कमजोर कर रहे हैं, उन्हें पतन के उस गड्ढे में ढकेल रहे हैं, जहाँ फिर से उठ पाना उनके बूते की बात नहीं होगी। और उन्हें उठाने वाले के, इस वर्ग के, पैदा होनेवाले का प्रश्न ही नहीं।

# दलित विमर्श : वर्तमान संदर्भ

संस्कृत-साहित्य से लेकर हिन्दी साहित्य तक की विकास यात्रा पर दृष्टि डाली जाए तो यह स्पष्ट परिलक्षित होता है कि सामाजिक विधि-विधानों की विविधताओं, कुरूपताओं तथा कुप्रथाओं से ऊबकर या उससे संत्रस्त होकर अनेक नए सामाजिक तथा धार्मिक आन्दोलनों ने स्वरूप ग्रहण किया। कभी वेद-विहित विधानों के विरुद्ध जैन खड़े हुए, कभी बौद्ध और कभी सिख और कभी लोक। जैन और बौद्ध-धर्म में भी कालान्तर में सामाजिक कुरूपताओं व विरूपताओं तथा रूढ़ियों का विकास हुआ। फलस्वरूप इन दोनों धर्मों पर भी प्रहार हुए। शुद्धतावादी आन्दोलन भी चले। इन्हीं विसंगतियों के कारण बौद्ध-धर्म तो भारत से लगभग लुप्त ही हो गया। आज उसके स्मारक ही उसकी कहानियाँ कहते हैं। नाथ-सिद्ध और बौद्ध-सिद्धों ने भी पालि काल के अश्वघोष की 'वज्रसूची' की परम्परा में ब्राह्मण-विहित धर्म-कर्म और व्यवस्था पर प्रहार किया। हिन्दी साहित्य का निर्गुण सम्प्रदाय भी इसी मार्ग पर अग्रसर हुआ।

आज कबीर और रैदास जैसे सन्तों को हिन्दी के दलित लेखकों द्वारा अपना आदर्श घोषित किया जाता है। लेकिन सच यह है कि कबीर-रैदास को हिन्दी-जगत से परिचित कराने वाले तथा हिन्दी पाठक के लिए अनिवार्य सिद्ध करने वाले अधिसंख्य समीक्षक ब्राह्मण ही रहे हैं। चाहे वे आचार्य रामचन्द्र शुक्ल, अयोध्या सिंह उपाध्याय 'हरिऔध' हों या आचार्य हजारीप्रसाद द्विवेदी। आचार्य द्विवेदी ने पहली बार विस्तार से इन निर्गुण सन्त-पन्थियों का रहस्य खोला। जीवन-जगत के लिए उनका महत्त्व, उनकी सार्थकता प्रतिपादित की।

ज्योति बॉ फुले और बाबा साहब अम्बेडकर ने दलित आन्दोलन को महाराष्ट्र में स्वरूप दिया। ये दोनों ईसाई मिशनरियों से प्रभावित थे और ईसाई मिशनरियों का पहला लक्ष्य था—हिन्दू जनता को विभाजित करना। यह विभाजन दो तरह से हो सकता था—एक तो जनता को दो वर्गों में बाँटना—उच्च और निम्न वर्ग अथवा धर्म-परिवर्तन द्वारा। और दूसरा—उन्हें हिन्दू सम्प्रदाय से अलगाना और इस अलगाव भाव को पैदा करने का दायित्व उन्होंने भारतीयों के जिम्मे ही किया। मेरी अपनी दृष्टि में जब जाति और धर्मगत भेदभाव भूलकर एक महान

लक्ष्य-स्वतंत्रता को सामने रखकर समूचा देश अँग्रेजों से संघर्षरत था, तो उस समय डॉ. अम्बेडकर द्वारा अलग से दलित आन्दोलन खड़ा करना दलितों को अलगाने और बरगलाने का प्रयास ही था। उनका लक्ष्य था–दलित अधिकार। चाहे देश स्वतन्त्र हो या परतन्त्र। इतना ही नहीं वे तो यहाँ तक कह जाते हैं कि जो स्वतंत्रता संग्राम लड़ा जा रहा है उसके केन्द्र में दलित मुक्ति का प्रश्न ही नहीं है। फलस्वरूप जिस साइमन कमीशन का हिन्दू और मुसलमानों ने विरोध किया, देशव्यापी बहिष्कार किया, उसी का दलित-वर्ग की ओर से अम्बेडकर ने स्वागत किया। 1927 में अम्बेडकर ने दलितों के लिए पृथक-निर्वाचन मण्डल की भी माँग कर दी। यह कितनी विचित्र बात थी दलित को हिन्दू से अलग मानकर पृथक निर्वाचन मण्डल की माँग करना। और यदि दलित हिन्दू नहीं थे तो उन्हें क्या अधिकार था मनुस्मृति जलवाने का? क्या अपने धर्म/संस्कृति विरोधी बातों के लिए हिन्दुओं को अधिकार है कि वे कुरान, बाइबिल जलाएँ? निश्चय ही उनके ऐसे कार्य और विरोधाभाषी विचार स्वतन्त्रता-आन्दोलन को कमजोर करने वाले सिद्ध हुए। दूसरी तरफ इस तरह के कार्यों से अँग्रेज शासक-वर्ग अथवा ईसाई धर्म सशक्त हुआ।

यदि ध्यान से देखा जाए और इतिहास के पन्नों में डूबा जाए तो यह स्पष्ट हो जाता है कि न तो जैन धर्म और न बौद्ध-धर्म और न ही सिख धर्म विदेश से आयातित था। तीनों धर्मों ने भारतीय माटी से अपना स्रोत खोजा। वैदिक धर्म की तत्कालीन विकृतियों को दूर कर एक नया रूप दिया अवश्य–इन धर्मों ने। इन धर्मों का मूल आधार करुणा और अहिंसा वैदिक धर्म के मूल आधार हैं। यह आदिकाव्य 'रामायण' में भी मिल जाता है, पुराणों, उपनिषदों और महाभारत में भी।

यह सच है कि परतंत्र भारत में एक ऐसा वर्ग था जो दलित, उत्पीड़ित व शोषित था। उसके लिए निकृष्ट-से-निकृष्ट कर्म का विधान था और उसे इन कार्यों के बाद भी पेट-भर भोजन नसीब नहीं होता था।

प्रश्न यह उठता है कि दलित आए कहाँ से? इसका उत्तर मनुस्मृति में ही प्रस्तुत है–

> "स्वेभ्यः स्वेभ्यस्त कर्मभ्यश्च युतावर्णाहयानापादि।
> पापान्संसृत्य संसारान्वेष्यतां यांति शत्रुषु।।"12/70

अर्थात् "निरापद अवस्था में चारों वर्ण यदि अपने-अपने कर्मों से च्युत हो जाएँ तो संसार में पापयोनि को प्राप्त होकर शत्रु के दास होते हैं।" स्पष्टतः इसमें चारों वर्णों के लोग सम्मिलित हैं।

आचार्य हज़ारीप्रसाद द्विवेदी के अनुसार–"मुसलमानों के आने से पहले कोई

भी जाति हिन्दू नहीं कही जाती थी। मुसलमानों ने ही इस देश के रहने वालों के लिए पहले पहल हिन्दू नाम दिया।" (ग्रन्थावली, भाग–5, पृ. सं. 262)। वै यह भी कहते हैं कि "आज जो जातियाँ समाज के सबसे निचले स्तर में विद्यमान हैं, वे सदा वहीं नहीं रहीं और न वे सभी सदा ऊँचे स्तर में ही रही हैं जो आज ऊँची है। इस विराट् जन-समूह का सामाजिक जीवन बहुत स्थितिशील है, फिर भी ऐसी धाराएँ इसमें एकदम कम नहीं हैं जिन्होंने उसकी सतह को आलोड़ित-विलोड़ित किया है। एक ऐसा भी ज़माना गया है जब इस देश का एक बहुत बड़ा जन-समाज ब्राह्मण-धर्म को नहीं मानता था।...सहजपंथी साहित्य के प्रकाशन ने इस बात को अत्यधिक स्पष्ट कर दिया। मुसलमान आगमन के अव्यवहित पूर्वकाल में डोम/हाड़ी या हलखोर आदि जातियाँ काफी सम्पन्न और शक्तिशाली थीं। मैं यह तो नहीं कहता कि ग्यारहवीं शताब्दी के पहले वे ऊँची जातियाँ मानी जाती थीं, पर इतना कह सकता हूँ कि वे शक्तिशाली थीं और दूसरों के मानने-न-मानने की उपेक्षा कर सकती थीं।" (वही पृष्ठ–262)।

उपर्युक्त उद्धरण इस बात का प्रमाण है कि 'दलित' की निर्मिति में हिन्दू अथवा उसके धर्मशास्त्र है का योगदान नहीं। यदि किसी का है तो वह है–कर्म। 'अछूत' भावना के विकास के पीछे भी वेद दोषी नहीं है। सूत्रकाल में अन्न के दुष्ट होने की बात आती है। द्विवेदी जी के अनुसार–"यह ध्यान देने की बात है कि इन सूत्रों में केवल अन्न के दुष्ट होने का ही उल्लेख है, अन्यान्य प्रकार के स्पर्शदोष...उन दिनों उद्भावित नहीं हुए थे। ऐसा जान पड़ता है कि स्पर्शदोष शुरू में नहीं माना जाता था, बाद में माना जाने लगा; परन्तु वैदिक साहित्य के अन्तिम भाग जब बन रहे थे, उन दिनों स्पर्शदोष की भावना जटिल नहीं हुई थी।" (वही–263)

चूँकि अम्बेडकर और उनके समर्थक मनुस्मृति तथा अन्य हिन्दू धर्म ग्रन्थों को ही दलित-समस्या का कारक मानते हैं, इसलिए इसे मैंने यहाँ उद्धृत किया।

चतुर्वर्ण-व्यवस्था में कर्म आधृत विभाजन था, जन्म आधृत नहीं। हाँ! इसके कुछ अपवाद भी मिलते हैं लेकिन इन अपवादों के मूल में राजकीय विधि-विधान तथा निर्देश ही प्रमुख रहे हैं। कर्म-आधृत वर्ण-व्यवस्था धीरे-धीरे जन्म आधृत बनी। इसे बनाया वैश्य समुदाय या शासक वर्ग ने अपनी सुविधा के लिए। मनुस्मृतिकार ने ब्राह्मणों के सन्दर्भ में जितने अधिक विधान और निषेध किए हैं उतना किसी के लिए नहीं है। और इसका पालन भी संभव नहीं रहा है, आज तो और कठिन है। मनुस्मृति के अनुसार विचार किया जाए तो ब्राह्मण अब हैं ही नहीं। अस्तु इस बदलाव की प्रक्रिया में भी ब्राह्मण दोषी नहीं। बौद्ध-धर्म के पतन के समय से ही सातवीं-आठवीं शताब्दी में मुसलमानों की चढ़ाईयाँ

प्रारम्भ हो चलीं थीं। इनकी गुलाम-प्रथा ने भारत की जनता को गुलाम बनाया। यहाँ आकर उन्होंने लूट-पाट द्वारा धन-दौलत ही नहीं बटोरी अपितु यहाँ की संस्कृति, धरोहर, मूर्ति, सभ्यता और साहित्य के साक्षी ग्रन्थों को भी नष्ट किया। यहाँ की नारी और पुरुष पर अधिकार जमाया। पुरुष गुलाम बने और स्त्रियाँ उनके भोग की सामग्री बनीं। उनका लक्ष्य था–अपने इस्लाम-धर्म का प्रचार करना। धर्म-परिवर्तन के लिए जो राजी नहीं हुए उनसे अत्यन्त घृणित कार्य कराए गए जिसके कारण वे समाज से बहिष्कृत और अछूत माने जाने लगे। इसमें मैला ढ़ोना भी एक कार्य था। भारत में घर के भीतर शौच का स्थान नहीं होता था। इस क्रिया हेतु जंगल, मैदान थे और भारतीय व्यवस्था में इसके लिए शब्द थे–मैदान जाना, बाहर जाना, जंगल जाना आदि। जबकि इस्लाम मतावलम्बियों ने अपने घर के भीतर ही शौच के स्थान बनाए। उसकी सफाई के लिए भारतीय दासों या गुलामों को लगाया गया। मैला ढ़ोने वाली जाति 'भंगी' कहलायी। 'डोम' का सन्दर्भ ऊपर आ चुका है, जो सम्पन्न और शक्तिशाली थी। मुसलमानों के आने के पहले भारत में इस कृत्य को करने वाली जातियाँ न तो थी और न तो यह शब्द किसी भारतीय बोली या भाषा का ही है। स्पष्टतः 'भंगी' या अन्य निम्न जातियाँ जो अछूत मानी जाने लगीं, उनकी निर्मिति का, हिन्दू वर्ग से दूरी का विधान इन्हीं मुस्लिम शासकों, सामन्तों तथा उनकी नकल करने वाले हिन्दू राजा-रजवाड़ों की देन है। इसमें ऐसे स्वाभिमानी उच्च-वर्गीय भी शामिल हैं जिन्होंने धर्म-परिवर्तन से इनकार किया और उन्हें भंगी बनाया गया। कालांतर में 'भंगी बनाना' मुहावरा बन गया।

वर्णाश्रम व्यवस्था का परिणाम रहा हो अथवा कर्म का कि–कालान्तर में एक ही वर्ण में अनेक जातियों ने स्वरूप पाया। भंगी, डोम, चमार, मुसहर, धोबी आदि दलित जातियाँ ही हैं। भारत में जातियों का जाल बिछा। एक ही वर्ण या वर्ग में भी लोग एक-दूसरे को अछूत मानने लगे। जातिगत विषमता को समाप्त करने का प्रयास भी होता रहा है। आधुनिक युग में गाँधी जी के प्रयास से छुआछूत का भेदभाव काफी हद तक समाप्त हुआ–उत्तर भारत में।

अम्बेडकर द्वारा प्रारम्भ किया गया महाद आन्दोलन निश्चय ही एक सुधारवादी आन्दोलन था किन्तु समस्या वहाँ आती है जब अम्बेडकर घोषित करते हैं–"मैं पैदा हुआ हूँ हिन्दू-धर्म में पर हिन्दू-धर्म में मरूँगा नहीं।" अम्बेडकर ईसाई तो नहीं बने, पर ईसाई वेषभूषा, रहन-सहन, सोच उनके पहलू थे। वे पहले सिख धर्म अपनाना चाहते थे। असफल होने पर बौद्ध-धर्म स्वीकार करते हैं। बौद्ध धर्म तब तक अपनी विरूपताओं के कारण विख्यात हो चुका था। उसमें भी अनेकों विकृतियाँ आ चलीं थीं। जिस नारी-प्रवेश को गौतम बुद्ध ने निषिद्ध

किया था; वह नारी भी भिक्षुणियाँ बनकर उसमें शामिल हुईं और धीरे-धीरे बौद्ध-धर्म वज्रयान और सहजयान शाखा में तब्दील हुआ। इनमें इतने कृच्छ्राचार शामिल हो गए कि वह समाज के लिए हितकारी नहीं रह गया। अम्बेडकर के धर्म-परिवर्तन पर यह प्रश्न उठता है कि धर्म परिवर्तन की आवश्यकता क्या थी, जब दलित एक अलग ही धर्म था? कबीर, दादू, रैदास को तो किसी धर्म का सहारा लेने की आवश्यकता महसूस नहीं हुई।

वैसे भी अम्बेडकर के अनुसार दलित अपने नाम के साथ 'दास' लगाते थे। किन्तु इतिहास इस बात का गवाह है कि कबीर, रविदास आदि जब परम सत्तामय हो गए तब उन्हीं के अनुयायियों ने उनके नाम के साथ आदरार्थक 'दास' शब्द का प्रयोग किया। और यह 'दास' इस अर्थ में भी आया कि जब वे सिद्ध-सन्त हो गए तब वे परमात्मा के दास हैं। अर्थात सेवक। उत्तर भारत में दलितों और गैर-दलितों के प्रायः देवी-देवताओं अथवा घर की वस्तु, रंग और क्रिया आधृत नाम रखे जाते थे। यथा रामलाल, रामकिशुन, घुरहू, लालू, करियऊ आदि।

गौतम बुद्ध ने अपने शिष्यों को यह निर्देश दिया था कि वह अपने भोजन के लिए किसी जीव की हत्या न करें, किन्तु भोजन में कुछ भी अखाद्य नहीं है, चाहे वह किसी का माँस ही हो, वशर्ते उसकी हत्या दूसरे ने की हो और दूसने ने उसे पकाया हो। पर गौतम बुद्ध का यह निषेध बहुत दूर तक नहीं चल पाया। माँस, किसी भी प्रकार का माँस, किसी भी जानवर का माँस अथवा स्वयं जीव की हत्या कर उसे खाद्य बनाया गया। यहाँ तक कि मरे हुए जानवरों का भी माँस खाद्य बन गया। अम्बेडकर की यह अवधारणा कि ये दलित गोमाँस या मरे हुए पशुओं का माँस खाते थे, सच के विपरीत है। हाँ! यह बात अलग है कि भूखा व्यक्ति चाहे वह दलित हो या उच्च-वर्ग का, वह खाद्य और अखाद्य में भेद नहीं करता है। बंगाल और बिहार का अकाल इसका उदाहरण है।

इधर कतिपय विद्वानों ने यह आरोप लगाया कि ब्राह्मण गोमांस खाते थे। किन्तु यह उनकी अज्ञानता का पर्याय है। गोमांस खाने की क्रिया शाक्त-साधना का एक अंग थी–

गोमांसं भक्षयेन्तित्यं पिवेदमरवारुणीयम्।
कुलीनं तमहं मन्ये इतरे कुलघातकाः॥
'गो' शब्द नोदिता जिह्वा तत्प्रवेशो हि तालुनि।
गोमांसभक्षणं तत्तु महापातकनाशमन् ॥
जिह्वाप्रवेशसंभूतः वह्निनोपत्पादितः खलु।
चन्द्रातुश्रवति यः सारः स स्यादमरवारुणी ॥–हठ, 46-48

अर्थात् वही योगी कुलीन कहलाता है जो नित्य 'गोमांस' का भक्षण करता है और ऊपर से 'अमर वारुणी' का पान करता रहता है! और योगी तो कुल-घातक हैं, क्योंकि 'गो' का अर्थ जिह्वा है और उसे उलटकर तालुदेश में ले जाने को ही 'गोमांस भक्षण' कहते हैं। निस्सन्देह यह महापातक को नाश करनेवाला है। ब्रह्मरन्ध्र के पास, सहस्त्रारपद्म के मूल में जो योनि नामक त्रिकोणाकार शक्तिकेन्द्र है, वहीं चन्द्रमा का स्थान है, उसी से अमृतरस चुआ करता है, योगी की ऊर्ध्वगा जिह्वा उसी अमृतरस का पान करती है, वही अमर वारुणी है। इसमें जिन्हें कुलघातक कहा गया है, वे ऐसे ही योगी रहे होंगे जो देवी का 'खाजा' और 'भैरू का प्याला' संभाले रहते होंगे।

आचार्य हजारी प्रसाद द्विवेदी के शब्दों में, "वस्तुतः गोरक्षनाथ के नेतृत्व में ही वाममार्गी शाक्त साधकों का एक दल, जो कायायोग में विश्वास करता था, योगिसमाज के अन्तर्भुक्त हुआ था। उसकी अपनी क्रिया-पद्धति का अवशेष यह आचार है। कालक्रम से परम्परा के नष्ट होने से वह अपने विशुद्ध पार्थिव रूप में जीता रह गया है।"

अम्बेडकर ने दलित वर्ग को हिन्दू भी नहीं माना। बौद्ध या ईसाई वे थे नहीं। हाँ बहुत से दलित प्रलोभन में पड़कर मुसलमान, ईसाई अथवा बौद्ध बन गए थे। अम्बेडकर के सामने कबीर का उदाहरण था। वे चाहते तो सामाजिक अलगाववादी धारा छोड़कर समाज को संगठित कर सकते थे। कबीर का यही तो अवदान है कि उन्होंने बहुसंख्यक हिन्दुओं को, जिन्हें आज दलित कहा जाता है, प्रेम का पथ दिखलाकर संघर्ष की प्रेरणा दी। उनमें जातीय सम्मान अथवा स्वाभिमान पैदा किया और उनमें आत्मबल का संचार किया।

दलित चिन्तन के प्रसंग में अम्बेडकर यह भी कहते हैं कि भारत के गाँव में दक्षिण तरफ रहने वाले लोग दलित होते हैं। हो सकता है—महाराष्ट्र के गाँव में दलितों की बस्ती दक्षिण में हो; लेकिन उत्तर-प्रदेश के अधिकांश गाँवों में दलित बस्ती पूरब तरफ या उत्तर तरफ स्थित है। वस्तुतः 'गाँव' की एक परिकल्पना थी हर कर्म के विशेषज्ञ उसमें रहते थे और गाँव के रहने वाले अपनी-अपनी उपज या निर्मिति का परस्पर आदान-प्रदान करते थे। सुख-दुख में सभी एक-दूसरे के साझीदार बनते थे।

अम्बेडकर की विचारधारा को केन्द्र में रखकर हिन्दी 'बेल्ट' में भी दलित आन्दोलन प्रारम्भ हुआ। यद्यपि महात्मा गाँधी स्वयं ही इस आन्दोलन को स्वरूप दे चुके थे और बहुत कुछ सफल हो चुके थे, किन्तु आज के दलित लेखक/चिन्तक महात्मा गाँधी को इसका श्रेय नहीं देते। वह अपेक्षाकृत गाँधी जी की उन राजनीतिक विवशताओं को केन्द्र में रखते हैं जिनके कारण कभी-कभी वे अपने

प्रयास में असफल हुए। महात्मा गाँधी का लक्ष्य था भारत को विदेशी शासन तथा मानसिकता से मुक्त कराना, अपनी भाषा और संस्कृति की रक्षा करना, उसका विकास करना। वहाँ दलित और गैर-दलित का भेदभाव नहीं था। वह जब भारतीयता की बात करते हैं तब उसमें हिन्दू, मुसलमाल, सिख, ईसाई, दलित, गैर-दलित स्त्री पुरुष सभी आते हैं। गाँधीजी अपेक्षाकृत कितने उदार थे, इसका उदाहरण निम्नलिखित घटना है–"पिछली सदी के सन् 34-35 की बात है। पंजाब के आर्यसमाजी 'जाति तोड़क सम्मेलन' करना चाहते थे। इसके उद्‌घाटन के लिए उन्होंने डॉ. अम्बेडकर से अनुरोध किया। डॉ. अम्बेडकर जो विख्यात जाति विरोधी थे और जिनकी थीसिस ही जाति-प्रथा के खात्मे पर थी इसके लिए एक शर्त्त पर तैयार हो गए। शर्त्त यह थी कि वह जो उद्‌घाटन-भाषण देंगे उसे सम्मेलन करने वालों को यथावत छपवाना होगा। सम्मेलन करने वाले इसके लिए तैयार हो गए। डॉ. अम्बेडकर ने लिखित उद्‌घाटन भाषण भेज दिया जिसमें जाति-प्रथा के समर्थन के कारण हिन्दू धर्मशास्त्रों, पुराणों और वेद की तीव्र निन्दा की गई थी। सम्मेलन करने वालों ने डॉ. अम्बेडकर से आग्रह किया कि 'वेद' सम्बन्धी बातों को हटा दें, बाक़ी बातें रहें। डॉ. अम्बेडकर इस पर राजी नहीं हुए। आखिर में सम्मेलन स्थगित कर दिया गया। जबकि वेद की रचना के समय तक वर्ण-व्यवस्था स्वरूप नहीं ले पाई थी।

गाँधी जी को जब यह मालूम हुआ तो वह दुखी हुए। उन्होंने लिखित उद्‌घाटन-भाषण मँगाकर 'हरिजन' में छाप दिया और 'हरिजन' के अगले अंक में गाँधी जी ने हिन्दू धर्मशास्त्रों के समर्थन में एक लेख लिखा। फिर डॉ. अम्बेडकर ने उसकी काट में लेख लिखे। वाद-विवाद चलता रहा। (हंस, फरवरी, 2005, पृ. 53, चतुरानन मिश्र के आलेख से)। इतना ही नहीं, गाँधी जी 'फूट डालो राज करो' की अँग्रेजी-सत्ता की नीति से परिचित थे–"अँग्रेजों ने जब दलितों के पृथक बालिग मताधिकार के आधार पर चुनाव क्षेत्र बनाने का सुझाव दिया तो इसके विरोध में गाँधी जी आमरण अनशन पर चले गए। फिर पूना पैक्ट के नाम से डॉ. अम्बेडकर ने समझौता किया और गाँधीजी ने अनशन तोड़ा।" (वही, पृ. 53)। फिर भी गाँधी जी के अखण्ड भारत का सपना पूरा नहीं हुआ। अँग्रेज अंशतः सफल हुए। उन्होंने पाकिस्तान बना दिया। वैसे अम्बेडकर की चली होती तो आज भारत के दो नहीं तीन टुकड़े होते। वस्तुतः अम्बेडकर की मूल चिन्ता थी कि यदि देश आजाद हुआ तो आजादी का वास्तविक उपयोग हिन्दू और मुसलमान ही करेंगे, दलित उससे वंचित ही रहेंगे। यह सोच एकांगी थी। ठीक उन दलितों की भाँति जो आज उच्चपद पर आसीन हैं और जो स्वयं को दलित कहलाने में भी शर्म महसूस करते हैं। दलितों के बीच जाना और बैठना तो

कल्पनामात्र है। उनके दुख दूर करना तो कोसों दूर की बात है। कबीर, रैदास, दादू, सधना, नानक आदि ने यह विभाजक रेखा नहीं खींची थी। समाज और राष्ट्र को तोड़ा नहीं बल्कि उन्होंने उसे और मजबूत किया। व्यक्ति का विकास समाज की मजबूती का पहला खम्भा है। जिस ईश्वर को नकारने की बात आज के दलित वर्ग करते हैं और तभी अपना उत्थान मानते हैं, उसी ईश्वर को दक्षिण तथा उत्तर भारत के सन्त कवियों ने पहचाना और एक सशक्त धार्मिक आन्दोलन खड़ा किया।

ज्योति बाँ फुले एक कदम और बढ़कर दलितों को आर्यों से अलग मानते हैं–"धूर्त आर्य उसको कुलंबिन कहते है।" इतना ही नहीं उन्होंने अँग्रेजी राजसत्ता की प्रशंसा में कविताएँ और लेख लिखे–

"मनु जलकर खाक हो गया जब अँग्रेज आया।
ज्ञानरूपी माँ ने हमको दूध पिलाया।"

यदि ज्ञान अँग्रेजों ने ही दिया तो कबीरदास, रैदास, दादू, नानक, सधना, रज्जब आदि सन्त ज्ञानी कैसे कहलाए? वे बौद्धों को भी भूले जिनके प्रशंसक अम्बेडकर हैं। माना तो यह जाता है कि भारतीय ज्ञान सम्पदा ने पूरे विश्व को आलोकित किया। भारतीय ज्ञान परम्परा की समृद्धि से अँग्रेज भी अभिभूत हुए। अनेक ग्रंथों का उन्होंने अँग्रेजी में अनुवाद किया-कराया। उस ज्ञान राशि से परिचित हुए, और उसका उपयोग किया। ज्योति बॉ फुले यह भी कहते हैं कि दलितों के लिए रास्तों पर प्रतिबन्ध था। हो सकता है–ऐसा निषेध रहा हो। पर यहाँ वे भूल गए कि इस परंपरा की नींव तो अंग्रेजों ने डाली। अँग्रेजी सत्ता ने काले हिन्दुस्तानियों की राह रोकी। अनेक पथों पर हिन्दुस्तानियों को चलने की मनाही थी चाहे वे उच्च-वर्ग के हों या दलित। पता नहीं ज्योति बा फुले या अन्य कोई दलित उस राह से गुजर पाया कि नहीं? अतः अँग्रेजी शासन के लिए ब्राह्मण पर प्रहार करना बेमानी है। कँबल भारती यह मानते हैं कि जगजीवनराम के काँग्रेस अध्यक्ष बनने पर दलित काँग्रेस से जुड़े किन्तु यह पूरी तरह गलत है। कामराज नाडार को भारती कैसे भूल गए। दलित, विशेषकर उत्तर भारत के दलित स्वतंत्रता के पश्चात् ही काँग्रेस से जुड़ गए। काँग्रेस ने इनकी सामाजिक स्थिति को सुधारने का भी प्रयास किया। इसमें सुधार भी हुआ। फलस्वरूप 1980 तक दलितों के एकमुश्त वोट काँग्रेस को मिलते रहे। और काँग्रेस में रहकर दलित राजनीति को स्वरूप देते रहे–दलित नेता। हाँ! कांसीराम और मायावती के आने से यह वर्ग काँग्रेस से दूर हुआ।

परतंत्र भारत रहा हो या आज का स्वतन्त्र भारत, दलितों की जो स्थिति रही है, उससे भी बद्तर ब्राह्मण या उच्चवर्ग की स्थिति रही है। उत्तर प्रदेश

के अधिकांश गाँवों के उच्चवर्गीय घरों में दो जून की रोटी नसीब नहीं होती, पहनने के लिए कपड़े नहीं। रहने के लिए घर नहीं, शिक्षा का नामो-निशान नहीं, पढ़ाई के लिए पैसा नहीं है। फलस्वरूप वे भी मजदूरी और छोटे-छोटे काम करने के लिए विवश रहे हैं। लकड़ी चीरने का दायित्व केवल दलितों का नहीं था, वह हर वर्ग का था। आर्थिक उपलब्धि के लिए लकड़ी इकट्ठा करना, उसे बेचना एक पेशा भी था। घास छीलकर बेचना भी एक पेशा था–एक जमाने में। केरला निवासी डॉ. एस. रामन्नायर ने बताया कि बचपन में उन्हें स्कूल की फीस नहीं मिल पाती थी। दिन-दिन भर भूखे रहना पड़ता था। काशी हिन्दू विश्वविद्यालय में प्रोफेसर राजमणि शर्मा की भी यही कहानी है। इसलिए इस आर्थिक विसंगति को ब्राह्मण की देन बताकर ब्राह्मणों पर प्रहार उचित नहीं।

दास प्रथा हो या दलित प्रथा यह सामन्तवादी व्यवस्था की देन है जो पहले भी सामन्तों, वणिकों, राजन्य वर्ग में विद्यमान थी और मुसलमानों या अँग्रेजों के काल में उसे खाद-पानी मिला। ब्राह्मणों को न तो दास की आवश्यकता पड़ी न ही दलितों की।

## (2)

अम्बेडकर की विचारधारा तथा मान्यताओं के पोषक तथा उसे आधार मानकर लिखने वाले हिन्दी दलित साहित्य के सर्जक गैर-दलित लेखकों द्वारा लिखे गए दलित-साहित्य को प्रामाणिक नहीं मानते। उनका कहना है कि जन्मना दलित ही दलित साहित्य लिख सकता है। उसकी अनुभूति ही सच्ची अनुभूति होगी। निश्चय ही भोक्ता और दर्शक में अन्तर तो होता है किन्तु आदिकवि वाल्मीकि हमारे सामने हैं। वे भी भोक्ता नहीं थे। उनके अंतस में उपजी करुणा और क्रोध तो देखने-सुनने का ही परिणाम था। यदि वहाँ सच्ची यथार्थ अनुभूति है तो क्यों नहीं हो सकती है गैर दलित लेखकों में। वैसे इस प्रसंग में यह उल्लेख्य है कि अब कतिपय दलित लेखक गैर दलित लेखकों द्वारा लिखे गए साहित्य को स्वीकार करने लगे हैं। पर क्या कहा जाए श्यौराज सिंह बेचैन के बारे में कि उन्होंने फिर वही राग अलापना प्रारम्भ कर दिया–"वह साहित्य जिसके सर्जक दलित नहीं रहे किन्तु दलितों को विषय बनाकर अपना स्वान्तः सुखाय मनगढ़ंत साहित्य रचते हैं।" (हंस, फरवरी-2005)

दलित लेखकों द्वारा अम्बेडकर की अगुवाई में 'मनुस्मृति', 'रामचरितमानस', और अन्य वेद-पुराण तथा धर्म ग्रन्थों पर प्रहार हुआ। अम्बेडकर की बात तो मैं नहीं जानता पर अपने अधिकांश दलित लेखकों-मित्रों को जानता हूँ। उनमें

से शायद ही किसी ने इन ग्रन्थों को पूरी तरह पढ़ा हो? और पढ़ा भी हो तो शायद ही उसके मूल भाव से सचमुच परिचित हुए हों? सरस्वती में प्रकाशित एक दलित लेखक ने हीरा डोम की 'अछूत की शिकायत' नामक कविता का मूल भाव ही बदल डाला। हीरा डोम की भगवान से प्रार्थना को इन्होंने अँग्रेज बहादुर से फरियाद की संज्ञा दे दी। इतना ही नहीं 'पदरी साहब के कचहरी में जाइबिजा/बेधरम हो रंगरेज़ बनिजाइब' 'धरम न छोड़त बनत बा जे। हाय राम बेधरम होके कैसे मुँहवा देखाइवि।' को वे धर्म परिवर्तन की आकांक्षा मानते हैं। उनकी दृष्टि में हीरा डोम ईश्वर को सवर्ण मानते हैं। ऐसी व्याख्या से वे दलित वर्ग को दिग्भ्रमित कर कौन सा हित सिद्ध कर रहे है। यह वे ही जानें।

'हरिहर' उपनाम से कविताएँ लिखने वाले स्वामी अछूतानन्द एक समाज सुधारक थे। 'आदि हिन्दू' पत्र का प्रकाशन कर दलित पत्रकारिता को उन्होंने स्वरूप दिया। दलितों को अपने इतिहास से परिचित कराना इस पत्र का मुख्य उद्देश्य था। 1912 में दलितों का भयावह चित्र रेखांकित करने वाली उनकी एक कविता भी प्रकाशित हुई। उन्होंने अपनी रचनाओं के माध्यम से यह भी स्थापित किया कि दलित आदि हिन्दू हैं। अम्बेडकर इसे अपनी स्थापना के विरुद्ध मानते रहे हैं। मुझे स्मरण है मिर्जापुर के आदिवासियों की बोली पर कार्य करते हुए उनके आदिवासी बनने की नियति की कथा। गुर्जर राजा की सेना के साथ चले उच्चवर्गीय सैनिक आभीर राजा से परास्त होने के पश्चात् इसी क्षेत्र में बसने को विवश हुए और आज वे दलित जिन्दगी बिता रहे हैं।

ऐसा प्रतीत होता है कि दूसरों पर आरोप मढ़ना ही दलित आन्दोलन का लक्ष्य है। कभी प्रेमचन्द के 'रंगभूमि' को जलाया जाता है, कभी 'कफन' कहानी के आधार पर प्रेमचन्द पर 'लुम्पिज्म' का आरोप मढ़ा जाता है, और कभी उन्हें दलितों का मसीहा माना जाता है। उनमें दलित-विमर्श खोजे जाते हैं। वस्तुतः कोई भी रचनाकार अपनी सम्पूर्णता में स्वीकार्य या अस्वीकार्य होता है, आधे-अधूरे में नहीं। 'दलित' देवता नहीं कि उनमें सामाजिक विकृति न आए। मेरे दलित मित्र यह क्यों भूल जाते हैं कि प्राचीन ग्रन्थों में यहाँ तक कि कबीर की बानियों में भी परवर्त्ती प्रतिलिपिकारों ने बहुत कुछ जोड़ दिया है। 'पृथ्वीराज रासो' 'बीसलदेव रासो' आदि ग्रन्थ तो इसके प्रमाण ही हैं। जिस मानस की कतिपय पंक्तियों पर विशेषकर "ढ़ोल, गँवार, शूद्र, पशु, नारी..." पर प्रहार किया जाता है, उसके सन्दर्भ में हमारे मित्र इस तथ्य को विस्मृत कर जाते हैं कि यह भी प्रक्षिप्त अंश हो सकता है। तुलसीदास ने अपने मानस में 'ट' वर्ग से कोई दोहा-चौपाई नहीं लिखा। वैसे भी जो रचनाकार 'शबरी' और 'अहिल्या' को इतने ऊँचे स्थान पर बिठा रहा हो, 'केवट' और 'निषाद' को महिमामण्डित करता हो

उससे नारी तथा दलित के सन्दर्भ में ऐसे कथन की उम्मीद नहीं।

पढ़ा-लिखा दलित अपने वर्ग से कटकर बड़ी आसानी से अलग हो जाता है। अधिकांश दलित रचनाकारों तथा उनके लेखन की यही स्थिति है। बचपन में बिताए दिन और वहाँ प्राप्त संवेदना कितने दिनों तक साथ देगी? और अब तो वह वर्ग भी समाप्त हो गया जो बचपन में छुआछूत के भेदभाव से ग्रस्त था। उच्चवर्गीय मानसिकता की यह भावना स्वयं दलित लेखकों को वर्गों में बाँट रही है। आज असली दलित कुनबा न तो शिक्षा पा रहा है और न ही आर्थिक सुदृढ़ता। नौकरी तो उससे कोसों दूर है। मेहनत-मजदूरी करके अगर वह अपने बच्चों को पढ़ाता है तो उसके सामने बेरोजगारी की समस्या मुँह बाएँ खड़ी है। उसके पास इतना पैसा नहीं होता कि अपने बीच के बने अधिकारियों को घूस देकर अपने बेटे की बेरोजगारी दूर करे। हमारे पड़ोस में ही काफी बड़ा दलित कुनबा है, जिसमें छोटे-छोटे बच्चे चाहे वे लड़के हों या लड़कियाँ, महुआ, आम, पॉलिथीन बिनते अथवा चाय की दूकानों, होटलों, बड़े घरों में अथक परिश्रम करते मिल जाएँगे। जब उनके संरक्षकों से पढ़ाई के लिए बात होती है तो वे स्पष्ट कहते हैं–"नौकरी तो मिलनी नहीं, घूस का पैसा है नहीं। तब पढ़ाकर क्या होगा? अभी से कुछ करके जी खा लेंगे।" इतना ही नहीं अधिसंख्य दलित परिवार के पुरुष अपनी कमाई को शराब में उड़ा देते हैं। और बच्चों तथा औरतों की चिकित्सा हेतु न उनके पास पैसा रहता है और न परिवार को समृद्ध करने वाली बलवती आकांक्षा।

इस तरह दलित-समस्या, सामाजिक समस्या है। जहाँ आर्थिक विवशता, अशिक्षा, सामाजिक कुरीतियों और नशे के प्रभाव में दलित अपना संघर्ष खो रहे हैं। वे और दलित बनते जा रहे हैं।

**दुर्भाग्य यह है कि आज के दलित लेखकों में न कोई कबीर पैदा हो रहा है, न रैदास और न आंबेडकर जो दलितों के बीच जाकर उनकी पीड़ा, संत्रास को भोगे तथा उनके दुख को वाणी दे, उनकी संवेदना में साझीदार बने, उन्हें उत्थान का मार्ग सुझाए। संपन्न दलित तो उनसे कोसों दूर खड़े मिलते हैं। यदि इनमें सुधार के लिए कोई सक्रिय है तो वे हैं–ब्राह्मणवादी संगठन जिसे दलित गाली देते हैं।**

दलित-साहित्य के अध्ययन से एक बात यह भी उभरती है कि उनकी बहू-बेटियों के यौन-शोषण करने वाले ब्राह्मण नहीं, क्षत्रिय, भूमिहार या उच्चवर्गीय मानसिकता की पिछड़ी जातियाँ हैं। तब प्रश्न उठता है कि इसके लिए ब्राह्मण या ब्राह्मणवाद पर प्रहार, क्यों किया जाता है? क्या मनु ने ऐसी व्यवस्था की है? ब्राह्मण तो इन दलितों का सहयोगी रहा है, इनके यहाँ भी कथा-पूजा सुनाकर

अपना पेट पालता रहा है। वह उसका भी सीधा लेता था और क्षत्रिय का भी। मैंने अपनी आँखों कई दलित लेखकों के यहाँ शादी-ब्याह, व्रत-त्योहार के मौके पर यह देखा है कि वे पूजा-पाठ तथा परम्पराओं को उच्च वर्गों से भी अधिक निभाते हैं। और नव-दलित तो इसमें और आगे हैं। इसलिए यह सोचना कि वह हिन्दू-धर्म से अलग हो जाएँगे, कल्पना की ऊँची उड़ान है। आज वैवाहिक सन्दर्भ बदल रहे हैं। सामाजिक सन्दर्भों में भी परिवर्तन आया है। यह अलग बात है कि झूठे प्रलोभन या राजनीतिक कारणों से लोग अपना धर्म परिवर्तन कर लें। धर्म परिवर्तन ऐसे कारणों से होते रहे हैं और होते रहेंगे उन्हें कोई रोक नहीं सकता। यह हर युग का शाश्वत यथार्थ है। पर इस बदलाव का सच देखना हो तो मराठी आत्मकथाओं तथा कतिपय कहानियों में देखें, जिनमें स्पष्ट है कि धर्म-परिवर्तित दलित ईसाई की मृत्यु के अवसर पर बपतिस्मा के लिए पादरी तक उपस्थित नहीं होता।

आज के दलित साहित्यकारों में ओमप्रकाश बाल्मीकि, मोहनदास नैमिषराय, भगवानदास मोरवाल, रमणिका गुप्ता, श्यौराज सिंह बेचैन, एन. सिंह, कँवल भारती आदि उल्लेख्य हैं। अधिसंख्य कहानियों में दलित-संवेदना तो कतई नहीं उभर पाती। उसका कोई स्वरूप भी निर्मित नहीं होता। उसमें संघर्ष नहीं, अन्तर्द्वन्द्व नहीं, हादसे नहीं, एक होने की भावना नहीं, स्त्री संवेदना भी प्रायः गायब है। फलस्वरूप यह लेखन राजनीतिक लेखन जरूर बनता है। पढ़ा-लिखा दलित अपने वर्ग से कटकर बड़ी आसानी से अलग हो जाता है। अधिकांश दलित रचनाकारों तथा उनके लेखन की यही स्थिति है। बचपन में बिताये दिन और वहाँ प्राप्त संवेदना कितने दिनों तक साथ देगी? और अब तो वह वर्ग भी समाप्त हो गया जो बचपन की बेचारगी और छुआछूत के भेदभाव से ग्रस्त था।

प्रश्न है कि इन दलित कहानियों का पाठक कौन है? क्या वह दलित कुनबा जिसके लिए, यह लिखा जा रहा है? वह तो इन लेखकों के लेखन से परिचित ही नहीं। प्रथमतः तो है—उनमें शिक्षा का अभाव। दूसरा कारण है उनमें आर्थिक विपन्नता और तीसरा कारण है लेखक का उनके बीच का न होगा। ऐसी स्थिति में उसका उत्थान या उद्धार कैसे संभव है? 'जूठन' (आत्मकथा) ने तो प्रभावित किया किन्तु 'अपने-अपने पिंजरे' (आत्मकथा) पहले ही प्रश्न खड़ा कर देता है कि जिसका जन्म शहर में दो तल्ले के पक्के मकान में हो, क्या वह दलित है? क्योंकि उत्तर-प्रदेश के अधिकांश उच्चवर्गीयों के घर भी छप्पर, घास-फूस या मिट्टी के हैं। दलितों के पास पक्का मकान होना तो कोरी कल्पना मात्र है। एक दलित प्राध्यापक/समीक्षक ने भी स्वीकार किया कि 'अपने-अपने पिंजरे' में संप्रेषणीयता का अभाव है। वैसे भी इससे दलित संवेदना उभरती ही नहीं।

कुछ कहानियों में परंपराओं पर प्रहार है और संवेदना के धरातल पर भी कुछेक कहानियाँ ही प्रभावित कर सकीं। इसमें 'सलाम' (ओमप्रकाश बाल्मीकि) उल्लेख्य है। शेष साहित्य या तो जबर्दस्त घृणा का प्रचारक-प्रसारक है अथवा शासन-सत्ता, प्रकाशन, शिक्षा, साहित्य, सृजन और नौकरी में आरक्षण की वकालत करता है। यहाँ ये दलित लेखक अम्बेडकर को भूल जाते हैं। आरक्षण तो अयोग्यता को बढ़ावा देता है। और 'अयोग्य' की नियुक्ति या 'शिक्षा' में स्थान 'घुसपैठिए' की ही स्थिति उत्पन्न करेगी। मुझे यहाँ दो प्रसंग याद आ रहे हैं। मेरे गुरु-तुल्य अग्रज डॉ. रामसिंह तोमर एक केन्द्रीय विश्वविद्यालय में चयन समिति के विशेषज्ञ थे। कुलपति ने पूरी चयन समिति को बताया कि "यह पद आरक्षित है। कई वर्षों से भरा नहीं जा सका। एक ही प्रत्याशी है। हर हालत में इस बार नियुक्त करना है। यह मेरी विवशता है; साक्षात्कार एक बहाना भर है। यदि आप लोग नियुक्ति नहीं करेंगे तो मेरी नौकरी खतरे में पड़ जाएगी।" प्रत्याशी का शोधकार्य रामचरितमानस पर था और नाम भी था–लक्ष्मण प्रसाद। प्रश्न तो करना ही नहीं था, तब भी तोमरजी ने प्रत्याशी महोदय से मानस के लक्ष्मण की माता का नाम पूछ ही लिया। प्रत्याशी का उत्तर था–'केकैयी'। दूसरा प्रसंग है–एक केन्द्रीय दलित मन्त्री का। उन्हें अपना ऑपरेशन करवाना था, किंतु उन्होंने दलित कोटे से सर्जन बने डॉक्टर से ऑपरेशन न कराकर एक उच्चवर्गीय डॉक्टर से आपरेशन कराना पसन्द किया।

शिक्षा की कथा-व्यथा मैंने अपनी आँखों देखी और अनुभव की है। दलित शिक्षार्थी कक्षा से पलायित रहते हैं। दो-दो, तीन-तीन विश्वविद्यालयों में नाम लिखाते हैं और छात्रवृत्ति लेते हैं। डॉक्टर बनने के लिए लाख-लाख रुपए देकर प्रवेश-परीक्षा में स्वयं के बदले उच्चवर्गीय छात्र से परीक्षा दिलाते हैं। ऐसी पद्धति से बने डॉक्टर-इंजीनियर-शिक्षक कितने योग्य होंगे, कल्पना की जा सकती है। और लाख रुपए देने वाले क्या दलित हैं? हमारे साथी दलित कोटे से आए शिक्षक न तो कक्षा में पढ़ाने जाते हैं, न ही पढ़ते हैं। यदि अधिकारी कार्रवाई करना चाहे तो अपने संगठन के बल पर वे उसके विरुद्ध आंदोलनरत हो उठते हैं। फलस्वरूप बड़ा-से-बड़ा अधिकारी उनसे डरता है। प्रश्न है कर्तव्यहीनता तथा आंतक और घृणा फैलाने का यह साम्राज्य कब तक चलेगा? दलित स्वयं क्यों नहीं इस दिशा में जागृत हो रहे हैं।

आरक्षण मुद्दे के संदर्भ में सुप्रीम कोर्ट के फैसले पर दलित प्रतिक्रिया क्या भारतीय न्यायपालिका में आस्था रख पाती है? "15 नवम्बर, 1992 को मंडल रिपोर्ट पर सर्वोच्च न्यायालय के निर्णय को दलित अन्य फैसलो की तरह सवर्णों के पक्ष में स्वीकार करते हैं। इस फैसले में तकनीकी क्षेत्रों, शिक्षण क्षेत्र, चिकित्सक,

प्रोफेसर वैज्ञानिक के लिए आरक्षण को अस्वीकार कर दिया गया। पिछड़ी जातियों को 27 प्रतिशत आरक्षण दिया गया किन्तु पिछड़ी जातियों के 'क्रीमीलेयर' को आरक्षण का अधिकार नहीं दिया गया।'' 'क्रीमीलेयर' उस वर्ग का प्रतिनिधित्व करता है जो आरक्षण के चलते पूरी तरह से शिक्षित और सम्पन्न हो चुके हैं। जो सवर्ण के निकट पहुँच गए हैं। वस्तुतः दलित सवर्ण बना नया वर्ग आरक्षण के लाभ को गरीब तबके तक पहुँचने ही नहीं देता, वह स्वयं हड़प जाता है। ऐसे तमाम उदाहरण मिलते हैं जिनमें एक ही परिवार के तीन पीढ़ी तक ने आरक्षण का लाभ ले लिया और सत्ता सुख भी भोगा। ऐसे लोगों को सुप्रीम कोर्ट का यह निर्णय आरक्षण के लाभ से विलग रखता है किन्तु दलित-चिंतक इस निर्णय को भी अन्यायपूर्ण मानते हैं।

निश्चय ही यह एक ऐसा फैसला था जिससे सवर्ण श्रेणी में आ चुके दलितों के विपरीत आज दलितों के ऐसे तबके, जिसे न भोजन मिल रहा है न रोजगार; जो समाज तथा अपने सजातियों से उपेक्षित, दलित जिन्दगी बिताने के लिए विवश है, को आगे बढ़ाने का एक सार्थक प्रयास सिद्ध होता किन्तु इसका विरोध हुआ। "दलित समुदाय की हालत तो अभी भी दयनीय है, मानववादी मुख के साथ सुधार की बात मूल रूप से आम गरीबी की चर्चा करती है। सामाजिक उत्पीड़न रोकने या सुधार का दलित मुखी होने की चर्चा नहीं है। दलित संगठन भी जाति-प्रथा खात्मा नहीं, जाति संगठन मजबूत करने पर ही लगे हैं। डॉ. अम्बेडकर के जाति-प्रथा खात्मे के सिद्धान्त को रौंद रहे हैं। गाँधी जी के दलित उत्थान का सपना भी पूरा नहीं हुआ।'' (वही, पृष्ठ 53)

दसवीं शती के पश्चात् नारी की अवस्था निरन्तर बिगड़ती गई। वह सर्वाधिक शोषित हुई, चाहे जिस वर्ण या धर्म की रही हो। जैन धर्म में नारी को निर्वाण नहीं मिला। मुस्लिम समुदाय में नारी को मस्जिद में न तो नमाज़ अदा करने की अनुमति है न ही मौलवी बनने की। इसके विपरीत हिन्दू धर्म व्यवस्था उदार है। दलितों का मन्दिर प्रवेश वर्जित रहा है पर मैं 1948 से देख रहा हूँ कि हर वर्ग के लोग चाहे वे शूद्र हों या ब्राह्मण; दलित हों या गैर-दलित; सभी उत्तर-भारत के मन्दिरों में जाते हैं। दलित वर्ग तो इस प्रक्रिया में और आगे हैं। इसलिए इस समस्या को रचनात्मक रूप देना आज अप्रसांगिक है।

एक बात और! सांहिय का विभाजन न कभी हुआ है, और न उसे विभाजित किया जाना चाहिए। इन दलित लेखकों से अधिक अच्छी रचनाएँ गैर-दलित लेखकों की सामने आ रही हैं। वस्तुतः मुट्ठी-भर दलित लेखक सचमुच के दलित-वर्ग के अधिकार छीन रहे हैं। साम्राज्यवादी शक्तियों के साथ मिलकर उन्हें और अधिक दलित बनाने में निमग्न हैं। इसका उदाहरण है—अप्रैल, 2005

के हंस के पृष्ठ 8 पर छपा पत्र। इसके अनुसार ओमप्रकाश वाल्मीकि ने 'जूठन' के अनूदित रूप पर पुरस्कार की राशि स्वयं ले ली। वस्तुतः अनुवाद पुनर्संरचना है। इस पर हक होता है–अनुवाद करने वाले का। अनुवाद के लिए अनुमति देने हेतु वाल्मीकि ने अलग से धनराशि ली होगी। यह प्रवृत्ति क्या दलित-चेतना की परिणति है अथवा सामन्तशाही और शुद्धतावादी जिन्हें ब्राह्मणवादी धारणा कहा जाता है, की परिणति? कबीर, रविदास, आदि को उच्चवर्गीयों से प्रशंसा की आवश्यकता नहीं महसूस हुई, पर आज के दलित लेखक उच्चवर्गीय आलोचकों से अपनी प्रशंसा कराने पर तुले हुए हैं। उच्चपदस्थ दलित अपने से अधिक दलित वर्ग के लड़कों-लड़कियों से अपना या अपने बच्चों का विवाह भी करना-कराना पसन्द नहीं करते। और यदि विवाहित हैं तो अपढ़, गँवार, गले बँधी दलित पत्नी और उससे उत्पन्न बच्चों को त्यागकर, उसे अपने हस्र को भोगने के लिए छोड़कर उच्चवर्ग में जन्मी लड़की से विवाह कर लेना अपनी शान और मर्यादा समझते हैं। वैसे इस प्रवृत्ति का विकास उच्चवर्गीय लोगों में भी हुआ है। ऐसी स्थिति में जहाँ मानवीयता मर गई हो, वहाँ दलित संवेदना की झाँकी कहाँ दिखेगी।

कल तक मनुवाद तथा ब्राह्मणवाद को कोसने वाली मायावती ने अपने आन्दोलन की कमी को महसूस किया। अब वे भी ब्राह्मणों को अपने साथ जोड़ना चाहती हैं। यहाँ यह प्रश्न उठना स्वाभाविक है कि यदि राजनीति में ब्राह्मण-दलित एक साथ हैं तो सामाजिक व्यवस्था में उनसे अलग कैसे हो सकते हैं? और तब दलित लेखकों के अलगाववादी सुर का क्या होगा?

ऐसे ही कतिपय ज्वलंत प्रश्न दलित चिन्तकों के सामने मुँह बाए खड़े हैं। इन प्रश्नों का उत्तर वे तभी दे सकते हैं, जब वे कबीर की भाँति अपना 'घर' जलाकर 'बाजार' में लुकाठे के साथ खड़े हों और बनना पड़ेगा कबीर–

'दुखिया दास कबीर है, जागै अरु रोवे।'

अर्थात अपनी 'खोल' से बाहर निकलकर सामूहिक पीड़ा, दुख, संत्रास की खोल को आत्मसात करना होगा तभी वे शुद्ध साहित्य, जन साहित्य की संरचना कर पाएँगे।

# हिन्दी दलित-कहानी : पहचान का संकट

'दलित' शब्द संस्कृत, हिन्दी, हिन्दी-अंग्रेजी शब्दकोशों में मिलता है। जहाँ इसका अर्थ 'टूटा हुआ', 'पिसा हुआ', 'कटा हुआ' दिया गया। अंग्रेजी में इसका समानार्थी है-'डिप्रेस्ड'। मराठी में इसका अर्थ है-विनष्ट किया हुआ। कतिपय हिन्दी शब्दकोशों में मराठी के अनुकरण पर 'दबाए हुए', 'पद दलित', 'सताए हुए लोग' अर्थ भी प्रस्तुत हैं। वस्तुतः प्रारम्भिक अर्थ जहाँ वैयक्तिक संज्ञा है, वहीं आगे चलकर यह वर्गात्मक संज्ञा बन गई।

अवन्तिका प्रसाद मरमट ने दलित उसे माना-"जिसका दलन हुआ हो अथवा जिसे पनपने या बढ़ने न दिया गया हो, ध्वस्त या नष्ट किया गया हो।" एनीवेसेंट ने सर्वप्रथम-शोषितों, पीड़ितों के लिए 'डिप्रेस्ड' शब्द का प्रयोग किया। उन्होंने इसका आधार धार्मिक व्यवहार न मानकर सामाजिक व्यवहार माना। विवेकानन्द एवं रानाडे ने भी इसी सन्दर्भ में इस शब्द का प्रयोग किया। प्राचीनकाल में दलितों के लिए शूद्र, अतिशूद्र, चाण्डाल, अछूत, अंत्यज, अस्पृश्य जैसी संज्ञाएँ मिलती हैं। इन्हें ही विवेकानन्द ने दलित वर्ग कहा। ऐतिहासिक सत्य यह है कि प्राचीन काल में शूद्रों के पर्याप्त सामाजिक अधिकार थे। किन्तु यह भी सत्य है कि मद्रास में इन्हें 'पंचम' कहा जाता रहा है। भवदेव पाण्डेय के अनुसार-"दलित शब्द का सर्वप्रथम प्रयोग उन्नीसवीं सदी में आर्य समाज के 'दलितोद्धार' कार्यक्रम में किया गया था।" 1919 में सरकारी भाषा में 'दलित वर्ग' सर्वग्राही बना। इसमें अनुसूचित जातियाँ, अनुसूचित जनजातियाँ तथा अन्य पिछड़े वर्ग के लोग शामिल हैं। अखिल भारतीय दलित साहित्य अकादमी के अध्यक्ष ने भी इसमें उपेक्षित, पीड़ित, नारी, बच्चों को शामिल किया। एस.पी. पुणतालेकर और नामदेव ढसाल-अछूत, आदिवासी, पिछड़ी जातियों, बौद्ध, कष्ट उठानेवाली जनता, मजदूर, भूमिहीन, गरीब किसान, खानाबदोश तथा जिसे गाँधी जी ने 'हरिजन' कहा को, दलित मानते हैं। चन्द्रकुमार बरठे 'जन्मना' जो दलित है, उसे ही दलित मानते हैं। अर्थात् मनुष्य के रूप में जिनके मूल्यों को नकारा गया है। सूर्यनारायण रणशुभे-पीड़ित, शोषित, वंचित, उपेक्षित मनुष्य को दलित मानते हैं। (दलित रंगमंच-भूमिका)। दलित पैंथर्स के घोषणा-पत्र में-अनुसूचित

जाति, बौद्ध, कामगार, भूमिहीन, मजदूर, गरीब, किसान, खानाबदोश जाति, आदिवासी और नारी समाज को 'दलित' कहा गया। मराठी साहित्यकार बाबू राव बागुल के मतानुसार तो "कोई भी आदमी दलित नहीं होता, कोई भी साहित्य दलित साहित्य नहीं रहता, फिर भी मैं अपने को दलित लेखक ही कह लेना पसन्द करूँगा।...मेरा लेखन मनुष्य का चित्रण करता है किसी जाति विशेष का नहीं।" डॉ. एन. सिंह के अनुसार "दलित का शाब्दिक अर्थ है जिसका दलन या उत्पीड़न किया गया है। चाहे शस्त्र के द्वारा या शास्त्र के द्वारा।...इसमें स्त्री और पिछड़े वर्ग के साथ सवर्ण जातियों के वह लोग भी आते हैं जिनका किसी भी दशा में मानसिक या आर्थिक शोषण हुआ है।" (शिखर की ओर)। इनकी अपनी दृष्टि में भूमिहीन, अछूत, दास, गुलाम और निराश्रित भी दलित हैं। आज दलित शब्द प्रेरणा और विद्रोह का पर्यायवाची भी है। दलित बेजुबानों की आवाज है। दलित शब्द आक्रोश, चीख, वेदना, पीड़ा, चुभन, घुटन, छटपटाहट का प्रतीक है। यह अपने में एक इतिहास है, एक चीत्कार है। ('दलित साहित्य : चिन्तन के विविध आयाम', सं. डॉ. एन. सिंह)। रतनकुमार साँभरिया दलित शब्द का शाब्दिक अर्थ 'दबा हुआ' मानते हैं। आत्म-सम्मान और आत्मविश्वासहीन, मनोबल की कमी, अपमान, शोषण, उत्पीड़न और प्रताड़ना को जिसने अपनी नियति मान लिया हो वही दलित है।" (लोक शासन समाचार पत्र, 2 जून, 1993 जयपुर)।

हिन्दी के दलित रचनाकारों में अग्रगण्य ओमप्रकाश वाल्मीकि की दृष्टि में–"भाषावाद, अलगाववाद, जातिवाद, क्षेत्रवाद को 'दलित' शब्द नकारता है। उन्हें सामाजिक पहचान देता है जिसकी पहचान इतिहास के पृष्ठों से मिटा दी गई, जिसकी संस्कृति, ऐतिहासिक धरोहर कालचक्र में खो गई। उस देश का मेहनतकश जो खेत-खलिहान से लेकर कारखानों तक हर क्षेत्र में अपने पसीने से एक नए इतिहास का निर्माण कर रहा है–उस इतिहास का जिसमें भारत के नव-निर्माण की छवि, नए का आह्वान कर रही है।"..."मानवीय अधिकारों से वंचित, सामाजिक तौर से जिसे नकारा गया हो, वही दलित है।" यहाँ आकर वाल्मीकि की विचारधारा संकुचित हो उठती है और वे जन्मना ही दलित मानते हैं। जयप्रकाश कर्दम भी जन्मना ही दलित मानने के पक्षधर हैं। जयन्त परमार–शूद्र, महाशूद्र, अतिशूद्र, अस्पृश्य, अन्त्यज, अछूत, बहिष्कृत, हरिजन तथा दक्षिण भारत के 'पंचम' को दलित मानते हैं। कँवल भारती की दृष्टि में दलित वही है "जो वर्ण-व्यवस्था के बाहर है।" शूद्रों और पिछड़ों को वे इनमें शामिल नहीं करते। ('युद्धरत आदमी', पृ. 89)। दलित हिन्दी साहित्य के एक और सशक्त हस्ताक्षर मोहनदास नैमिशराय अम्बेडकर की चिन्तनधारा के अनुरूप "अछूत को ही दलित मानते हैं और ये अछूत छितरे हुए लोग हैं जो गोमांस खाते हैं।" हिन्दी के प्रख्यात दलित रचनाकार

माताप्रसाद दलित में नारी को भी शामिल करते हैं। श्योराज सिंह बेचैन, तेज सिंह, तुलसीराम, रजनी तिलक भी इसी मत के समर्थक हैं।

मार्क्सवादी चिन्तनधारा के समीक्षक और रचनाकार रामविलास शर्मा इसे सर्वहारा कहना चाहते हैं। राजेन्द्र यादव इन्हें वंचित कहते हैं। मैनेजर पाण्डेय औरतों को दलित नहीं मानते। राजेन्द्र लहरिया उसे ही दलित मानते हैं जो समाज द्वारा दलन और उत्पीड़न का शिकार हुआ हो। प्रेमकुमार मणि शूद्र को भी इसमें शामिल करते हैं। वे सर्वहारा आम आदमी को दलित मानते हैं।

हिन्दी क्षेत्र में ज़न्मे समाजवादी चिन्तक डॉ. राममनोहर लोहिया पहले राजनीतिक हैं जिन्होंने दलित श्रेणी में हरिजन, शूद्र, आदिवासी, जुलाहा, धुनिया और औरत आदि को स्वीकार किया। श्रमिक दलितों का उस समय विकास नहीं हो पाया था। और किसान जो सदियों से पीड़ित रहा वह भी दलित वर्ग का ही प्रतिनिधित्व करता है, बशर्ते मजदूर किसान हो। लोहिया की अवधारणा को नामवर सिंह भी स्वीकार करते हैं पर वे इस श्रेणी में नारी को भी रखते हैं। शिवकुमार मिश्र जहाँ दलित को जन्मना मानने के पक्षधर हैं, वहीं खगेन्द्र ठाकुर इसके विरोधी हैं। ज्योतिष जोशी भी ठाकुर के मतों के समर्थक हैं।

'दलित' कौन माना जाए?' उपर्युक्त विवेचन इस बात का साक्षी है कि इस सन्दर्भ में पर्याप्त मतभेद है। अम्बेडकरवादी खेमा जहाँ अम्बेडकर के 22 सूत्री सिद्धान्तों के आधार पर केवल अस्पृश्य को ही दलित मानता है, वहीं मार्क्सवादी खेमा दलित की सीमा का विस्तार करता है।

वस्तुतः 'दलित' की व्याख्या, दलित साहित्य के प्रारम्भ का श्रेय मराठी रचनाकारों एवं समीक्षकों को जाता है। मराठी दलित आन्दोलन के अगुवा ज्योतिबा फुले ब्राह्मणों को ही दलित का सर्जक मानते हैं और इन ब्राह्मणों को वे भारत का निवासी नहीं मानते। वे आर्यों को भी बाहरी मानते हैं। और उन्हें अत्यन्त स्वाभिमानी, परले दर्जे का काइयाँ, अहंकारी और असहिष्णु भी मानते हैं। ('स्लेवरी', 1873 'कलेक्टिव वर्क्स आफ महात्मा ज्योतिबा फुले', पृ. 29-30) ('कथाक्रम'–दलित विशेषांक, नवम्बर, 2000, पृ. 19-20 से उद्धृत)। प्रसिद्ध इतिहासकार एवं कथाकार भगवान सिंह ने फुले को सही पहचाना है। उन्हीं के शब्दों में "ज्योतिबा फुले की शिक्षा मिशनरी स्कूल में हुई थी और अपने अभियान की प्रेरणा भी उन्हें वहीं से मिली थी। उनकी इतिहास-दृष्टि मिशनरियों और ब्रितानी शासकों की अपनी जरूरत से विकसित की गई इतिहास-दृष्टि से अभिन्न थी। इसमें सारा क्रोध ब्राह्मण पर है। सवर्णों में दो को इसमें शामिल नहीं किया गया है। ब्राह्मण ईसाई धर्म-प्रचारकों के रास्ते में सबसे बड़ा बाधक था और वर्णवाद का पोषक। ज्योतिबा अपने अनुभव को मिशनरियों की भाषा में ढाल

रहे थे।" (वही, पृ. 20)। मराठी क्षेत्र में इस आन्दोलन को सही राह देनेवाले विचारक हैं–डॉ. भीमराव अम्बेडकर। अम्बेडकर की दृष्टि में अस्पृश्य ही दलित है। उन्होंने इन्हें 'बहिष्कृत' और 'बाह्य' जातियों की संज्ञा से भी अभिहित किया। उनके अनुसार भारतीय ग्राम व्यवस्था में गाँव के बाहर दक्षिण की तरफ रहनेवाले लोग 'दलित' हैं। इन्हें उन्होंने 'छितरे हुए' की भी संज्ञा दी और उनकी दृष्टि में ये छितरे हुए लोग ही बौद्ध रहे हैं। अपनी इस मान्यता से वे सिद्ध करना चाहते हैं कि बौद्ध की दलित बनाए गए। उनके अनुसार 400 ईस्वी के बाद अछूत अस्तित्व में आए। (अछूत कौन, कैसे?)। उनकी दृष्टि में नस्ल तथा पेशे की भिन्नता अछूतपन का आधार नहीं है। अम्बेडकर ने 'अछूत' और अपवित्र को अलग-अलग माना। अपवित्र प्रायश्चित के पश्चात पवित्र हो सकता है पर अछूतपना वंश-परम्परा से जुड़ जाता है। अछूत, अछूत के रूप में जन्मता भी है, मरता भी है। वे यह भी कहते हैं कि "आज के अछूत किसी समय के छिन्न-भिन्न परास्त आदमी भर हैं, इसलिए गाँव के बाहर बसाए गए।" गाँव के लोग इन्हें अपनी रक्षा, पहरेदारी के लिए गाँव के बाहर बसाते थे। ये बौद्ध/अछूत गोमाँस खाते थे। इन्होंने ब्राह्मण धर्म स्वीकार नहीं किया, इसलिए ये अस्पृश्य बनाए गए। अम्बेडकर ने आदिम जातियों, जन-जातियों और जरायमपेशा से जुड़ी जातियों को अस्पृश्य नहीं माना। जबकि सच यह है और इतिहास में भी इसके प्रमाण मिलते हैं कि ये जातियाँ तथा जरायम पेशा अपनाने वाले लोग भी तो परास्त लोग ही थे जिन्हें विवश होकर जंगलों, पहाड़ों में छिपकर रहने के लिए विवश होना पड़ा। दूसरी बात यह कि उत्तर भारत के अछूत तो ब्राह्मण धर्म ही मानते रहे, महाराष्ट्र की बात मैं नहीं जानता। सम्भवतः यही कारण है कि इस तथ्य से परिचित होकर ही कतिपय प्रगतिशील विचारधारा से जुड़े अम्बेकरवादियों ने इन्हें भी अस्पृश्य/दलित माना। इतना ही नहीं, पर्वतीय जातियों को भी इसमें शामिल कर लिया गया।

मैंने महाराष्ट्र के गाँवों को तो नहीं देखा है, पर उत्तर प्रदेश के अनेक गाँवों को देखा है, जिनमें अछूत/दलित प्रायः गाँव के पूरब या किसी अन्य दिशा में रहते हैं। फिलहाल इनके आवास के लिए कोई दिशा निर्धारित नहीं है, दूसरी बात! वे गोमांस ही खाते हों, ऐसा नहीं है, यह सच से कोसों दूर है। परतन्त्र भारत में अधिकांश उच्चवर्ण या निम्नवर्ण की आर्थिक स्थिति में बहुत विशेष अन्तर नहीं था। इसी तरह उनकी यह अवधारणा भी पूर्णतया भ्रामक है कि ये बौद्ध ही थे। वस्तुतः अछूतों में हर वर्ण के लोग समय-समय पर शामिल हुए। इसका मूल कारण है–भारत पर निरन्तर होनेवाले विदेशी आक्रमण। आक्रमणकारी यहाँ के लोगों को अपना (आक्रमणकारी) का धर्म स्वीकार करने के लिए हर

प्रकार से विवश करते थे, जिन्होंने नहीं स्वीकार किए उन्हें दास बनाया गया और उनसे निम्न-से-निम्न काम लिए गए। वस्तुतः ये स्वाभिमानी थे। इन्हें अपनी संस्कृति के प्रति प्यार था। धर्म के प्रति आस्था थी। पर उनके स्वाभिमान को कुचला गया, उनका दलन हुआ। अम्बेडकर या फुले जिस भंगी व्यवस्था को ब्राह्मण द्वारा जनित वर्ण व्यवस्था की देन मानते हैं, वह भारत के गाँवों में पहले नहीं थी। ग्राम्य व्यवस्था में न तो पहले इसकी आवश्यकता थी और न आज है। इसके लिए जंगल, खेत, बाग का उपयोग होता था और जानवर विशेष इसकी सफाई किया करते थे। लोक-जीवन में मल-निष्पादन-हेतु व्यवहृत शब्द 'शौच', 'मैदान', झाड़ा', 'जंगल' या 'बाहर' इस बात के प्रमाण हैं। 'टट्टी', 'पाखाना' शब्द तो इस्लामी प्रथा की देन है। वस्तुतः इस्लामी परदा प्रथा में प्राचीन भारतीय व्यवस्था चल नहीं सकती थी, सफाई का भार जिस जानवर पर था उसका उस रूप में उपयोग भी इस्लामी आवासीय व्यवस्था में नहीं किया जा सकता है। भगवान सिंह का यह कथन सही प्रतीत होता है कि "यह व्यवस्था यूनानियों के साथ आई, जिनके यहाँ दास प्रथा बहुत कठोर रूप में विद्यमान थी। 'भंगी' के लिए 'हेल्ला' शब्द का भी प्रयोग होता रहा है जो 'हेलेनिक' से निकला है। इसे यूनानियों से ईरानियों ने ग्रहण किया और ईरानी संस्कृति के साथ यह मध्यकाल में भारत में एक पेशे के रूप में आई। धर्म-परिवर्तन के लिए तैयार न होने वाले युद्धबन्दियों को भूख आदि की यातना देकर और नशे आदि की लत डालकर इसके लिए बाध्य किया गया।" (दलित विशेषांक, कथाक्रम, नवम्बर 2000, पृ. 28)। भगवान सिंह यह प्रश्न भी उठाते हैं कि हिन्दू समाज में अपमानित अवस्था में जीवन यापन करनेवाले डोम, चमार, भंगी, धोबी आदि जातियों के लोगों ने इस्लाम के धर्म-परिवर्तन के खुले निमंत्रण को क्यों नहीं स्वीकार किया; जबकि इनकी तुलना में जुलाहे, रंगरेज, जिनकी स्थिति अपमानजनक नहीं थी, वे शत-प्रतिशत मुसलमान क्यों हो गए? ठीक इसी तरह से महावत (हाथी-पालन के व्यवसाय से जुड़े) शत-प्रतिशत मुसलमान हो गए। इससे भी विचित्र कि क्षत्रिय और ब्राह्मण परिवारों ने इस्लाम और कुछ मामलों में ईसाई धर्म क्यों अपनाया? यदि यह सच है कि बन्दी बनाए गए राजपूतों, ब्राह्मणों को भी धर्म-परिवर्तन से इनकार करने पर भंगी बनने को बाध्य किया गया और इनमें से अनेक के गोत्र नाम राजपूतों और ब्राह्मणों के हैं, तो इतने गर्हित काम और धर्मान्तरण के बीच उन्होंने पहले को क्यों चुना?" (वही, पृ. 28)।

इन प्रश्नों का उत्तर देते हुए भगवान सिंह कहते हैं, "वस्तुतः धर्म की जड़ें जातीय अवचेतन में संस्कृति के विभिन्न रूपों और आयोजनों, सामाजिक ताने-बाने के माध्यम से उतरी होती हैं। इसी कारण लोग धर्म-परिवर्तन करने

की तुलना में यातनापूर्ण मृत्यु तक के लिए तैयार हो जाते हैं।" सच तो यह है कि इस्लाम में कुछ जातियों को उससे भी गर्हित दृष्टि से देखा जाता है, जितना हिन्दू धर्म में। "इस्लाम के पहले अपना धर्म न बदलनेवालों के साथ बौद्ध और जैन धर्मावलम्बियों ने भी वही व्यवहार किया जो इस्लाम ने किया था।" इसलिए "समस्त कठोर विधानों का जनक होते हुए भी ब्राह्मण या ब्राह्मणवाद, अस्पृश्यता के उद्‌भव के लिए उत्तरदायी नहीं हैं।" "चमार को अस्पृश्य बनाने के लिए बौद्ध अहिंसा को और भंगी प्रथा के लिए यूनानी और इस्लामी संस्कृतियों को उत्तरदायी माना जा सकता है। पासी और कलवार को हेय बनाने में भी बौद्ध और जैन के मत ही उत्तरदायी हैं।" (भगवान सिंह, वही, पृ. 28)। भगवान सिंह की स्पष्ट अवधारणा है कि "शूद्रों या दासों की उत्पत्ति के लिए वैश्य तो उत्तरदायी हो सकते हैं, ब्राह्मण नहीं।" प्रारम्भिक व्यवस्था में "तो ब्राह्मण अभी पैदा हुआ ही नहीं था।" ..."वर्णवाद और दलित वर्ग के उद्‌भव के लिए ब्राह्मण उत्तरदायी नहीं है।" (वही, पृ. 28)। "वस्तुतः वर्ण ने आर्यों के भारत पहुँचने से पहले ही जाति का रूप ले लिया था।" (वही, पृ. 27)। अस्तु, आर्य भी वर्ण को जाति रूप में परिवर्तित करने के लिए उत्तरदायी नहीं। यहाँ तक कि प्राचीनतम ग्रन्थ ऋग्वेद भी श्रम-विभाजन और वर्ण-विभाजन से बहुत बाद की कृति है। पुराण भी इस बात के साक्षी हैं कि पहले समाज में भेदभाव नहीं था। सभी लोग समान थे। वस्तुतः ज्योतिबा फुले और अम्बेडकर से लेकर कांसीराम और मायावती तक ने तथ्यों, ऐतिहासिक साक्ष्यों को नजरअन्दाज कर जान-बूझकर ब्राह्मण के विरुद्ध घृणा का प्रचार किया। उत्पादन एवं व्यवस्था की अगुवाई कर रहे थे-वैश्य। उन्होंने ही वर्ण को जाति में बदलने का काम किया। आर्थिक विषमता के भी कमोबेश जनक यही हैं। हाँ! यह अलग बात है कि आगे चलकर ब्राह्मण ने उस व्यवस्था पर मुहर लगाने का काम किया। इस सीमा तक वह जिम्मेदार है। इसका कारण भी है-अपनी जीविका तथा भरण के लिए उनका दूसरों पर आश्रित होना। ब्राह्मण ने यह विधान तो किया कि स्व-उत्पादन बेचा जा सकता है, पर प्रकृति-प्रदत्त-फल, दूध, सोम, शहद, माँस, ज्ञान, मंत्र आदि कोई बेचता है तो वह निन्दनीय होगा। "इसी कारण वैश्य की सामाजिक हैसियत में ह्रास आया, वह शूद्र के निकट जा पहुँचा।" ब्राह्मण तो सामाजिक समानता के हमेशा पक्षधर रहे हैं-"उपनिषदों के जिस ब्राह्मणवाद-विरोध को आधार बनाकर सामाजिक न्याय के आन्दोलन खड़े होते रहे, उसके प्रवर्तक याज्ञवल्क्य हैं। कबीर के गुरु रामानन्द ब्राह्मण-विरोधी हैं। राममोहन राय, विद्यासागर, द्वारकानाथ टैगोर, दयानन्द आदि ही नहीं, उस संविधान सभा के सदस्य जिसमें अधिकांश ब्राह्मण थे, जिनमें अस्पृश्यता को

अपराध बनाया, दलितों के लिए आरक्षण आदि के विधान किए थे, इसके प्रमाण हैं।" (वही, पृ. 27)। ब्राह्मण न तो क्षत्रियों की तरह क्रूर हो सका, न वैश्यों की तरह कृपण तथा शोषक बन सका। उसे तो शूद्रों के यहाँ भी शादी-ब्याह, पर्व, त्योहार, पूजा-पाठ में जाना ही पड़ता था। भगवान सिंह यह भी कहते हैं कि "ब्राह्मण एक ऐसी जाति है जो शूद्र के सबसे निकट रही है।" उसका कारण है–विद्या के अतिरिक्त ब्राह्मण की जीविका का स्रोत पुरोहिती और जजमानी था। वह नाई या बारी की तरह न्योता भी बाँटता रहा है, सन्देश भी ले जाता रहा है।

इस तरह यह सिद्ध हो जाता है कि अम्बेडकर और फुले ने सामाजिक इतिहास तथा इतिहास की अनदेखी की और जबरदस्ती ब्राह्मणों के प्रति एक वर्ग में आक्रोश जगाया। स्वयं अम्बेडकर ईसाई मिशनरी और विलायत की शिक्षा से ईसाई के पक्षपाती थे। फलस्वरूप फुले की भाँति उन्होंने भी ईसाई धर्म के प्रचार में सर्वाधिक बाधक ब्राह्मण एवं ब्राह्मणवाद पर आक्रमण किया। इतना ही नहीं, उन्होंने यह भी देखने की जरूरत नहीं समझी कि उत्तर भारत के अस्पृश्य भी हिन्दू धर्म/संस्कृति के प्रति समर्पित हैं। उनके यहाँ भी वे रीति-रिवाज और धर्म अपनाए जाते हैं जो सवर्णों के यहाँ। एक बात और, आज दलित उत्पीड़न में क्षत्री (ठाकुर), यादव, कुर्मी, वैश्य का नाम तो आता है पर ब्राह्मणों का नहीं।

इस प्रकार अम्बेडकर एवं अम्बेडकरवाद की आधार-भिति ही भहरा जाती है और अस्पृश्य ही दलित नहीं रह जाते अपितु अन्य जातियाँ भी इनमें आ जाती हैं। आज यह जाति नहीं, वर्ग-बोधक संज्ञा है, जिसका आधार अस्पृश्यता ही नहीं, पिछड़ापन और आर्थिक विषमता भी है। नारी भी इसमें शामिल हैं।

वस्तुतः ऋग्वेद के दशम मंडल (पुरुषसूक्त, 90 ऋषि नारायण) की निम्नलिखित सूक्ति की भाषा ऋग्वेद के बहुत बाद की है। यह अंश ऋग्वेद में चस्पा किया हुआ प्रतीत होता है–

ब्राह्मणोऽस्य मुखमासीद बाहू राजन्यः कृतः
उरुतदस्य यद्वैश्यः पदोभ्याम शूद्रों अजायत।

(भवदेव पाण्डेय, 'कथाक्रम', नवम्बर, 2000, पृ. 9)

अतः इस सूक्त के आधार पर यह मान्यता है कि शूद्र पैर से उत्पन्न हुआ तथा यह ब्राह्मण की उद्घोषणा है, पूर्णतया भ्रामक और गलत है। अम्बेडकर में अनेक अन्तर्विरोध हैं। ठीक यही अन्तर्विरोध अम्बेडकरवादी हिन्दी दलित लेखकों में भी उभरकर सामने आए हैं। अम्बेडकर सवर्ण और असवर्ण को प्रारम्भ में एक नस्ल का मानते रहे, बाद में इसे बदल दिया। अन्ततः वे विवश होकर दो

नस्ल मानते हैं—आर्य और नारी; जबकि हड़प्पा और मोहनजोदड़ों की खुदाई में मिले साक्ष्य अलग कहानी कहते हैं। जिस वर्ण-व्यवस्था को दलित-सर्जन में प्रधान कारक के रूप में अम्बेडकर स्वीकार करते हैं, इससे भी अधिक वर्ण-व्यवस्था का क्रूर प्रचलन विश्व के लगभग सभी देशों में रहा है। वहाँ उनकी समाप्ति का कारण सामन्तीपन की समाप्ति है। पर यहाँ सामन्तीपन समाप्त न कर ब्राह्मणवाद पर चोट की गई। पूँजीवादी व्यवस्था पर चोट कर सबको आर्थिक दृष्टि से स्वावलम्बी और समान बनाने के स्थान पर निरर्थक रूप में ब्राह्मण के प्रति आक्रोश व्यक्त किया गया—उस ब्राह्मण पर जिसका अधिकांश तबका शूद्रों और अस्पृश्यों की जिन्दगी से अधिक अच्छी जिन्दगी नहीं जी रहा था। परिणाम यह निकला कि उन दलितों की स्थिति यथावत बनी रही। आज भी उनमें आर्थिक सुदृढ़ता का अभाव, अशिक्षा का बोलबाला है, बालश्रम की प्रथा है।

अम्बेडकर तथा अम्बेडकरवादियों की यह घोषणा है कि "दलित साहित्य हिन्दू धर्म के आधार-स्तम्भ—ईश्वर, आत्मा और भाग्य के नकार का साहित्य है।" दोस्तो, यदि साहित्य को अस्पृश्य/दलित तथा उनके लोक से जोड़ना है तो उनके लोक/उनकी मान्यताओं, आस्थाओं की अनदेखी नहीं की जा सकती। यदि इसके विपरीत धारा चलाई जाती है तब वह उनका साहित्य नहीं होगा, भले ही कुछेक अनास्थावादियों या दूसरे धर्मों को माननेवाले दलितों का साहित्य बने। पर दूसरे धर्म वाले भी तो ईश्वर, आत्मा, पुनर्जन्म तथा भाग्य को मानते हैं। चाहे आप अल्लाह का स्मरण करें अथवा ईसा का—दोनों जगह आत्मा है, भाग्य भी है, और ईश्वर भी। साथ ही पुनर्जन्म की अवधारणा भी, भले ही नाम अलग हों भी तो इनमें विद्यमान है। इतना ही नहीं, बौद्धों और जैनों के यहाँ भी ईश्वर, आत्मा और भाग्य किसी न किसी रूप में विद्यमान है। एक बात और। स्वयं अम्बेडकर, जिनकी प्रतिज्ञा हिन्दू के रूप में न मरने की थी, ने पहले सिख धर्म अपनाना चाहा, पर बाद में बौद्ध धर्म अपनाया। धर्म के प्रति आस्थावान अम्बेडकर कैसे किसी धर्म को छोटा तथा दूसरे को बड़ा कह सकते हैं। हिन्दू तो धर्म है भी नहीं, वह तो जीवन-पद्धति है। पता नहीं आज के कितने हिन्दी दलित लेखक बौद्ध धर्म के अनुयायी बने। पर हिन्दी बेल्ट के अछूत तो बौद्ध बनने से रहे। वे तो हिन्दू धर्म/संस्कृति, जीवन-पद्धति—जो कहना चाहें—के अनुयायी रहे हैं और हैं।

## (2)

'दलित' शब्द तथा उसके स्वरूप के सन्दर्भ में जन्मा विवाद दलित साहित्य के स्वरूप तथा मान्यता के सन्दर्भ में भी विवाद पैदा कर गया। कट्टरवादी 'दलित'

रचनाकार ओमप्रकाश बाल्मीकि की मान्यता है कि दलित द्वारा दलित के जीवन पर लिखा गया साहित्य ही दलित है। उनकी यह मान्यता है कि दलित साहित्य किसी 'आनन्द' या 'मोक्ष' की प्राप्ति के लिए नहीं, आदमी को आदमी की तरह जिन्दा रखने के लिए, उसकी अपनी निजता को स्थापित करने के लिए अस्तित्व में आया है। फिलहाल ओमप्रकाश बाल्मीकि के आदर्श अम्बेडकर के बौद्ध धर्म में भी निर्वाण और आनन्द की अवधारणा है। वाल्मीकि का जो लक्ष्य है, वही लक्ष्य हिन्दी साहित्य तथा उसकी परम्परा का रहा है। जयप्रकाश कर्दम के अनुसार "दलित लेखन दलितों द्वारा अपने दुख-दर्द, उपेक्षा, उत्पीड़न तथा उसके विरुद्ध संघर्ष और जिजीविषा की शाब्दिक अभिव्यक्ति है। ...दलित लेखकों द्वारा लिखित दलित चेतनोन्मुख साहित्य ही दलित साहित्य है।" रमणिका गुप्ता, श्यौराज सिंह बेचैन, तेज सिंह जहाँ वाल्मीकि एवं कर्दम के समर्थक हैं, वहीं रजनी तिलक, राजकुमार सैनी दलित चेतना को लेकर गैर-दलित द्वारा लिखे गए साहित्य को भी दलित साहित्य मानने के पक्षधर हैं; बशर्ते उसमें अनुभूत संवेदनात्मक यथार्थ हो। प्रगतिशील तथा मार्क्सवादी खेमे के चिन्तक भी यही मानते हैं। नारायण सुर्वे, बाबू राव बागुल भी इसी मत के हैं। स्वयं बुद्ध भी जन्मना दलित नहीं थे और आदि कवि बाल्मीकि के मुख से जब कविता स्वयं प्रस्फुटित हो उठती है, तब स्वयं बाल्मीकि भी भोक्ता नहीं थे। वह उनका भोगा यथार्थ नहीं था, अनुभूत यथार्थ ही था।

वस्तुतः 'दलित आन्दोलन' महाराष्ट्र की देन है। वहीं दलित चेतना का स्वरूप भी अपना आकार पाया, इसलिए मराठी सोच का भी सर्वेक्षण आवश्यक है। सच तो यह है कि दलित चेतना के दृष्टिकोण का जन्म मराठी समीक्षा में मराठी मार्क्सवादी समीक्षाधारा के पराभव की परिणति माना जाता है। वस्तुतः दलित समीक्षा-दृष्टि थी तो मार्क्सवादी समीक्षा-दृष्टि की ही परिणति, विकास की निरन्तरता भी इस बात का सबूत है, परन्तु यह मार्क्सवाद के प्रति मोहभंग की परिणति है। इसमें प्रतिरोध का यह भाव है जो "मार्क्सवादियों के लिए लताड़ है।" दया पवार ने स्पष्ट कहा है कि मार्क्सवादी और समाजवादी अपना शत्रु देख सकते हैं। दलितों का शत्रु अदृश्य है। वह पुस्तक में, भाषा में, विचार में और लोगों के दिमाग में विद्यमान है ('उत्तर प्रदेश', मई, 1997)। फलस्वरूप दलित साहित्य की संकल्पना का समूचा श्रेय मराठी दलित समीक्षा को जाता है जिसका जन्म बलूतं (ग्रन्थाली प्रकाशन, कुर्ला, मुम्बई-24 दिसम्बर, 1978) और उसके हिन्दी अनुवाद 'अछूत' से हुआ। इसमें दया पवार और उसके समाज की कंटीली यात्रा का वर्णन है और है मानव की मूलभूत अनुभूति की तलाश।

दलितों के आत्मपरक कथन को आत्मकथात्मक या आत्मकथा कहा गया

है। कुछ आलोचक उसे 'स्व-कथन' कहकर उसकी विशेषता की ओर संकेत करते हैं। इनमें प्रमुख हैं–स.ना.सूर्यवंशी का 'आगा जे कल्पिले नाही', प्रा. शंकर राव खरात का 'तराल अन्तराल', नामदेव ढसाल का 'कथा मइया जन्माची'। किन्तु इन रचनाओं को स्वकथन कहनेवाले समीक्षक इनकी पूरी पड़ताल नहीं कर पाते। वास्तव में समाज का चित्रण या समूह-भावना 'स्व' के प्रति सजगता, सत्यता और निश्छल निवेदन, इन रचनाओं की विशेषता है। इन रचनाओं का, उपेक्षितों में परिवर्तन लाने के लिए उपयोग; साहित्य को एक शस्त्र मानकर किया गया। इन सब रचनाओं का लक्ष्य है–व्यक्तित्व का विकास। इनमें दलितों द्वारा अनुभूत पीड़ित होने की भावना की अभिव्यक्ति प्रसंगानुकूल चरित्र के साथ साकार होती है और दलित-साहित्य का स्वरूप भी स्पष्ट हो उठता है। इस स्पष्टता के बावजूद दलित साहित्य की निश्चित परिभाषा सामने नहीं आ पाई। इसके जनक मराठी में भी एकमत नहीं है।

वसन्त पाटणकर ने स्पष्ट कहा है कि "सवर्णों द्वारा दलितों के बारे में चाहे जितनी आस्था हो, उसमें जीवन्तता हो, किन्तु उनके द्वारा निर्मित साहित्य भी दलित साहित्य नहीं कहा जा सकता।" अतः जन्मना "दलित व्यक्ति द्वारा निर्मित, दलितों के जीवन पर दलित संवेदनशील अनुभूति का चित्रण करनेवाला साहित्य ही दलित साहित्य है। इस प्रकार के लेखों में समूह-भावना का एहसास व्यक्त होगा तथा प्रकट-अप्रकट रूप से प्रत्यक्ष-परोक्ष रूप से विद्रोह तथा रूढ़िगत समाज रचना के प्रति नकारात्मक-भावना व्यक्त होगी।" ('दस्तावेज'–अप्रैल-जून, 1993)

दया पवार की अवधारणा है कि 1967 तक महाराष्ट्र में लिखे गए दलित-साहित्य में विद्रोह की चिनगारी तो थी किन्तु यह चिनगारी आन्दोलन का रूप नहीं ले सकी। इसका कारण यह था कि प्रारम्भिक लेखक हीन-भावना से ग्रस्त थे। सच्चाई से जी चुराते थे। वे सफेद मानसिकता के पोषक थे।

दया पवार के अनुसार ही अगले दशक में जब प्रो. एम. एन. वानखेडे एवं प्रो. जर्नादन वाघमरे ने अश्वेत लेखकों के उत्तेजक एवं विस्फोटक अनुभवों से परिचय कराया तब अपने अतीत के प्रति शर्मिन्दा तथा हीन ग्रन्थि से ग्रस्त लेखकों में अभिव्यक्ति की नई अभिलाषा स्वरूप पाई, जिसमें था 'नकार एवं विद्रोह का भाव' और था–'एकजुट होकर आन्दोलन का प्रयास'। मु. सु. पाटिल एवं प्रभाकर माण्डे (दलित साहित्याचे निराला पक्ष) ने भी इस प्रवृत्ति को बढ़ावा देते हुए दलित संवेदना को रेखांकित किया। माण्डे के अनुसार इस साहित्य में व्यक्तित्व एवं समूह संवेदना का द्वन्द्व दिखाई देता है। पर यह स्थिति तो हर रचना में कमोबेश दिखाई देती है।

किसी रचना को बढ़ावा देती है उसकी समीक्षा। और समीक्षा का आधार

होता है–आलोच्य साहित्य का सौन्दर्यबोध एवं मूल्य। रा.ग. जाधव ने स्वीकार किया है कि समीक्षा का दलित साहित्य के लिए स्वतन्त्र मूल्य निर्धारित तो नहीं हुआ किन्तु दलित संवेदनशीलता इस रचनाशीलता के केन्द्र का दायित्व निभा सकती है और इससे दलित साहित्य में भिन्न और स्वतन्त्र सौन्दर्यशास्त्र की संरचना का प्रयास जरूर हुआ। यह भी महत्त्वपूर्ण तथ्य है कि नामदेव ढसाल जैसे एकाध कवि का अपवाद छोड़कर इस दलित साहित्य में प्रचलित साहित्य की अपेक्षा कोई मूलभूत भेद दिखाई नहीं देता।

शरणकुमार लिम्बाले कृत 'अक्करमाशी' उपन्यास दलित-पीड़ा से सम्पृक्त कम है–राजनीति-प्रेरित अधिक। वस्तुतः यह संकर संस्कृति का जन्मदाता है। इधर कुमुद पावणे कृत 'आत्मस्फोट', शान्ताबाई काम्बले कृत 'मज्या जन्माची चितर कथा' और बेबी काम्बले कृत 'आमाचजनम' स्त्रियों की पीड़ा को अति संवेदनशील अभिव्यक्ति प्रदान करती है।

उपर्युक्त विवेचन से स्पष्ट है कि मराठी दलित साहित्य नकार और विद्रोह का साहित्य है। इसमें दलितों के प्रति सम्पृक्ति का भाव है और है–एक बड़े आन्दोलन की तैयारी।

सच तो यह है कि गरीबी रेखा के नीचे जीनेवाला हर व्यक्ति दलित है, चाहे वह किसी भी वर्ग में जन्मा हो, स्त्री हो या पुरुष। दलित की जाति जन्मना नहीं होती। इस प्रकार आर्थिक, सामाजिक दृष्टि से पीड़ित, शोषित, पिछड़े सभी दलित श्रेणी में आएँगे और इनका गान ही दलित साहित्य कहलाएगा।

वस्तुतः दलित की जो स्थिति या अवधारणा मराठी-क्षेत्र-साहित्य में रही है वैसी हिन्दी क्षेत्र और साहित्य में कभी नहीं रही। हिन्दी क्षेत्र का साहित्य अम्बेडकर के विचारों से अंकुरित-पुष्पित-पल्लवित भी नहीं हुआ। इसलिए हिन्दी दलित साहित्य–विशेषकर कथा-साहित्य का विवेचन-विश्लेषण मराठी दलित साहित्य के प्रेरणास्रोत एवं मानदण्डों के आधार पर करना एक बेईमानी है–यहाँ तो वेदों से लेकर आज तक दलित संघर्ष की चेतना सतत प्रवहमान है और वही हिन्दी साहित्य की मूल संवेदना है। हिन्दी दलित लेखक और दलित चेतना के संवाहक के. सच्चिदानन्द का मत उल्लेख्य है–"जिस साहित्य में मनुष्य-समाज की पीड़ा, दर्द और इनकी कुछ न कर पाने की बेबसी का चित्रण मिलता है वह सब दलित साहित्य है, चाहे गैर-दलितों द्वारा दलितों के जीवन को लेकर लिखा गया ही क्यों न हो।"

प्रो. राजमणि शर्मा की दृष्टि में भी "दलित रूप में जन्मे व्यक्ति द्वारा लिखे गए साहित्य को ही दलित साहित्य कहना एक अतिवादी सोच है। साहित्य-रचना एक विशेष प्रक्रिया और प्रतिभा की अपेक्षा करती है। अतः सभी व्यक्ति दलित साहित्य-सृजन में सफल नहीं हो सकते। फिर वही साहित्य दलित साहित्य

कहलाएगा जो दलित संवेदना, सौन्दर्य-बोध से जुड़ा हो, वही दलित रचनाकार कहलाएगा जो उसकी अभिव्यक्ति का दावा लेकर चला हो, भले ही वह किसी भी जाति या वर्ग में जन्मा हो।"

## (3)

आधुनिक हिन्दी साहित्य में दलित संघर्ष की शुरुआत बीसवीं सदी के दूसरे दशक से तब होती है जब महावीरप्रसाद द्विवेदी ने सन् 1914 ई. में अपनी पत्रिका सरस्वती के सितम्बर मास में आधुनिक हिन्दी साहित्य के पहले दलित कवि हीरा डोम की कविता 'अछूत की शिकायत' छापी। यह कविता भोजपुरी में थी। किन्तु हिन्दी साहित्य का आदि और मध्यकाल इस बात का गवाह है कि यह चेतना हिन्दी के लिए नई नहीं है। सन्त/कवि कबीरदास, दादूदास, रैदास और सधना की वाणी की गूँज चुकी थी। इन्हें हिन्दू समाज में पर्याप्त सम्मान मिला। हिन्दी साहित्येतिहास में भी इन्हें गर्व के साथ स्मरण किया गया। कमोबेश तुलसीदास भी इस चेतना से सम्पृक्त दिखाई देते हैं। निषाद से गले मिलना, नारी-उद्धार तथा समाज से उपेक्षितों/तिरस्कृतों की सेना द्वारा राम की विजय इनमें स्वाभिमान/आत्मसम्मान का भाव तो जागृत करता ही है, साथ ही इन्हें मानव-समानता का सन्देश भी दे जाता है।

आधुनिक एवं समकालीन हिन्दी साहित्य में दलित चेतना अपना स्वरूप पाती रही। अम्बेडकर के 'महाद् आन्दोलन' के तुरन्त बाद 'ठाकुर का कुआँ' (1932) जैसी कहानी लिखकर प्रेमचन्द ने उस आन्दोलन में रचनात्मक सहभागिता की थी। पर प्रेमचन्द और उनके भी पहले पाण्डेय बेचन शर्मा उग्र अम्बेडकर के आन्दोलन की शुरुआत से बहुत पहले अनेक दलित-संवेदना से सम्पृक्त रचना रच चुके थे। प्रेमचन्द ने ब्राह्मणवाद पर प्रहार का कोई अवसर नहीं छोड़ा। जोखू बीमार भी है, प्यासा भी। उसके कुएँ में लाश सड़ रही है, पानी पीने लायक नहीं। उसकी पत्नी गंगी ठाकुर के कुएँ से पानी लाना चाहती है पर ठाकुर उसे सफल नहीं होने देता। प्रेमचन्द की ही 'घास वाली' (1926) दलित स्त्री के आत्मसम्मान/स्वाभिमान की कहानी है। चैन सिंह मुलिया के रूप-सौन्दर्य और शरीर का उपभोग करना चाहते हैं, पर मुलिया के प्रहार से असफल होते हैं। 'सद्गति' (1931) दुखी चमार के शोषण की कहानी है। 'मन्दिर' भी इसी चेतना की कहानी है। 'दूध का दाम' भंगिन की संवेदना की कहानी है, 'पूस की रात' तथा 'कफन' में दलित संवेदना और मारक बनी। ओमप्रकाश बाल्मीकि कफन को दलित-विरोधी मानते हैं। उनकी दृष्टि में यह कहानी प्रेमचन्द की प्रगतिशीलता से उनके मोहभंग की कहानी है। उनके अनुसार यहाँ तक पहुँचकर प्रेमचन्द

गाँधीवादी आदर्शों और सामन्ती मूल्यों तथा वर्ण-व्यवस्था के पक्षधर बन जाते हैं। वाल्मीकि के स्वर में स्वर मिलाते हैं तुलसीराम। उनकी दृष्टि में "प्रेमचन्द ने घीसू-माधव का 'लुम्पोनाइजेशन' (लफंगीकरण) तथा अमानवीकरण किया है, वह उनकी महान प्रतिभा पर धब्बा है।" वस्तुतः बाल्मीकि और तुलसीराम दलित वर्ग के इस यथार्थ को नकारकर ऐसा बोध कराते हैं कि सचमुच का दलित जीवन उन्होंने नहीं जिया। प्रेमचन्द का यह यथार्थ दलित जीवन आँखों-देखा यथार्थ है, उसे उन्होंने भी देखा, हम आज भी देखते हैं, उससे साक्षात् करते हैं।

1927 में 'चाँद' पत्रिका ने 'अछूतांक' निकाला। इसमें भी प्रेमचन्द की प्रसिद्ध दलित कहानी 'मन्दिर' छपी। कविताएँ भी छपीं। 'मन्त्र', 'गुल्ली-डंडा', 'लांछन', 'सौभाग्य के कोड़े', 'शूद्र', 'झूठ', 'विध्वंस', 'मुक्तिमार्ग', 'आगा-पीछा' प्रेमचन्द की दलित चेतना सम्पृक्त अन्य कहानियाँ हैं। वस्तुतः प्रेमचन्द से ही दलित संघर्ष की शुरुआत होती है। यद्यपि भवदेव पाण्डेय, पाण्डेय बेचन शर्मा 'उग्र' से इसका प्रारम्भ मानते हैं। 'समाज के चरण' 'उग्र' की महत्त्वपूर्ण कहानी है। 'निराला' की 'चतुरी चमार', 'बिल्लेसुर बकरिहा', 'कुल्लीभाट' कहानियाँ दलित यथार्थ के रेशे-रेशे को अलगाकर अत्यन्त गहरी संवेदना का सृजन करती हैं। इस संवेदना को वाणी देने वाले अन्य रचनाकार हैं–राहुल ('पुजारी', 'प्रभा', 'सुमेर'), यशपाल ('परदा'), मार्कण्डेय ('हलयोग'), अमरकान्त ('जिन्दगी और जोंक'), अश्क ('पिंजरा'), शिवप्रसाद सिंह ('पापजीवी')। नई कहानी और साठोत्तरी कहानियों के विभिन्न आन्दोलनों के उपरान्त नवें दशक के आसपास हिन्दी कहानी एक नई राह पर चल निकलती है और यही कहानी समकालीन कहानी कहलाती है। इसमें 'दलित' की आवाज भी है, उनका आन्दोलन भी, संघर्ष की अविराम भावना। उनमें विद्रोह तथा नकार का वह भाव भरा था जो मराठी दलित साहित्य का मूल स्वर है।

## (4)

'समकालीन' शब्द काल-बोधक नहीं है। यह उस चेतना का संवाहक है, जिसे आज हम जी रहे हैं। यह उस बोध का भी परिचायक है, जिससे आज हम सब सम्पृक्त हैं। वस्तुतः आठवें दशक में भारतीय परिदृश्य में अचानक एक बदलाव तब आता है, जब देश में वर्षों की केन्द्रीय सत्ता अपदस्थ हो जाती है। परिवर्तन, वह परिवर्तन जिसमें जनसाधारण की अहम् भूमिका थी, इस नई सत्ता से भी कुछ पाने में असफल रहता है। स्वतन्त्रता के पश्चात मन अपनी स्वतन्त्रता

के लिए छटपटाता है, इस सत्ता के दौर में भी अपनी उसी पराधीनता की नियति को प्राप्त होता है। उसका सन्त्रास, उसकी कुंठा, उसका शोषण यथावत जारी है और उसका विद्रोह पहले भी दबाया-कुचला जाता रहा, आज भी उसका वही हश्र है। उसे सुननेवाला, उसे जाननेवाला कोई नहीं, कभी नहीं रहा—आज भी नहीं।

यह अनुगूँज सातवें दशक की अपेक्षा आठवें-नवें दशक के साहित्य में अधिक तेज सुनाई देती है, बल्कि यह कहें कि सर्वव्यापी बन जाती है। हिन्दी कथा-साहित्य भी उससे अछूता नहीं रहता। मराठी साहित्य में सातवें दशक के प्रारम्भ में इसने सेंध मारी थी और इस सेंध का कारण था—सामाजिक-राजनीतिक परिवर्तन के सन्दर्भ में मानसिक-सामाजिक बदलाव के नए आयाम।

हिन्दी साहित्य, विशेषकर समकालीन कथा-साहित्य में ये कारक (अम्बेडकरी विचार) उतने सक्रिय नहीं हैं। जो सक्रिय हैं, या जो अपनी सार्थक पहचान बनाते हैं वे हैं—मानवीय संवेदनशीलता, जो दलित में जाकर अपना विश्राम खोजती है, उस सौन्दर्यबोध की प्रस्तुति की ललक में जो दलित, पीड़ित और शोषित मानवता में अपना सहज रूप सँजोए हुए हैं और संघर्ष की वह अपराजेय कामना, साहस, अविराम युद्ध का उद्घोष जो अपने अस्तित्व की रक्षा के लिए आवश्यक है। इनसे भी अधिक महत्त्वपूर्ण कारक यदि कोई है तो वह है—नकार और विद्रोह का वह भाव जिसमें अप्रासंगिक हो चुकी, मरी हुई, जबरन लादी गई परम्परा को नकारकर, पूर्णतया अस्वीकार कर नई परम्परा की स्थापना की ललक। और इस ललक का औजार है—विद्रोह का भाव, जिसकी धार रोज तेज की जाती है और इस विद्रोह में पराजय की परवाह नहीं, नकार और विद्रोह के लिए आवश्यकता है—संगठन की। व्यवसाय से उपेक्षित, उससे असुरक्षित अनुभव करनेवालों ने अपनी रक्षा, अपने अस्तित्व की लड़ाई का बीड़ा स्वयं उठाया है। फलस्वरूप दलित चाहे वह जन्मना हो या परिस्थितियों के घात-प्रतिघात से निर्मित, आज एक साथ संगठित होकर हमले के लिए उद्यत है, अपनी पहचान बनाने के लिए प्रयासरत है। उसके संगठन, समुदाय, समाज वर्ग यदि पीछे भी हटते हैं तो वह संसार को प्रकाशित करने के लिए छोटे दीपक की भाँति अन्धकार से अकेला लड़ने को उद्यत है। इस आस में कि आज नहीं तो कल एकाधिक दीपक खड़े हो ही जाएँगे। इसी आस की कथा है समकालीन कथा साहित्य और समकालीन कथा-साहित्य की यही चेतना है—दलित चेतना; जो एक निश्चित, सीमित, परिधि से बाहर निकल उन सबको समूहबद्ध करने, उनकी आवाज को शंखनाद में बदलने, उनके संघर्ष और विद्रोह की अमिट गाथा को लिखने के लिए प्रयासरत है। भले ही वह जन्मना दलित हो या किसी भी वर्ग का हो, पर हो शोषित, आर्थिक दृष्टि से विपन्न, पीड़ित—चाहे वह नारी हो या पुरुष हो।

सातवें दशक के प्रमुख हस्ताक्षर काशीनाथ सिंह, दूधनाथ सिंह, ज्ञानरंजन, शैलेश मटियानी, मन्नू भंडारी, उषा प्रियंवदा आदि की कहानियों में दलित वर्ग उपर्युक्त अवधारणा के साथ उपस्थित है।

आठवें-नवें दशक में सर्वहारा दलित वर्ग जाग चुका है। अब वह अपने ऊपर जबरन थोपी गई दीनता-हीनता से ऊब चुका है और मरने-मारने पर उतारू होने के अतिरिक्त उसके पास कोई विकल्प नहीं बचा है। फलस्वरूप इस काल की कहानियाँ सामन्तों, शोषकों, पूँजीपतियों के विरुद्ध संघर्षशील अथवा संघर्ष के लिए तैयार आदमी को चित्रित करती हैं। 'गुस्से में आदमी' (जवाहर सिंह), 'सुरंग में पहली सुबह', 'ऐसे मौसम में वापसी' (बसन्तकुमार), 'भीतर का भय' (श्री हर्ष), 'बन्तो', 'अँधेरे की मौत', 'एक निर्णय', 'सन्नाटे से आगे', 'परतें', 'मुक्ति', 'संघर्ष है' (नमिता सिंह), 'विस्फोट' (विजेन्द्र अनिल), 'करिश्मा' (नीरज सिंह), 'एक बनिहार का आत्म-निवेदन', 'दूसरा कदम', 'एक होते हुए' (सुरेश कांटक), 'काले पेड़', 'रिक्सा वाला', 'समूह गान', 'अन्तिम प्रजापति' (राकेश वत्स), 'देवी सिंह कौन', 'शंखध्वनि', 'राष्ट्रीय राजमार्ग' (रमेश उपाध्याय), 'जंगली जुगराफिया' (रमेश बतरा), 'भइया एक्सप्रेस' (अरुणप्रकाश) तथा 'उठो लक्ष्मी नारायण' (सुरेन्द्र मनन), 'संवेदना और प्रतिकार' (पुन्नी सिंह), 'अस्वीकृत' (गिरिराजशरण अग्रवाल), 'जुगाड़' (प्रेमकुमार मणि), 'बहू जुठाई' (रमणिका गुप्त), 'नम्बर' (राजकुमार सिंह), 'त्रिशूल' (शिवमूर्ति), 'तालीम' (अवधेश प्रीत), 'मनु' (हृदयेश) इसी भाव-बोध की कहानियाँ हैं जिसमें दलित वर्ग का हर कुनबा एक संकल्प-विशेष से भरा खड़ा दिखाई देता है, जिसमें सब कुछ बदल डालने, सब कुछ अपने अनुकूल करने की जिजीविषा है, वह जिजीविषा जिसमें अपने लक्ष्य तक पहुँचने के लिए साधारणज़न की संघर्ष-हेतु लम्बी, लड़ाई हेतु एकजुटता है और कहानीकार भी समूचे भारत के दलित, पीड़ित, शोषित वर्ग के मन के रेशे-रेशे को अलगाने में सफल हुए हैं—चाहे वे नारी हों या पुरुष। चाहे वे सामाजिक व्यवस्था के शिकार हों या आर्थिक विडम्बना की परिणति, चाहे वे व्यवस्था से पीड़ित हों अथवा सरकारी रीति-नीति के शिकंजे में पिस रहे हों, सब तो यहाँ उपस्थित हैं, सभी को यहाँ वाणी मिली है, सभी एक हैं, अलग-थलग किए जाने के प्रयास के बावजूद।

इस चेतना को और मारक बनाते हैं—सतीश जमाली। इनकी कहानियों में तंगहाल मजदूरों की स्थिति और उसकी परिणति का अत्यन्त संवेदनात्मक अंकन है। 'अर्थतन्त्र', 'सत्ताधारी', 'युद्ध', 'सुबह-शाम', 'ठाकुर संवाद', 'प्रथम पुरुष' ऐसी ही कथा-गाथा की कहानियाँ हैं। 'आदिम', 'आदमखोर', 'शहर तक', 'आदमी' आदि कहानियों के माध्यम से आशीष सिन्हा आदिवासी मजदूरों के जीवन-जगत

का सूक्ष्म विवेचन करते हैं। सच्चिदानन्द धूमकेतु के अधिकांश कथानायक निम्नवर्ग के हैं। 'खून-खोर', 'आखिरी मौत', 'सवाल तीसरी लड़की का', 'एक थी शकुन दी' तथा 'छिपे हुए हाथ', 'आखिरी कैफियत के बाद' ऐसी कहानियाँ हैं जिसमें निम्नवर्गीय सौन्दर्यबोध और संवेदना का, मन को गहरे तक छू जानेवाला चित्रण है। अस्तित्व की रक्षा-हेतु संघर्ष भी इनमें उपस्थित है। 'दुश्मन', 'कवि मुनेसर मास्टर', 'लहू पुकारे आदमी', 'पूरा सन्नाटा', 'हरिजन सेवक', 'बाढ़' तथा 'बहाली की चिट्ठी' मधुकर सिंह की वे कहानियाँ हैं, जिनमें किसान, मजदूर की पीड़ा, बेबसी का यथार्थ अंकन है। उसके परिणाम भी प्रस्तुत हैं।

हिन्दी कथा-लेखिकाओं ने नारी-स्थिति को केन्द्र में रखकर नारी के हर-विध, हर रूप, हर पक्ष का एक ऐसा खुलासा किया है कि सम्भवतः उसे मर्द नहीं कर सकते थे। ऐसे खुलासे को आज के समीक्षक और विचारक भले ही यथार्थ चित्रण कहकर उसकी वकालत करें, उसकी श्रेष्ठता सिद्ध करें, पर यह साहित्य नहीं कहा जा सकता और इनमें दलित नारी का न तो संघर्ष का ही रूप उभरता है, न ही विद्रोह और नकार का भाव।

युगीन चेतना के परिप्रेक्ष्य में हमें आवश्यकता है जुझारू नारी चरित्रों की और ये चरित्र अधिकांशतः मर्द लेखकों द्वारा उभरकर सामने आए। 'अकाल दण्ड' (शिवमूर्ति), 'तिरबेनी का तड़बन्ना' (संजीव), 'गिद्धा कौल' (ललित शाह), 'इस इलाके की सबसे कीमती औरत' (पुन्नी सिंह), 'मोखा' (इस्मत चुगतई), 'बन्तो' (नमिता सिंह), 'बैल बधिया' (सृंजय), 'तिरिया चरित्तर' (शिवमूर्ति), 'गड़ासा' (विभांशु दिव्याल), 'ब्याज' (संजीव) आदि विवेच्य काल की कुछेक ऐसी कहानियाँ हैं, जिनमें नारी जीवन का यथार्थ भी है और है व्यवस्था का विरोध, लोक की पीड़ा, शोषण की अनन्त कथा, पर नग्नता नहीं। और इसमें नारी की संघर्ष-कामी वह वर्ग-चेतना भी है जो यह उद्घोष करती है कि भविष्य उनका है।

इसी काल में कुछेक ऐसी कहानियाँ (कामरेड का कोट, खबर आदि) भी आई, जिन्होंने कहानी की दशा-दिशा बदलनेवाले मजदूरों, दलितों के मसीहा कहलाने वाले जनवादी, साम्यवादी आन्दोलनों के अगुआओं की पोल खोली है। इनके छद्म-रूप का चित्रण एकबारगी इस खेमे में हड़कम्प मचा गया।

समकालीन हिन्दी कहानी इसी सन्दर्भ में दलित चेतना की संवाहक है। वह पीड़ित, शोषित, दलित वर्ग की कथा तो है, पर केवल दलित द्वारा कही गई कथा नहीं। इस वर्ग, विशेषकर स्वतन्त्रता के बाद पनपे, की कथा-व्यथा के हर कोने को झाँक आए हैं–समकालीन हिन्दी कहानीकार। कुछ उनसे छूटा नहीं, अगर कुछ छूटा है या बहुत कम है तो वह है–दलित मुस्लिम समाज। उसकी

विवशताओं, पीड़ा, दुःख और क्षोभ पर कम रचनाकारों की दृष्टि गई। यह अभाव समकालीन कथा-साहित्य की जातीय चेतना निर्मिति में सबसे बड़ा बाधक बना।

## (5)

दलित कथाकारों में अग्रगण्य ओमप्रकाश बाल्मीकि की 'सलाम' एक महत्त्वपूर्ण कहानी है। ('हंस'–अगस्त 1993) इस कहानी में शादी के पश्चात् ससुराल के गाँव में सवर्ण रांधड़ों के घरों में सलाम करने जाने से हरीश इनकार करता है। हरीश एक पढ़ा-लिखा युवक है जो अपमानजनक परम्परा का खुलकर विरोध करता है और संघर्ष के लिए आतुर हो उठता है। हरीश आत्मविश्वास का पुतला दिखाई पड़ता है। इनकी दूसरी कहानी है–'पच्चीस चौका डेढ़ सौ'। वस्तुतः अशिक्षा का मारा सुदीप का पिता चौधरी की चालों को समझ नहीं पाता किन्तु जब उसका शिक्षित पुत्र उसे समझाता है तब उसे पचास रुपए का नुकसान समझ में आता है और वह चौधरी को कोसता है, शोषण-आधृत है–यह कहानी। 'अंधड़ अम्मा' भी शिक्षा के महत्त्व को दर्शाने वाली कहानी है। इस कहानी की एक और विशेषता है–वाल्मीकि यह अनुभूत करते हैं कि शिक्षित दलित अपने घर, अपने लोगों से विमुख हो रहे हैं। यह यथार्थ भी है। और ऐसे शिक्षित दलितों पर वे करारा प्रहार करते हैं। 'घुसपैठिये' ('हंस'–मई, 2000) इनकी एक महत्त्वपूर्ण कहानी है। इसमें मेडिकल कॉलेज के दलित छात्रों को दूसरे छात्र ही नहीं, प्राध्यापक, डीन, प्रिंसिपल, मैनेजमेंट भी घुसपैठिये मानता है। कोटे में आए छात्र इस अन्याय के विरुद्ध जब आवाज उठाते हैं तो उनसे मारपीट की जाती है। विरोध दर्शाने पर तथा पुलिस में रिपोर्ट लिखाने जाने के कारण दलित छात्र सुभाष सोनकर को फेल कर दिया जाता है। फलस्वरूप निराश सोनकर आत्महत्या कर लेता है। इस कहानी में पर्याप्त अन्तर्विरोध है। एक स्थल पर सोनकर का कथन है, "इंस्पेक्टर ने रिपोर्ट लिखने से साफ मना कर दिया था–यह तुम लोगों का अन्दरूनी मामला है। पुलिस को क्यों घसीटते हो।" दूसरे स्थल पर "पुलिस में नामजद रिपोर्ट लिखाने का दुस्साहस किया था।" अमरदीप सीधे कहता है कि "एक दिन मैंने आत्महत्या कर लेने का निश्चय कर लिया था।" स्पष्टतः चारों तरफ से निराश सोनकर आत्महत्या ही करता है और राकेश के ये शब्द–"सोनकर, यह क्यों किया तुमने?" भी आत्महत्या ही सिद्ध करता है। किन्तु कहानीकार की दृष्टि में "कई महारथियों ने निहत्थे सोनकर की हत्या कर दी थी, जिसे आत्महत्या कहकर प्रचारित किया गया था।" अधिक से अधिक आत्महत्या के

लिए विवश करने का आरोप तो हो सकता है किन्तु हत्या कहकर वे क्या सन्देश देना चाहते हैं, वे ही जानें। और रही बात कौरव तथा अक्षौहिणी सेनाओं की तो इसमें दलित उच्चाधिकारी भी शामिल हैं। एक बात और! दलित एक्ट बनने के पश्चात् उत्तर प्रदेश में इसका दलित वर्ग ने खुलकर दुरुपयोग भी किया है। हाँ! इस कहानी में सुविधाभोगी उच्च-पदस्थ दलित अधिकारियों की मानसिकता का भी खुलासा होता है–"वे कोई जोखिम उठाना नहीं चाहते थे।" किन्तु मेरे सामने यथार्थ कुछ और है। पुलिस अधिकारी रिपोर्ट न लिखने में जातिगत भेदभाव नहीं करते, वस्तुतः वे अपने थाने को, अपने को श्रम, उलझन से बचाते हैं। इसका भुक्तभोगी मैं भी हूँ। सब मिलाकर यह कहानी संवेदना-विकास के स्थान पर घृणा के प्रसार का काम करती है। किन्तु दलित कार्यकर्ता और अधिकारी उसका दाह-संस्कार मेडिकल कॉलेज के मुख्यद्वार पर करने का निर्णय ले अपने विद्रोह को आवाज देते हैं। 'घुसपैठिये' अपनी-अपनी नजर से देखनेवाली कहानी है। सच तो यह है कि विषय की गम्भीरता, गहनता फेल होने का कारण हो सकती है, न कि कोई साजिश। फिर भी दलित चिन्तकों ने इसे साजिश माना। यह आत्महत्या निश्चित रूप से पलायनवादी प्रवृत्ति है और दलित संघर्ष का आधार पलायनवादिता नहीं है।

'शवयात्रा' (इंडिया टुडे–जुलाई, 1998–ओम प्रकाश बाल्मीकि) ऐसी कहानी है जो दलित संघटन एवं दलित संघर्ष के अन्तर्द्वन्द्व को प्रकाशित करती है। इसमें दलित के बीच जातिवाद, ऊँच-नीच की भावना किस कदर भर गई है, इसका खुलासा तथा इससे होनेवाली हानि का संकेत है। जाटव, बाल्मीकि से अपने को ऊँचा मानते हैं। जाटवों के हाथ बाल्मीकि वही अपमान, शोषण, संत्रास झेल रहे जो उन्हें सवर्णों द्वारा झेलना पड़ा। उच्चवर्गीय दलित नेताओं ने यह भी आरोप लगाया कि यह कहानी सवर्णों द्वारा झेलना पड़ा। उच्चवर्गीय दलित नेताओं ने यह भी आरोप लगाया कि यह कहानी सवर्णों ने लिखाई। इस कहानी का सच यही है कि दलित आन्दोलन परस्पर जातिवादी भावना, ऊँच-नीच के भेदभाव से बचे। सूरजपाल चौहान ने वर्तमान साहित्य (फरवरी-2001) में इस समस्या पर 'दलित साहित्यकारों का मनुवाद' शीर्षक से आलेख प्रस्तुत किया जिसमें इस संगठन, आन्दोलन का सच उगला है, वह सच जो स्वयं उच्चवर्गीय मानसिकता के धनी दलितों को न तो भाएगा और न ही इसे वे पचा पाएँगे। उन्हीं के शब्दों में–"मेरी आत्मकथा का एक अंश 'आदर्श गाँव' शीर्षक से हंस पत्रिका के एक अंक में प्रकाशित हुआ था। उसमें मैंने एक कोरी (जुलाहे) से एक बाल्मीकि द्वारा जूठन उठवाने की बात का चित्रण किया जो आज के युग में कतई उचित नहीं है। कई साहित्यकारों (दलित) ने आगे बढ़कर मुबारकवाद

दी थी और पीठ थपथपाई थी। लेकिन जब मैंने कल के लिए दलित विशेषांक में अपने आत्मकथा के अंश में जाटवों द्वारा बाल्मीकियों से ऊँच-नीच व छुआछूत का जिक्र भर किया तो इन्हीं साहित्यकारों (जाटवों) ने मुझे लाल आँखों से घूरना शुरू कर दिया।" और संगठन में "दिल्ली के कालेज के लेक्चरर नहीं बल्कि बाल्मीकि (भंगी) नजर आ रहे थे।" वस्तुतः जाति के आधार पर एक को उपाध्यक्ष बनाए रखना संगठन की मजबूरी है। इससे वे दलित असहमत हैं जो जाति को दलित संगठन में पुनः उभरता देखते हैं। पर अध्यक्ष डॉ. तेज सिंह की भी मजबूरी है।

शिक्षा पर आधृत बाल्मीकि की उपर्युक्त चारों कहानियों में 'सलाम' एक श्रेष्ठ कहानी है जिसमें दलित चेतना का प्रमुख स्वर–नकार और विद्रोह उभरा है।

इनकी 'भय' कहानी दलित युवक दिनेश और किशोर के हीनता-बोध की कहानी है। अनुसूचित जाति के इन किशोरों को भय है कि कहीं उनका ब्राह्मण दोस्त रामप्रकाश तिवारी उनकी जाति न जान ले। 'बिरम की बहू' सवर्णों के सफेदपोश मानसिकता की नकाब को उतारती है। वह चौधरी परिवार की बहू है, पर बाँझ है। उसका पति उसे सन्तान दे पाने में असफल है। फलस्वरूप वह रमेसर डोम से यौन-सम्बन्ध स्थापित करती है। सफल होने पर वह रमेसर को भूल जाती है। ओमप्रकाश बाल्मीकि ने यहाँ सवर्ण मानसिकता पर गहरी चोट की है।

'कूड़ाघर' ('हंस'–नवम्बर, 2000) आरक्षण के समर्थन में आन्दोलन की कहानी है। नायक अजब सिंह अपने नेताओं के हाथों का खिलौना है। वह उनके स्वार्थों को नंगा देखता है और अनुभव करता है, सभी अपनी-अपनी स्वार्थसिद्धि में लगे हैं। अन्तिम अंशों में कहानीकार मकान-मालिक के मकान खाली करने के आदेश द्वारा सवर्ण मानसिकता पर चोट करता है। वस्तुतः वाल्मीकि की यह कहानी जानी-बूझी नीति के तहत अनावश्यक रूप से विस्तृत की गई है और मकान-मालिक अंश चस्पा किया हुआ प्रतीत होता है।

दलित कथा-लेखन में दूसरे प्रमुख हस्ताक्षर हैं–प्रह्लाद चन्द्र दास। 'लटकी हुई शर्त' एक ऐसी प्रमुख कहानी है जिसमें दलितों में सवर्ण मानसिकता या उसके समानान्तर खड़े होने की मानसिक प्रवृत्ति नजर आती है। रमणिका गुप्ता इसे पहली दलित कहानी मानती हैं ('युद्धरत आम आदमी', त्रैमासिक पत्रिका, 1985 तथा दलित विशेषांक, 1996)। इसमें दलित के आत्मगौरव और आत्म-सम्मान की ललकार है। कल तक नंगाराम कहा जानेवाला गंगाराम आज प्रतिष्ठित बन गया है। बाबुओं के यहाँ जूठी पत्तल उठानेवाला आज नकार रहा है क्योंकि उसके तीनों बेटे शिक्षा के कारण नौकरीरत हैं। वह आज आर्थिक

दृष्टि से सम्पन्न और सुदृढ़ है। वह रामकिशुन बाबू को बेटी के ब्याह में क़र्ज भी देता है तथा भोजन के लिए इस शर्त पर तैयार होता है कि वह न तो अपनी पत्तल उठाएगा, न दूसरों की। बाबू के स्वीकार न करने पर वह अपनी बिरादरी के लोगों को उनके यहाँ जाने से रोक देता है और रामकिशुन के समानान्तर व्यवस्था कर अपने यहाँ भोज आयोजित करता है। वस्तुतः अर्थ की सुदृढ़ता और सम्पन्नता दलित संघर्ष को नया आयाम देती है। यही इस कहानी का प्रतिपाद्य है और अपने इस प्रतिपाद्य को व्यंजित करनें में यह कहानी सफल है। इनकी दूसरी कहानी है–'बैगनबारी'। इसमें दलितों की सत्ता में भागीदारी के लिए संघर्ष है। भीखू दा गाँव के मुखिया के विरुद्ध चुनाव लड़ते हैं। वे षड्यन्त्रों से हरा दिए जाते हैं किन्तु भीखू दा अपने लक्ष्य में सफल हैं। दलित एकजुट हो गए हैं–"सम्पूर्ण बैगनबारी जैसे गूँज गई एक छोर से दूसरे छोर।" (पुटूश के फूल, पृ. 16)। 'कुचले हुए लोग' मजदूरों को धोखा देकर उनकी नौकरी हड़प लेने की कहानी है। 'आदिवासी होडो के शोषक' दिकुओं के खिलाफ संगठित होकर संघर्ष के लिए आतुरता की कहानी है। यह भी एक सशक्त रचना है–"इस आग को कायम रखना है जब तक टिकुओं के अन्याय और अनाचार जलकर भस्म नहीं हो जाते।" (वही, पृ. 98)। महिला-शोषण और उन पर होनेवाले अत्याचारों की कहानियाँ हैं–'नचनी काकी', 'केलिया', 'कजली', 'बन्धुआ माय की गाय'। 'रुका हुआ आक्रोश' एक ऐसी कहानी है जिसमें स्कूली छात्र सेतु स्वयं को चमार कहनेवाली लड़की को बेल्ट से मारकर अपना रोष और तिरस्कार व्यक्त करता है। उसने जान लिया है कि "चमार जाति नहीं, गाली है।" शायद प्रहलाद चन्द्र दास यह भूल गए कि कांशीराम और मायावती ने नारा दिया कि उन्हें हरिजन न कहा जाए, 'चमार' कहा जाए। और 'हरिजन' के प्रयोगकर्ता को सजा का प्रावधान किया गया। 'रुका हुआ प्रमोशन' ('हंस'–जून, 1999) एक ऐसी कहानी है जिसमें दलित युवक 'कुमार' कहीं से भी दलित नहीं लगता। क्लब संस्कृति में जीनेवाला कुमार आरक्षण के कोटे के आधार पर प्रमोशन पाता है, अनेक वरिष्ठों को डाँककर। किन्तु इस प्रमोशन से सवर्णों में उत्पन्न प्रतिक्रिया का अच्छा रेखांकन है।

संघर्ष का जीवन्त नारा दिया विपिनबिहारी ने। वस्तुतः विपिनबिहारी सामाजिक अन्तर्विरोधों के स्वयं भोक्ता हैं, इसलिए इनमें यथार्थ से गहरे सम्पृक्ति का भाव है और इनके पात्र लड़ाकू और संघर्षशील हैं। 'पगडंडी' में जगदेव शर्मा अपने घर में हरखू मोची के पोते को टी.वी. देखते पाकर मारकर भगा देते हैं। इसके प्रतिरोध में पूरा कुनबा एकजुट होकर शर्मा को माफी माँगने के लिए विवश करता है। इसके विपरीत इनकी 'अफसर' कहानी उस आई. ए. एस. नायक की

माँ की गाथा है जो उसी गाँव में रहती है, जहाँ उसका अपमान हुआ था। वह बेटे के साथ शहर नहीं जाती। 'पहचान' इनकी एक और बहुचर्चित कहानी है। यह दलित औरतों के दैहिक शोषण की गाथा है। 'लाजो' का उपभोग जमींदार और उसके बेटे दोनों करते हैं। गर्भवती होने पर उससे किनारा कर लेते हैं। किन्तु माँ नन्दकेसरी नवजात शिशु को ले जाकर जमींदार के पैरों पर डाल आती है, इसलिए कि उन्हें भी लाज आए। 'हताहत', 'अरे, ये तो जाखो है', 'डाकिनी' इनकी अन्य प्रसिद्ध कहानियाँ हैं, जिसमें दलित महिला अपनी अस्मिता और अस्तित्व की रक्षा के लिए संघर्षरत हैं। 'अपनी सीमाएँ' में यादवों का अहं चित्रित है।

मोहनदास नैमिशराय दलित कथा-लेखन के आधार-स्तम्भ हैं। 'हंस' के सम्पादक द्वारा लौटाई गई कहानी 'अपना गाँव' ('युद्धरत आम आदमी', 1995 में प्रकाशित) में कबूतरी को नंगा कर गाँव में जमींदार के मझले बेटे घुमाते हैं। कबूतरी जैसे दलित महिलाओं के दैहिक शोषण की प्रतिक्रिया में अस्सी वर्षीय ससुर हरिया पथराता नहीं अपितु संघर्ष करता है और थानेदार द्वारा जमींदार का साथ देने पर अलग गाँव बसाने का निर्णय करता है। 'आवाजें' इनकी एक श्रेष्ठ कहानी है जिसमें अपने आस-पास की गन्दगी को साफ करने के लिए एक बच्चे के संकल्प पर दलित कुनबा आतुर है। यह आतुरता ही उनकी भावना, उच्च वर्ग के निकट पहुँचने, विकास के पथ पर आगे बढ़ने की गाथा है। 'हारे हुए लोग' तथा 'रीत' इनकी अन्य कहानियाँ हैं, जिनमें दलित संवेदना अपना आकार पाती है।

'हारे हुए लोग' उन सफेदपोश प्रगतिशील लोगों की कहानी है जो दलितपन का आधार जाति न मानकर आर्थिक और ओहदा मानते हैं। इस कहानी में 'मकान' की समस्या है। कोई उसे मकान नहीं देता। 'रीत' सुहागरात ठाकुर की हवेली में बिताने की दास्तान है।

इनकी एक और कहानी 'एक अखबार की मौत' पंडित सम्पादक के कारण समाचारपत्र की नीतियों में परिवर्तन की कहानी है। 'प्रजातन्त्र' नामक अखबार की मौत हो जाती है क्योंकि वह केवल हिन्दू संस्कृति का पोषक है। यह प्रतीकात्मक कहानी है और अभिव्यक्ति की स्वतन्त्रता पर हो रहे हनन को दर्शाती है।

दयानन्द बटोही की कहानी 'सुरंग' शिक्षा जगत की बदरंग छवि को उजागर करती है। यह भी आरक्षण पर आधृत कहानी है। इसमें शोध-निर्देशकों की दलित-विरोधी मानसिकता का खुलासा है। अधिकार-चेतना से लैस छात्र यहाँ एकलव्य नहीं बनना चाहते बल्कि अपना हक लेना चाहते हैं। 'सुबह से पहले' में दलित स्त्री के आर्थिक, शारीरिक और मानसिक शोषण की गाथा है।

जियालाल आर्य की कहानियों में शोषित पात्र पीड़ित समाज की अन्तर्गाथा है। 'नाम की चोरी', 'चतुरी माँ' और 'हम आपके साथ हैं' इनकी प्रसिद्ध कहानियाँ हैं। 'नाम की चोरी' में दुखना बाबू साहब के अत्याचार से त्रस्त हो उठता है और उनकी तथा उनके बेटों की हत्या कर देता है। 'चतुरी माँ' सवर्ण समाज की स्वार्थपरता पर करारा व्यंग्य है। यहाँ बाबू साहब अपने बच्चे की जिन्दगी के लिए 'चतुरी माँ' के सामने गिड़गिड़ाते हैं और वह पुनः अपना दूध पिलाकर बच्चे को बचा लेती है। 'हम आपके साथ' में भी दुराचारी मुखिया के बेटे भुखली के यौन-शोषण के प्रतिकार से आक्रोशित पति सोबरन द्वारा हत्या की जाती है।

जयप्रकाश कर्दम एक मंजे हुए कथाकार हैं। 'चमार' स्वतन्त्र भारत में दलितों की दयनीय स्थिति का रेखांकन करती है। सुक्खा अपने बेटे को उच्च शिक्षा के लिए शहर भेजना चाहता है, पर ठाकुर और ब्राह्मण इसके विरोधी हैं। सुक्खा शिक्षा का महत्त्व समझ चुका है, इसलिए वह अपने निर्णय से डिगता नहीं।

रतनकुमार साँभरिया की 'शर्त' जातिगत भेदभाव को उजागर करनेवाली कहानी है। पनिया की बेटी के साथ ठाकुर जसबीर का बेटा बलात्कार करता है। पनिया ठाकुर साहब के सामने शर्त रखता है–"आपकी लड़की हमारे समाज के किसी लड़के के साथ एक रात बिताएगी।" ठाकुर साहब इस शर्त को स्वीकार न कर अपनी बन्दूक चला देते हैं, पर गोली पनिया को न लगकर बेटे को लगती है। बेटे के साथ वे भी धरती पर गिर पड़ते हैं।

प्रेम कापड़िया की कहानी 'हरिजन' देवदासी प्रथा के भ्रष्टाचार को उजागर करती है। प्रेम पुलिस अधिकारी बनकर अपनी माँ को खोज निकालता है।

भागीरथी मेधवाल (सूरज की चिता), सूरजपाल चौहान ('छूत कर दिया', 'साजिश'), शत्रुघ्न सिंह 'अनाम' ('राम नाम सत है'), गौरी शंकर नागदंश ('जंगल में आग'), कुसुम वियोगी ('और वह पढ़ गई'), श्रवण कुमार ('धब्बा'), कर्मेन्दु शिशिर ('डाँगर'), सी. वी. भारती ('भूख'), वी. एल. नय्यर ('चतुरी चमार की चाट'), कावेरी ('सुमंगली'), सुशीला टाँकभैरे ('सिलिया'), रजतरानी मीनू ('सुनीता'), अंजलि काजल ('इतिहास'), मधु संधु ('आवर्तन'), श्योराज सिंह बेचैन ('अस्थियों के अक्षर', 'शोध प्रबन्ध', 'रावण'), मोती राम ('खुरपी'), सन्तराम आर्य ('उधार की जिन्दगी') इस परम्परा के अन्य प्रमुख हस्ताक्षर हैं।

वस्तुतः विवेच्य कहानियों में मुख्य रूप से यौन-शोषण, शिक्षा तथा आरक्षण को स्थान दिया गया। इन कहानियों में दलित आक्रोश तो उभरता है, संगठन की आकांक्षा भी बल पाती है पर दलितों का सौन्दर्य-बोध इनमें से गायब है। इसलिए ये कहानियाँ दलित संवेदना की कहानियाँ न बनकर घृणा के प्रचार-प्रसार की कहानियाँ बन जाती हैं। ये कहानियाँ और इनके पात्र इतिहास भी नहीं बन पाते।

वर्ग चरित्र भी नहीं बन पाते इनके पात्र। इन कहानियों द्वारा जातिवाद को उभारने का भी प्रयास है और यह प्रयास अम्बेडकर के सिद्धान्त के विरुद्ध है। कथाकार अपने पात्रों को जिन परम्पराओं से अलग करना चाहते हैं, उन्हीं परम्पराओं से ये और गहरे जुड़ते दिखाई देते हैं।

इन कहानियाँ में दलित नारी कम ही संघर्ष की ओर कदम बढ़ाती दिखाई देती है।

भगवान सिंह की मान्यता है कि "अभी दलित लेखकों ने केवल सवर्णों के सन्दर्भ में अपने अनुभवों को केन्द्र में रखकर लेखन किया है जिसकी कुछ सीमाएँ भी हैं। जिस दिन वे उस दलित मानस के समाजीकरण और उसके प्रति प्रतिरोध के अभाव को केन्द्र बनाकर दलितों की कुन्द बना दी गई और कुंद हो चुकी संवेदना को केन्द्र में रखकर उनके अपने परिवेश चित्रित करेंगे और दलित महिलाओं के अपने पतियों और परिजनों द्वारा शोषण को चित्रित करने का साहस जुटाएँगे, उस दिन संवेदनशून्यता से उत्पन्न क्रूरता के नए रूप सामने आएँगे।"

यह सच है कि मराठी दलित चेतना, विशेषकर अम्बेडकर के आदर्शों से हिन्दी दलित चेतना अपनी राह के सूत्र पकड़ती है पर हिन्दी की दलित चेतना इन सारे आदर्शों को, सारे स्तम्भों को ढहा देती है। मराठी में जितने दलित लेखक हैं उन्हें पढ़ते हुए या महसूस करते हुए प्रतिक्रिया या घृणा के तत्त्व नहीं दिखाई देते। हाँ, एक करारी, गहरी संवेदना जागृत होती है। पर जब हिन्दी में दलित साहित्य पढ़ा जाता है तो यह साफ दिखाई देता है कि उसमें घृणा और प्रतिक्रिया की इतनी बहुतायत है कि उससे किसी स्वस्थ दृष्टि का विस्तार नहीं होता। मराठी आत्मकथा की नकल पर लिखित ओमप्रकाश बाल्मीकि ('जूठन'), नैमिशराय ('अपने-अपने पिंजरे'), कौशल्या बैसन्ती ('दोहरा अभिशाप') की आत्मकथाएँ और कहानियाँ सुनियोजित-सी दिखाई देती हैं और एक खास किस्म के उपहास तक ले जाती हैं। 'अपने-अपने पिंजरे' के प्रथम भाग में नैमिशराय जिस गरीबी को आधार बनाते हैं, उससे अधिक निर्धनता से जूझ रहे थे और आज भी हैं—सवर्ण। वस्तुतः उनमें यातना की बारीकी और संघर्ष की निरन्तरता खोजना मुश्किल काम है, घृणा या हिकारत को रचना के मूल में देखा जा सकता है। एक बात और, इस सृजनात्मक आन्दोलन की एक मुश्किल यह भी है कि इसका दायरा महानगरों और कुछ विशेष नगरों तक ही सीमित है। सच तो यह है कि इनसे अच्छी कहानियाँ हैं दलित जीवन पर लिखी गईं गैर-दलित लेखकों द्वारा।

अन्तिम बात जो मुझे कहनी है, वह यह है कि हिन्दी कहानी, विशेषकर 1975 के पश्चात् की कहानी, दलित-वर्ग के साथ व्यापक धरातल पर जुड़ने

के लिए उद्यत दिखाई देती है। प्रेमचन्द-युग के बाद पहली बार यह ललक दिखाई देती है। समाज का पीड़ित, शोषित, अस्पृश्य और दलित–हर वर्ग इस साहित्य में स्थान पा रहा है। इनमें किसान भी हैं, मजदूर भी। आदिवासी भी हैं और शहरी लोग भी। नारी भी हैं, पुरुष भी। और इन सबकी उपस्थिति साहित्य के व्यापक सरोकार से सम्पृक्त है। फलस्वरूप सदियों से शोषित, अस्पृश्य दलित वर्ग में अपनी स्थिति के प्रति आक्रोश है, उससे मुक्ति की छटपटाहट है, अवरोधक तत्त्वों के विरुद्ध या इसी स्थिति में जीने के लिए उन्हें विवश करनेवालों के प्रति सशक्त विद्रोह का भाव है और इस विद्रोह को साकार रूप देने हेतु उनमें पनपी है–एकता। वह एकता जो किसी आन्दोलन की सही शक्ति होती है, सही माध्यम होती है। और, उनमें तैयारी है एक लम्बी, दूरगामी लड़ाई की। जब तक कि उनकी स्थिति बदले नहीं। और यह एक यज्ञ है। इस यज्ञ में हिन्दी कथाकारों की समिधा यही है कि वे इन्हीं के बीच से इन्हें एक ऐसा चरित्र दें जो इतिहास का हिस्सा बने, एक नए सौन्दर्य-बोध की सृष्टि करें। अस्पृश्य, दलित चेतना का सौन्दर्य-बोध उन नंग-धड़ंग, भूख से बिलबिलाते, सबके शोषण के शिकार बनते, आसमान की छत के नीचे अपने दिन-रात, सर्दी-गर्मी बिताते, जानवरों सी जिन्दगी जीने के लिए विवश, बेरोजगारी की मार सहते, छल-प्रपंचों के शिकार बनते, अपनी धरती खोते, अधिकार से वंचित होते, मूक, भोले-भाले पर देश से प्यार करनेवाले उन जन-मन के बीच से ही निर्मित हो पाएगा। 'मुक्तिबोध' भी इसका संकेत कर चुके हैं और अज्ञेय भी। कोई दो राय नहीं कि इस दिशा में प्रयास हुआ है, पर यह प्रयास अधूरा और एकांगी है। फलस्वरूप हिन्दी कहानी में न तो दलित-संवेदना पूरी तरह निर्मित हो पायी और न ही दलित-चेतना अपने पड़ाव पर पहुँच पायी।

□□□